KB070654

나는 더 이상 침묵하지 않기로 했다

나는 더 이상 침묵하지 않기로 했다

그레천 칼슨 지음
박다솜 옮김

사내 성희롱을 폭로한
전 폭스 뉴스 앵커,
직장 내 여성 인권을 외치다

Be

Fierce

문학수첩

내 아이들 카야와 크리스천에게,
그리고 지금껏 아무도 목소리를 들어주지 않은
수천 명의 여성들에게

일러두기

이 책에는 대단한 유명인부터 하루하루 성실히 일하며 살아가는 보통 사람까지 많은 여성으로부터 얻은 정보가 들어 있다. 여러 여성이 먼저 내게 연락해서 자기 이야기를 들려주었고, 나 또한 수없는 여성에게 직장에서 겪은 일에 대해 물었다. 그리고 그들과 나눈 대화에서 알게 된 것들을 이 책에 실었다. 몇몇 경우에는 관계자들의 사생활과 익명성을 보장하기 위해 개인이 특정되지 않도록 이름을 비롯한 직업, 직위, 성희롱이 일어난 장소 등 세부 사항을 바꾸었다.

과거의 일을 다루는 글이 자주 그러하듯, 이 책 역시 대체로 발화자의 기억에 의존하고 있다. 당사자 여성 본인의 언어로 다시 이야기를 써내려간 것은 독자들에게 성희롱이 얼마나 만연해 있는지를 일깨우고, 그것이 미국의 사업체와 노동자 들에게 얼마나 막대한 피해를 주고 있는지 강조하기 위해서다.

이 책은 독자에게 일반적인 사실들을 알려주고 용기를 불어넣는 것을 목적으로 한다. 저자나 출판사가 법적·전문적 조언을 제공할 수는 없다. 만일 독자가 직장에서 자신의 권리를 침해받았다고 생각한다면 주거지나 직장의 위치에 따라 법이 상이하므로 노무사와 상의하기 바란다.

차 례

서문
그래,
헛소리는
다 했고?

입 닥치고 미네소타로 썩 돌아가!!

그레천, 적당히 해. 자초한 일이잖아!

고작 몇 마디 들었다고 그 난리를 치는 거야?
우는소리 그만하고 어른스럽게 넘기지 그래.

당신 프로그램 망한 거 알지? 멍청한 늙다리 주제에!

앞으로 누가 당신 같은 추녀를 써주겠어?

돈만 밝히는 젖소부인!

당신 옆에 서 있는 것만으로도 수치스러워!!
사람들이 다 떠나고 외톨이가 되어봐야 정신 차리겠지. 쌍년.

내가 트위터에서 일상적으로 받는 메시지다. 이런 유의 증오
를 모닝커피와 함께 삼켜야 하는 삶이 어떠한지 상상되는가? 여
러 해 동안 TV 앵커로 살아온 만큼 나는 못된 트윗에는 면역이
있었다. 한때는 이런 트윗들을 소리 내어 읽고 웃어넘기기도 했

다. 하지만 지금 내게 쏟아지는 말들은 오로지 내게 상처를 주려는 목적으로 쓰인 것들이었고, 단도처럼 내 마음을 후벼 팠다. 악플러들이 제일 신나서 꺼내 드는 무기가 내 나이나 외모라는 점은 하나도 놀랍지 않았다. 어떤 사람은 나를 "재능이라고는 눈곱만큼도 없는 퇴물"이라고 불렀다. 또 어떤 사람은 "막장 늙은이"이라고 불렀다. 나 말고도 성희롱 당한 다른 여성들이 신물 나게 듣는, 틀에서 찍어냈나 싶은 트윗도 여럿이었다. "너처럼 못생긴 여자를 누가 성희롱하겠어? 네 희망 사항이겠지!" "늙다리 젖소가 발악하고 있네."

흠…… 그러니까 섹시한 젊은 여자만 성희롱을 당한다? 이 기회에 유명해지고 싶은 늙은 꽃뱀들만 소송을 건다? 트위터 세계의 난해한 논리에 따르면, 충분히 젊지도 예쁘지도 않은 나의 경험은 유효하지 않다. 만일 내가 젊고 예뻤더라도, 입을 열고 스스로를 변호하고 나서는 순간 나는 쌍년이 되기 때문에 나의 경험은 유효하지 않다. 나는 내게 메시지를 보낸 남성들에게 이렇게 답장하고 싶은 충동을 억눌러야 했다. "당신이 소셜미디어에서 여자에게 폭언을 퍼붓고 있다는 사실을 당신 어머니나 아내, 여동생도 아나요?" 여성들에겐 뭐라고 답장해야 할지 알 수 없었다. 그렇다. 악플러 중에는 여성도 적지 않았다.

어느 날 아침 평소처럼 아이패드 스크롤을 내리며 오늘 치신선한 독소를 들이키고 있는데, 인기척이 느껴져 고개를 들어보니 열세 살 난 딸 카야가 나를 보고 있었다.

나는 더 이상 침묵하지 않기로 했다

"엄마, 표정이 왜 그래? 뭐 읽고 있어?" 딸이 물었다.

"아무것도 아니야." 나는 미소를 지어 보였지만 카야는 내 기분을 레이더처럼 예리하게 포착하는 아이고, 안타깝게도 엄마의 삶에 일어나고 있는 일들에 신경을 바짝 곤두세우고 있었다. 아무것도 아니라는 말을 믿을 리 없었다.

아이들은 부모를 꿰뚫어 보고 듣는다. 이 싸움을 시작했을 때 나는 내 두 자녀와 그 애들의 미래를 최우선으로 생각했다.

널리 알려진 이야긴데, 나는 전 직장 상사에게 성희롱 소송을 걸었다. 그 소송은 합의로 끝났으며, 나는 이제 그 사건에 대해 속 시원히 말할 수 없다. 합의란 그런 거다. 하지만 소송이 끝난 뒤, 나는 얌전히 입 다물고 자리에 앉을 준비가 되지 않았다고 느꼈다.

2016년 근로자의 날은 내 인생의 이정표가 되었다. 두 아이의 개학일일 뿐 아니라, 내가 지난 25년 동안 살아온 방식을 바꾸는 날이었다.

우리 집에는 매년 근로자의 날 이튿날에 남편 케이시와 내가 아이들을 학교 앞까지 데려다주는 전통이 있었다. (벌써 다 컸다고 우리가 학교 안까지 들어오는 건 싫단다!) 그다음에 우리 부부는 함께 시내로 차를 타고 출근했다. 그러나 2016년은 달랐다. 시내로 향하긴 했지만, 내 목적지는 직장이 아닌 미용실이었다. 내가 뉴스 보도석에 앉지 않은 것은 아주 오랜만이었다.

그날은 내가 뉴스였다.

우리는 미용실 예약 시간을 한 시간 앞두고 시내에 도착했다. 케이시가 나를 내려주고 직장으로 향하자, 나는 한 시간을 어떻게 때울까 고민하다가 근처 네일숍에 들어가서 페디큐어를 받기로 했다. 손님은 나 하나뿐이었다.

그 한 시간 동안 나에 대한 뉴스가 올라오기 시작했다. 한 건으로 시작한 뉴스는 금세 수십 건으로 불어났다. 나는 트위터와 페이스북, 인스타그램에 뜨는 내 뉴스들을 읽기 시작했다. 유체 이탈을 하는 기분이었다. 자리에 앉은 채로 눈물이 줄줄 흘렀다. 내 발톱을 손질해주던 친절한 여성분은 도대체 무슨 일인지 궁금했을 것이다. 하지만 묻지 않아서 나도 굳이 말하지는 않았다.

삶이 불현듯 초현실적으로 느껴졌다. 그럼에도 나는 아무 일도 없던 것처럼 미용실에 가서 머리를 잘라야 했다. 머리를 감기 위해 안내된 자리에 앉자, 처음 보는 젊은 여자가 옆자리에서 나를 쳐다봤다. 그녀는 내게 그저 한 마디를 건넸다. "고맙습니다." 그 말에 다시 눈물이 차올랐다. 눈시울이 뜨거워졌다. 슬프지는 않았다. 그때의 감정을 뭐라고 형언해야 할지 모르겠다. 인생이 전과 같지 않으리라는 강한 예감이 일었다. 그 순간, 나는 성희롱이 내 경험보다 큰 문제라는 사실을 깨달았다. 그게 내가 나와 다른 많은 사람들을 위해 새롭고, 힘 있고, 진실한 이야기를 쓰기로 결심한 까닭이다.

성희롱 문제 근절에 뛰어들겠다는 결심이 하루아침에 선 건 아니다. 냉정하게 생각하기 위해서는 시간이 필요했다. 처음에

나는 더 이상 침묵하지 않기로 했다

는 친구와 동료를 만나는 일이 고통스럽고 민망했다. 사람들은 내게 무슨 말을 해야 할지 몰라 머뭇거렸다. 연락을 할 줄 알았는데 하지 않은 사람도 있고, 수십 년 동안 연락이 끊겼던 사람에게서 응원 편지와 이메일이 도착하기도 했다.

균형 감각과 목적의식을 회복하기 위해 하루하루 분투하며 보냈다. 어려운 나날이었다. 나는 언제나 앞을 보고 달려가는 사람이었다. 어렸을 적, 바이올린 대회에 나갈 때마다 사랑하는 할아버지는 이렇게 말씀하시곤 했다. "성공의 진가를 알기 위해서는 실패를 겪어봐야 한단다." 그 말은 인생에서 제일 좋은 것들을 얻으려면 승리도 중요하지만, 실망스러운 순간을 이겨내고 다시 일어서는 경험도 필요하다는 의미였다. 그래서 폭스 뉴스에서 퇴사한 뒤, 나는 즉각 다음 할 일을 생각하기 시작했다.

답을 찾는 데에는 그리 오랜 시간이 걸리지 않았다. 놀라운 일이 벌어졌기 때문이다. 내게로 수천 건의 이메일과 문자 메시지, 전화, 소셜미디어 댓글이 물밀듯 쏟아지기 시작했다. 많은 여성이 자신의 경험과 고통과 희망을 공유하고자 했다. 나에게 내밀하고도 속 쓰린 메시지를 보내온 그들은, 그간 마음에만 담고 있던 이야기를 내게는 털어놓을 수 있을 것 같다고 거듭 말했다.

나는 밤늦게까지 컴퓨터 앞에 앉아, 만난 적도 없지만 이제는 이웃보다 더 가깝게 느껴지는 이 여성들의 삶에 몰입했다. 그러면서 내가 몇 가지를 오해하고 있었음을 깨달았다. 성희롱은 특정 업계에서 주로 일어난다고 생각하기 쉽다. 드라마 〈매드맨(Mad Men)〉에 그려진 것처럼 남성 중심적 문화가 지배하는 광고 업계. 여성에게 불친절한 스포츠 업계. 여성 대상화가 일반적으로 벌어지는 패션 업계, 모델 업계, 미인 대회.

그러나 메일함에 도착한 사연들을 읽으면서 나는 성희롱이 예상보다 훨씬 사회 구석구석까지 만연해 있음을 깨달았다. 내게 연락한 여성들의 직업을 보면 어떤 업계도 예외가 아니었다. 경찰관, 교사, 석유 굴착 장치 조작원, 음악가, 월스트리트 은행원, 영업 사원, 스포츠 구단 이사, 육군 장교, 저널리스트, 회계사, 엔지니어, 웨이트리스, 방송인, 군인, 기술 노동자, 변호사, 비서, 기업 중역까지.

진실은 내가 생각한 것보다 훨씬 경악스럽고 복잡했다. 예쁘거나 예쁘지 않거나, 강하거나 강하지 않거나, 광고 업계에서 일하거나 트럭을 몰거나 대학에 다니거나, 여성은 성희롱을 당할 수 있다. 이 책에서 내가 하려는 이야기는 성희롱을 당하고 힘을 되찾고자 하는 직장 여성들에게 국한되지 않는다. 꿈과 희망을 품고 대학에 갔다가 예기치 못한 성희롱이나 성범죄를 당하고 망연자실하는 10대 여학생에게도 해당된다. 어린 소녀(그리고 소년)들이 일찌감치 올바른 사고방식을 가지도록 돕는 일은 무척 중요하다. 앞으로 겪을 수 있는 일들에 대비시키고, 그들이 목소리를 낼 수 있다는 사실을 일러주고, 무엇보다도 그 목소리를 사용하는 방법을 가르쳐줘야 한다. 청소년부터 중년까지 나이를 막론하고, 여자든 남자든 성별을 막론하고, 우리는 모두 사나워지는 법을 배워야 한다.

기억해라. 당신은 성희롱을 부탁한 적이 없다. 그러니 미소 짓거나 덤빌 테면 덤벼보라는 자세를 취하지 않아도 된다. 굳이 해명하지 않아도 된다. 짧은 치마를 입거나, 전투복을 입거나, 수술복을 입은 일은 잘못이 아니다. 성희롱을 당한 대부분의 여성이 의구심과 죄책감을 떨치지 못해 괴로워하지만, 그건 당신이 무언가를 해서 일어난 일이 아니다. 당신은 그저 누군가가 한 일에 당했을 뿐이다.

내게 연락해온 여성들은 사건 이후 수년, 심지어 수십 년이 지났는데도 여전히 트라우마와 불신감에 시달리고 있었다. 항공사에서 승무원 관리자로 일했던 카르멘의 경우를 보자. 그녀의 상사는 회의 중에 전날 밤 시청한 포르노 내용을 시시콜콜 얘기하면서 메모지에 남자 성기를 그리곤 했다. 카르멘이 마침내 용기 내어 인사과에 항의하자 회사에서는 "미쳤다"며 그녀를 해고했다. 흠집 하나 없는 이력을 보유했음에도 그녀는 동종업계에서 다시는 일자리를 찾지 못했다. 아무도 그녀의 편에 서지 않았다. 카르멘은 말했다. "채찍질당한 기분이었어요. 바로 전까지 제가 사랑하는 일을 하며 행복하게 지내고 있었는데, 다음 순간에 바로 쫓겨나버렸죠."

침묵은 가해자의 가장 강력한 무기다. 자신의 경험에 대해 목소리를 내도록 허락받지 못한 여성들은 결국 사라지고 만다.

한 여성이 내게 말했다. "해고와 동시에 저는 더 이상 존재하지 않는 사람이었어요. 회사의 일상은 마치 처음부터 저라는 사람이 없었다는 듯이 아무렇지 않게 돌아가더군요."

나는 이런 이야기의 변주를 여러 차례 들었다. 여성들은 과거의 망령에 시달리며 머릿속에서 사건을 되풀이한다. 자신이 무얼 잘못했는지, 어떻게 달리 행동했어야 하는지 거듭 고민한다. 한밤중에 트레일러에 침입한 두 남자에게 강간당한 젊은 여군은 당시 머릿속에 이런 생각밖에 떠오르지 않았다고 말했다. "문제가 생기면 어쩌지?"

그들이 당한 일은 충격적이다. 상상 이상으로 나쁜 경험이 많다. 그러나 그게 다가 아니다. 사람들이 그들에게 던지는 말 역시 한몫 거든다. 매일 내 휴대전화에 뜨는 못된 트윗처럼, 말에는 여성들을 상처 입히고, 파괴하고, 입 다물게 하는 힘이 있다. "말은 사람을 해치지 못한다"고 이야기하는 사람은 이런 말들을 들어보지 못했다. 한 브로커는 동료들에게 내가 여기 차마 적을 수 없을 만큼 저속한 말로 불렸다. 사내에서 꽤 인기 있던 한 중역은 인사과에 동료의 행동을 보고한 이후로 "선동가"라는 비난을 받았다. 한 여성은 성희롱 가해자가 "내가 저런 걸 건드리겠어?"라며 스스로를 변호하는 얘기를 들었다. 한 어린 소녀는 "개미년(개미친 년)"이라는 별명을 얻었다.

추악한 일이다.

나와 대화를 나눈 여성들은 자신들의 직장 환경을 묘사할 때

"끈끈한 남성 연맹"이라는 말을 거듭 사용했다. 나는 그 개념이 구시대의 유물이라고 생각했지만, 현실은 그렇지 않았다. 은행 업계에도, 영화 업계에도, 소매업에도, 병원 행정에도 끈끈한 남성 연맹은 존재한다. 의회에도, 군대에도, 과학 연구계에도, 레스토랑 산업에도, 사법부에도 존재한다. 한마디로 우리 사회 전반에 걸쳐 존재한다. 나는 차츰 여성들과 인터뷰를 할 때 "남성 연맹"이라는 표현이 등장할 거라 예상하기 시작했고, 그 예상은 거의 적중했다.

소위 "남자들이 판치는" 업계가 몇몇 있다는 사실은 잘 알려져 있지만 소매업이나 간호, 요식업계처럼 전통적으로 여성과 가족 위주의 산업에도 남성 중심적 문화는 존재한다. 2016년 《하버드 비즈니스 리뷰(Harvard Business Review)》에 실린 한 연구에서는 남성이 지배하는 직장 문화의 교활한 속성을 이렇게 표현했다. "일부 남성들은 다른 남성과 공감하고 자신의 남성성을 증명할 방법으로 여성을 예속시켜 여성의 낮은 지위를 강화시킨다. 이와 동시에 높은 지위 집단에 진입하고자 하는 여성들은 성희롱에 동의하는 척을 하는데, 그러지 않으면 남성들로 구성된 높은 지위 집단에서 더욱 소외되기 때문이다. 여성들은 심지어 그 집단에 들어가고 '남자 판'에 끼기 위해 남성들의 행동을 따라 하기도 한다. 그럼으로써 여성들은 '남성 연맹' 입장권을 얻기 위해 성희롱을 무시하거나 경시하고, 남성들은 여성들을 배제시키기 위해 성희롱을 활용하는 아이러니가 탄생한다."

이 분석은 여성들이 남성 위주의 환경에서 살아남으려 애쓸 때 자주 빠지는 악순환의 덫을 드러낸다. 성희롱 문화를 바꾸는 것은 단지 약해지는 대신 강해지겠다거나, 남들의 눈치를 보는 대신 스스로를 위해 들고 일어서겠다는 선택의 문제가 아니다. 많은 여성들이 놀랄 만한 용기를 발휘해 직장에서 목소리를 내고 존중받기 위한 싸움을 하고 있다. 정말이지 불리한 상황에 처하는데도, 수치를 겪고 보복을 당하고 심지어 직업과 커리어를 잃으면서도 여성들은 더 이상 참지 않겠다고 말한다. 그들은 이미 긴 전쟁의 최전방에 나섰다. 이 현실을 곱게 포장할 방법은 없다.

성희롱을 당한 후에 법조인이나 상담원에게 자문을 구하면, 아마도 개인적·직업적 차원에서 큰 대가를 치를 준비가 되었느냐는 질문을 듣게 될 것이다. 문제를 제기했다고 해고당하고, 상사의 접근을 거절했다고 쫓겨나고, 음란하고 부적절한 행동에 동조하는 모습을 보이지 않았다고 한직으로 밀려난 이야기가 한 다발은 된다. 성희롱을 당하고서 가만히 있지 않은 여성의 대부분은 아예 커리어를 접어야 했다. 30년 이상 여성들을 변호해온 리사 블룸(Lisa Bloom)은 내게 직설적으로 말했다. "내가 아는 한, 공개적으로 문제를 제기한 여성 중 지금까지 커리어를 지속하고 있는 사람은 단 한 명도 없어요." 생각해보라. 끔찍한 현실 아닌가? 블룸은 말했다. "안타깝게도 문제 제기에는 낙인이 따라붙어요. 말썽꾼이라는 딱지가 붙죠. 그리고 이 딱지는 쉽

나는 더 이상 침묵하지 않기로 했다

게 떨어지지 않아요."

내 성희롱 사건 보도 후 몇 주 동안, 나는 모든 여성이 각자
의 이야기를 가지고 있음을 알게 되었다. 적어도 내가 만난 여
성들 중에는 사연 없는 이가 없었다. 미디어에 널리 보도된 내
사건은 미국 전역의 가정과 직장에서 대화의 물꼬를 틀었다. 레
스토랑과 공항 라운지에서 사람들이 내게 다가와 대화를 청했
고, 친구와 동료가 아무에게도 한 적 없는 이야기를 내게 털어
놓았다. 몇몇은 처음으로 남편에게 과거 경험을 고백했다.

20년 동안 결혼 생활을 유지해온 내 친구는 어느 날 저녁 남
편과 개를 산책시키다가 직장 생활 초기에 상사가 몸을 더듬고
거의 강간하려 들었던 이야기를 불쑥 털어놓았다. 친구의 남편
은 경악했다. "왜 더 일찍 얘기하지 않았어? 상상도 못했어." 친
구는 그 사건이 자신의 오점처럼 여겨져서 알리고 싶지 않았다
고 고백했다.

다른 친구는 영업 사원으로 막 커리어를 시작했던 수십 년
전 일어난 사건을 기억에서 "차단"했다고 고백했다. 어느 날 관
리자가 그녀를 회의실 벽에 밀어붙이고 키스했던 사건이다. 그
녀는 관리자를 밀쳐내고 그 자리를 떠났다. 회사에 보고할 생각
은 아예 못 했다. "그게 여기선 일상적인 일인가보다 했어." 그녀
는 오히려 자신의 냉철하고 무감정한 대처가 자랑스러웠다고
말했다.

폭스를 떠난 뒤, 나는 ABC 방송 〈20/20〉의 60분 특별 방송

에서 에이미 로박(Amy Robach)과 인터뷰를 진행했다. 질문을 던지는 쪽이 익숙했던 나는 에이미에게 혹시 성희롱을 겪은 적이 있는지 물었다. 그녀는 어떤 기억이 떠올랐는지 동요한 티를 내며 얼굴에 감정을 내비쳤다. 그녀는 시인했다. "네. 제게도 그런 일이 있었습니다." 그녀의 눈빛에서 아무에게도 그 일을 말한 적 없다는 사실을 감지할 수 있었다. 이제 그녀의 이야기, 그리고 다른 여성들의 이야기가 세상에 울려 퍼져야 한다.

주변의 사례들로부터 체감하는 바와 같이, 통계적으로도 오늘날 성폭력 신고율은 낮다. 미국 평등고용기회위원회(Equal Employment Opportunity Commission[EEOC])에 따르면 직장에서 성희롱을 경험한 여성의 70퍼센트가 개인적·직업적 차원에서 부정적 영향을 입을 것을 우려해 피해 사실을 신고하지 않는다. 법통계국에서 발표한 최신 자료에 의하면 직장 내에서 일어나는 강간 및 성범죄는 연간 4만 3000건 이상이다. 여성 운동가들은 많은 피해자들이 목소리 내기를 두려워하거나 사측에서 신고하지 못하도록 막기 때문에, 이 숫자가 실제 범죄 건수를 크게 밑돌 것이라고 말한다.

성폭력을 경험한 사람은 필연적으로 심리적 상처를 입는다. 쉽게 하는 말이 아니다. 나 역시 고통 받아봤기 때문에 잘 안다. 성폭력 피해자가 우울증, PTSD(Post Traumatic Stress Disorder, 외상 후 스트레스 장애), 수면 장애, 그리고 최악의 경우 자살 시도에 이르는 심각한 영향을 받는다는 사실을 보인 연구가 여럿 있다. 가

나는 더 이상 침묵하지 않기로 했다

장 크게 영향 받는 집단은 자신감과 자존감이 특히 약한 젊은 여성들이다. 한 연구에서는 10대에 당한 한 건의 성폭력이 30대 까지도 영향을 미친다는 사실을 밝히고 있다.

성폭력 자체도 심리적 영향을 미치지만, 고통스러운 비밀을 지키는 스트레스도 엄청나다. 내가 앞서 언급한 친구를 비롯해 내가 대화한 여러 여성은 남편에게조차 성폭력을 당한 사실을 말하지 않았다. 〈20/20〉에 출연한 뒤 나는 한 여성에게서 편지를 받았다. 내용은 이러했다. "1977년부터 1984년까지 미국 공군에서 복무했습니다. 그때 장교 세 사람이 제게 약을 먹이고 강간했습니다. 그 사건이 제 인생을 망쳤습니다. 저는 이제 PTSD를 지닌, 100퍼센트 장애 판정을 받은 참전 용사입니다. 너무 힘듭니다. 그날 있었던 일을 기억에서 떨칠 수가 없습니다." 이 여성은 사건이 일어나고 거의 40년이 지난 지금까지도 그 하루의 사건으로 고통 받고 있다.

TV 주간 프로그램에 출연하던 한 스타는 계속되는 성희롱을 방송국에 신고했다가 해고당해 35세에 커리어가 끊겼다. 그녀는 20년이 지난 지금까지도 그때의 충격이 생생하다고 털어놓았다. "저는 은둔 생활을 시작했어요. 다시는 전처럼 생기 있게 살 수 없었습니다. 저는 더 이상 TV에 나오는 똑똑하고 쾌활한 사람이 아니었어요. 훼손돼버렸죠."

또 다른 여성은 잃어버린 젊음을 통탄한다. 성폭력을 당하고 법정 싸움에 바친 20대의 7년이 그녀에겐 잃어버린 시간이었다. "친구들이 전부 결혼하고 인생을 착착 계획해나가고 있을 때 저는 법정에 있었어요. 그 사건은 제게서 정상적인 생활을 앗아가버렸어요."

성폭력은 트라우마를 남긴다. 언어적·신체적 희롱이 미치는 심리적 영향을 측정한 여러 연구에 의해 밝혀진 사실이다. 2014년 메리워싱턴대학교 연구에서는 일상적으로 받는 작은 트라우마에 "잠행성 트라우마"라는 이름을 붙이고 이렇게 설명했다. "여성들은 진퇴양난 상황에 처한다. 자신이 어떤 취급을 받는지 이야기하면 '과민하다'는 딱지가 붙고, 입을 열지 않으면 사회적 지지나 옹호를 받을 기회 없이 그 경험을 끌어안고 살아야 한다. 성적 대상화, 특히 신체에 대한 평가는 속성이 모호하고 미묘해서 차별받는 경험을 인정하고, 논의하고, 그에 대처하기 어렵게 만든다."

나는 자택 사무실에 앉아 내게 연락해온 여성들의 이야기를 인쇄하기 시작했다. 곧 책상 위에 종이가 산더미처럼 쌓였다. 그것으로 무얼 할지, 내가 그들을 위해 무얼 할 수 있을지는 알 수 없었지만 내 마음과 내 꿈은 차츰 그들의 목소리로 채워지고 있었다. 그 덕분에 나는 나 자신의 개인적 문제에 매달리는 대신, 문화적 전투의 중심에 당당히 설 수 있었다. 호명되어야 한다고 아우성치는 증거들에 둘러싸여 지내던 어느 날, 나는 행동하기로 결심했다. 익숙한 기분이었다. 인생은 언제나 비밀스러운 원리로 돌아가며, 내가 기대한 것과는 다른 방향으로 펼쳐지기도 한다. 나는 또 한 번 새로운 영역으로 뛰어들 작정이었다. 나는 운동을 시작하기로 결심했다. 터무니없이 대담한 생각이었다. 하지만 내가 아니라면 누가 이 싸움을 시작하겠는가? 누가 이 여성들을 위해 입을 열고 그들에게 목소리를 주겠는가?

나는 내게 메시지를 보낸 여성들에게 답장하기 시작했다. 그들은 깜짝 놀랐다. 누가 자신의 이메일에 답장하거나, 페이스북 게시물에 댓글을 달리라고 생각지 못한 것이다. 그게 지금까지 그들의 경험이었다. 완전한 무반응과 아무도 자신에게 신경 쓰지 않는다는 압도적인 무력감. 내게 메시지를 보낼 때에도 그들은 실제로 그 메시지가 내게 닿으리라는 기대 없이, 우물에 대고 소리치는 심정이었을 것이다.

전화로 혹은 얼굴을 맞대고 대화를 나누었다. 그들의 증언은 길고 고통스러웠으며, 종종 눈물을 수반했다. 나 역시 나 자신의 싸움을 해나가는 중이었기에 깊은 감정이 끓어오르곤 했다. 나는 의식적으로 휴식을 취하고, 개를 산책시키고, 눈을 감고, 숨을 가다듬었다. 남들의 이야기를 경청하려면 정신을 예리하게 유지하고 집중해야 했다. 앵커로 일한 25년 동안 상처 입고 트라우마에 시달리는 사람들을 여럿 인터뷰했지만, 이 여성들과 대화할 때 느낀 감정은 남달랐다. 그들의 비극은 막을 수 있었음에도 우리 문화에서 고의로 저질러진 것이었다. 내 딸을 비롯하여 다음 세대의 소녀들이 비슷한 치욕을 겪어야 한다는 생각을 견딜 수 없었다.

한편으로 나는 대단한 투지의 증거들을 보았고, 여성들의 용기와 결의가 자랑스러웠다. 우리가 힘을 합하면 무언가를 해낼 수 있을 거라는 기대가, 우리 대에 여성 인권을 위한 의미 있는 싸움을 시작할 수 있을 거라는 희망이 솟기 시작했다. 나는 더 이상 침묵하지 않겠다고 개인적인 선택을 내렸다. 그건 끝이 아닌 시작이었다.

대담해지는 데에는 대가가 따른다. 앞서 인용한 고약한 트윗들이 그 증거다. 폭스 방송사를 떠나 운동을 시작한 뒤로 나는 수치심에 강한 힘이 있음을 알게 되었다. 수치심에는 논리도, 공정함도, 설명도 없다. 옳고 그름의 일반적 관념이 적용되지 않는다. 수치심의 원리는 이러하다. 당신은 창피를 당했다……. 그러니 수치스러워해야 한다.

수치심은 성희롱과 성폭력과 강간을 넘어 확장한다. 강인한 여성들도 수치심을 경험한다. 영화배우 제인 폰다(Jane Fonda)는 2017년에야 잡지 《에디트(Edit)》와의 인터뷰에서 용기를 내어 자기 경험을 이야기했다. "가부장제가 여성에게 어느 범위까지 피해를 주는지 알려드리고 싶군요. 저는 강간당했습니다. 어렸을 때 성적으로 학대당했고, 상사와 성관계를 갖지 않아서 해고되었죠. 저는 항상 그게 제 잘못이라고 생각했습니다. 제가 똑바로 행동하지 않았거나 올바른 말을 하지 않아서라고요." 천하의 제인 폰다가 겪은 일이다! 수치심 따위는 모르고 살았을 것 같은 바로 그 사람 말이다. 79세의 나이에 마침내 경험을 공유하기까지, 그녀가 감정적으로 얼마나 고통스러웠을지 짐작이 간다.

대형 보건서비스 회사 중역이었던 베스는 상사와 동료들에게 성희롱을 당하면서도 결코 문제 제기를 할 수 없었다고 털어놓았다. 수치심을 느꼈기 때문이다. 반면 남성 동료보다 연봉을 2만 5000달러 적게 받고 있다는 사실을 알고서는 즉각 항의했다. 돈에 대해 항의하는 편이 성희롱에 항의하는 것보다 안전하게 느껴진 것이다. 그녀는 이렇게 털어놓았다. "성적인 속성을 띤 차별에 항의하면 꼬리표가 붙을 것 같아 겁났어요. 지금은 그게 후회스럽습니다. 1990년대에 제가 (그리고 다른 사람들이) 용기를 냈더라면 오늘날 여성들이 똑같은 일을 겪지 않아도 되었을지 모르죠."

하지만 이제는 우리 문화에서도 웅성거리는 소리가 터져 나오고 있다. 일어나서 여성을 대상화하고, 피해자로 만들고, 더 적은 것에 만족하도록 길들이고, 무시당하고 묵살당하고 업신여김을 당하는 것에 익숙해지게 만드는 부조리를 까발릴 시간이라는 뜻이다. 우리가 함께 힘을 모으면, 더는 견디지 않겠다고 결심하면, 성폭력을 근절시킬 수 있다.

이 책은 자신의 삶을 스스로 통제하고 힘을 느끼기를 원하는 모든 여성을 위한 집합 구호다. 우리가 더 이상 폄하당하고, 위협당하고, 저지당하지 않겠다는 경고다. 우리는 제도나 권력에 의해 침묵하지 않을 것이다. 우리는 진실을 말할 것이다. 우리는 사나워질 것이다.

1장
말할 수
없는 것을
말하기

내 이야기가 보도된 직후 며칠 동안 나는 바로 다음 순간 어떤 일이 일어날지 정확히 알 수 없는 매분 매초를 살아갔다. 남편과 두 아이가 캘리포니아에 머물고 있던 처음 며칠은 온전히 혼자였다. 나도 가족 여행에 동행하고 싶었지만 그럴 수 없었다. 아이들이 집에서 먼 곳에 있어서 다행이라고 생각했다. 집 밖에 차를 대놓은 기자들을 보거나, 밤새 시도 때도 없이 울리는 전화벨 소리를 듣지 않아도 되었으니까. 나는 혼자 집에 앉아서 모든 것을 버텼다. 울고, 기도하고, 생각했다. 생각을 참 많이 했다. 이제 내겐 어떤 일이 일어날지 궁금했다. 이제껏 겪었던 중에 가장 어려운 시간을 보내고 있는데, 여전히 고작 수요일이었다. 보도가 나가고 48시간 동안 나는 한숨도 자지 못했다.

케이시에게 금요일에는 어떻게든 샌프란시스코에 가서 함께 지인의 결혼식에 참석하겠다고 약속했기 때문에, 나는 기진맥진한 채로 짐을 싸서 뉴어크 공항으로 향했다. 미리 말해두건

대 나는 원래 아주 꼼꼼한 사람이다. 하지만 그날만큼은 엉망진 창이었다. 공항에 도착해보니 내 예약이 확인되지 않았다. 이상한 일이었다. 유나이티드 항공사 직원에게 내가 다른 날짜의 항공권을 샀으며, 내가 타야 하는 항공기에는 자리가 없다는 말을 듣고는 공황에 빠졌다. 설상가상으로 그날 샌프란시스코행 비행기는 전석 매진이었다. 그러나 나는 반드시 샌프란시스코에 가야 했다.

당장 휴대전화로 다른 항공편을 찾아보았다. 재빨리 새 항공권을 결제하고 다른 터미널로 이동하기 위해 급히 택시를 잡아타고서야, 내가 예약한 항공권이 그날 느지막이 떠나는 편임을 깨달았다. 아뿔싸. 항공사에 전화를 걸어서 더 이른 항공편으로 바꿀 수 없느냐고 물었지만 직원은 전석 매진이라는 말만 반복했다. 어떻게든 자리를 구해달라고 거의 매달리다시피 애원하자 직원은 잠시 기다려달라고 대답했다. 영원처럼 느껴지는 시간이 흐르고, 다시 수화기 너머에서 직원의 목소리가 들렸을 때 나는 이미 항공사 프런트데스크 앞에 서서 숨을 헐떡이고 있었다. 내가 말을 걸려는 차에 직원이 전화에 대고 말했다. "다음 비행기를 타세요." 휴, 그제야 한숨 돌릴 수 있었다.

보안검색대를 통과하던 중 땀범벅이 된 나를 보고 교통안전청 요원이 오늘 하루가 힘드셨냐고 말을 걸었다. "최고의 날은 아니네요." 내가 대답했다. 그는 내 신분증과 얼굴을 번갈아 보더니 다정한 투로 말했다. "아, 칼슨 씨. 그럴 만도 하지요. 남은

　　　　　　　　　나는 더 이상 침묵하지 않기로 했다

주말은 보다 즐거우시길 바랍니다!"

가장 감동적인 순간은 게이트를 통과할 때 찾아왔다. 탑승 안내에 따라 승무원에게 표를 건네주고 확인을 기다리고 있는데, 승무원이 갑자기 움직임을 멈추고 내 손을 잡았다. 고개를 들어 보니 그녀의 눈에 눈물이 맺혀 있었다. "여성들을 대신해서 감사드려요." 곧바로 눈시울이 뜨거워졌다. 지금도 그녀를 생각하면 눈물이 차오른다. 나는 대답했다. "그렇게 말해주셔서 감사해요." 그녀가 답했다. "아니요, 제가 감사해요!"

그날 이후 비행기를 탈 때 종종 비슷한 일을 겪었다. 일면식도 없는 낯선 사람들이 내게 공감대를 느끼고, 친절하게 다가와 다정한 말을 건넸다. 그 사람들에게 꼭 알려주고 싶다. 그 말들이 내 세상을 바꾸고, 내게 사기를 불어넣고, 이 책에도 기여했다고.

나는 외톨이라고 생각했지만 사실은 그렇지 않았다. 가장 암울했던 날들에도 일상 속의 여러 사람이 나와 함께 행군했고, 매일 아침 자리에서 일어나 낙관과 희망으로 새 인생을 열 힘과 용기를 주었다.

내가 방송 일을 처음 시작했을 때도 비슷했다. 1990년대 초반, 여성들이 일터를 휩쓸고 다니던 시대였다. 나는 스스로 힘이 있다고 느꼈고, 내 능력을 십분 발휘하겠노라 꿈꿨다. 성장기에 나는 아무도 나를 저지할 수 없다고 배웠다. 그런 시대였다. 눈곱만큼이나마 존중받기 위해 매일 싸워야 했던 지난 시대 여성들의 이야기를 숱하게 들었다. 그중에서도 내 앞길을 닦아준 바버라 월터스(Barbara Walters) 같은 언론인은 내 우상이 되었다. 나는 한 번도 내 성별이 걸림돌이라고 생각해보지 않았다. 당차게 일해서 성공하겠다는 결의에 차 있을 뿐이었다.

커리어 초기, 클리블랜드에 위치한 CBS 계열사에서 일하고 있던 나는 의미 있는 실험에 참여하게 되었다. 두 여성 앵커가 데스크에 앉아 뉴스를 진행하는 실험이었다. 우리는 이것이 대단히 중요한 단계이자 멋진 아이디어라고 믿었다. 그러나 기대와 달리 시청률은 뚝 떨어졌고, 나는 해고되었다. 충격을 받았지만 나는 다른 일자리를 찾았고, 또 다른 일자리를 찾았다. 커리어를 키워나갈 수 있다는 믿음이 흔들린 적은 한 번도 없었다. 나는 남들보다 열심히 일하고 결코 몸을 사리지 않으므로 전국 뉴스 앵커가 될 수 있으리라고 생각했다. 이따금 앵커를 지망하는 젊은 여성들 앞에서 강연할 기회가 생기면 자신 있게 말했다. "무엇도 당신을 막을 수 없어요. 성공의 열쇠는 남들보다 두 배 열심히, 두 배 똑똑하게 일하는 것입니다." 어려서부터 어머니께 들어온 그 말의 살아 있는 증거가 나였다. 노력을 쏟기만 하면 무엇이든 할 수 있다고 믿었다. 내가 세상 물정을 영 몰랐던 건 아니다. 차별과 성희롱이 있다는 건 알았지만, 그런 일에 커리어가 휘청대지 않을 정도로 강해질 수 있으리라고 믿었다.

그러니까, 나는 내 시대의 산물이었다. 다이앤 소여(Diane Sawyer), 제인 폴리(Jane Pauley), 케이티 커릭(Katie Couric), 코니 청

(Connie Chung), 오프라 윈프리(Oprah Winfrey), 크리스티안 아만푸어(Christiane Amanpour)처럼 방송 저널리즘에서 이름을 날린 여성들의 여동생 격으로, 성화를 이어받아 달리는 차세대 여성 방송인이었다. 내가 방송 저널리즘 업계에서 얻은 첫 업무는 버지니아 주의회 보도 담당이었다. 그곳 남자들은 나를 "자기" 내지는 "아가씨"라고 불렀다. 나는 매번 "제 이름은 그레천입니다"라고 대답했다. 시간이 흐르자 그들은 내 말을 알아들었다. 적어도 몇몇을 빼고는 그랬다. 나는 좋은 상사와 동료의 도움으로 기회를 만들어나갔다. 훗날 겪은 일에도 불구하고 기회의 기본적 원칙에 대한 내 믿음에는 변함이 없다. 그러나 나는 지금, 우리가 이렇게까지 멀리 왔음에도 불구하고 앞으로 갈 길이 멀다는 사실을 잘 안다.

직장 내 차별과 성희롱에 맞선 투쟁의 역사를 조사하다가 놀라운 사실을 하나 발견했다. 1970년대까지 "성희롱"이라는 단어는 제대로 존재하지도 않았고, 사소한 문제로 치부되었다. 대중의 생각은 크게 두 가지였다. 첫째, 만일 성희롱이 존재하더라도 그건 개인적 문제로서, 두 사람(혹은 그 이상)의 개인끼리 처리할 분쟁이지 회사의 책임은 아니라는 것. 둘째, 성희롱에 대한 항의는 여성이 거친 남성의 세계에 비집고 들어올 수 없다는 증거, 어쩌면 애초에 여성에게 비집고 들어올 결의가 없다는 증거라는 것. 오히려 행동이나 옷차림으로 달갑지 않은 이목을 끄는 여성들을 탓하는 분위기가 팽배했고, 동료나 상사에게 성희롱을 비롯한 차별 행위를 당한 여성은 그냥 일을 그만두어야 한다고들 생각했다.

당시 여성들은 항의할 권리도 없고 의지할 수단도 없다고 생각했다. 그렇게 침묵은 번져만 갔다. 미국에서 최초의 정식 성희롱 소송은 1974년에 일어났다. 폴레트 반스(Paulette Barnes)는 미국 환경보건국에서 급여를 담당하는 아프리카계 미국인 직원이었다. 환경보건국에서 일을 시작하고 얼마 지나지 않아 상사가 반스에게 섹스를 하자고 졸라대기 시작했다. 그는 섹스를 하면 그녀의 커리어에 유리할 거라고 말했다. 반스가 두 사람의 관계를 직장 동료 사이로 한정하고 싶다고 확실히 밝힌 뒤에도 그는 계속 반스를 괴롭혔다. 반스의 직장 생활을 비참하게 만들어 복수했고, 결국 그녀를 해고했다.

반스는 상사의 행동이 성별에 기반한 직장 내 차별의 일종으로서 민권법 제7조에 위배된다고 주장하며 소송을 걸었다. 그러나 법원에서는 그녀가 차별을 당한 것이 아니며, 상사의 행동은 단지 그녀에게 거절당한 뒤의 개인적 행동이었다고 판결했다.

이 판결은 3년 뒤 항소심에서 뒤집혔다.

그러나 그녀가 여성이 아니었다면 …… 성행위를 요청하지 않았을 것이다. 그러므로 그녀가 단지 제안을 거절했기 때문에 직장에서 피해자가 되었다고 말하는 것은 그녀가 환경보건국 내 위계에 의해 가해자에게 종속된 여성이었기 때문에 그런 제안을 받았다는 사실을 무시하는 것이다.

법정에서는 반스의 주장이 여성에 대한 보호 조항인 1964년 민권법 제7조에 해당한다고 판결했다. 제7조 703⒜에서는 고용주가 "인종, 피부색, 종교, 성, 국적"에 의거해 고용 또는 해고하거나 고용 조건을 적용하는 것을 "불법 고용 행위"라고 명시하고 있다.

반스는 결국 승소했고, 미지급 급여 1만 8000달러를 지급받았다. 그러나 성희롱이 여성에 대한 차별의 일종인지 여부는 여전히 논란거리였다.

"성희롱"이라는 용어는 1975년 코넬대학교의 교내 여성 노동자들이 상사의 심한 성폭력을 견디다 못해 퇴사한 사건에서 처음 사용되었다. 대학에서 사건을 무시하는 것에 반발해 운동가들이 벌인 행동이 대중의 이목을 끌자, 잡지《타임(Time)》에서 이를 보도하며 "성희롱(sexual harassment)"이라는 새로운 용어를 사용했다.

사실 대부분의 회사들은 성희롱 문제가 계속 물밑에 남아 있기를 바랐다. 캐서린 매키넌(Catharine MacKinnon)이 기념비적인 1979년 저서《일하는 여성들이 당하는 성희롱(Sexual Harassment of Working Women)》에서 적었듯, 여성에 대한 성희롱은 "미국 사회에서 거의 눈에 들어오지 않을 정도로 만연하다." 그녀는 성희롱이 우리 사회에서 "문자 그대로 말할 수 없는 것"이기에 문제를 짚어내고 해결하기가 어렵다고 적었다.

1981년 1월과 4월에 오린 해치(Orrin Hatch)는 그가 수장으로 있는 미국 상원 노동인적자원위원회를 소집해 성희롱을 비롯한 젠더 차별 문제를 논의했다. 그는 개회 연설에서 다음과 같이 말했다. "일부 여성들이 일자리를 얻거나 지키거나 승진하기 위해 다양한 형태의 성희롱에 노출되는 현상은 우리의 모든 국가적 가치에 정확히 반한다. 이 관행은 가해자를 제외한 모두에게 혐오스러운 바, 우리 위원회에서는 두려움 없이 이 문제를 다룰 것이다." (이렇게 선언한 해치가 10년 뒤 클래런스 토머스[Clarence Thomas]의 인준청문회에서 성희롱당한 사실을 밝힌 애니타 힐[Anita Hill]을 공격했다는 게 아이러니가 아닐 수 없다.)

이에 반대하는 큰 목소리를 낸 사람이, 여성들을 가정에 묶어둬야 한다는 십자군 운동을 벌인 필리스 슐래플리(Phyllis Schlafly)다. "범죄 수준이 아닌 직장 내 성희롱은 지극히 드문 경우를 제외하고는 정숙한 여성의 문제가 아니다. 여성은 방을 걸어가면서 대부분의 남성이 본능적으로 이해하는 보편적 신체 언어로 말을 한다. 남성이 '안 된다'라는 대답을 들을 게 분명한 여성에게 성적 행위를 요구하는 일은 거의 없다." 슐래플리의 견해는 이러했다. "오늘날 가장 잔인하고 파괴적인 성희롱을 벌이고 있는 이들은 어머니와 순종적인 아내로서의 여성 역할에 반대하는 페미니스트들과 연방 정부다." 1981년에도 이는 케케묵은 관점이었다. 청문회에서 그녀의 말이 떨어지자마자 객석

나는 더 이상 침묵하지 않기로 했다

에서는 커다란 탄식이 흘러나왔다. 그러나 슐래플리는 2016년 92세의 나이로 숨을 거둘 때까지 이런 의견을 고수했다.

법적 지형이 성희롱 피해자를 보호할 공간을 만들어내자, 성희롱의 기준 자체도 여성의 경험을 더 정확하게 반영하도록 바뀌어야 했다. 예를 들어 과거에 성희롱 여부를 평가하는 일반적 잣대는 "합리적인 사람" 기준이었다. 어떤 행동이 합리적인 사람에게 불쾌하거나 희롱하는 것으로 느껴질지 여부를 기준으로 삼은 것이다. 그러나 1991년 미국 제9연방순회항소법원에서는 엘리슨 대 브레이디(Ellison v. Brady) 판결에서 "합리적인 사람" 기준이 남성 편향적이라고 인정했다. 남성이 희롱이라고 생각하지 않는 농담, 칭찬 등의 행동이 여성에게는 불편하고 위협적으로 느껴질 수 있다는 것이다. 법원에서는 "합리적인 여성" 기준을 새로 채택했고, 평등고용기회위원회에서도 이 기준을 받아들였다.

초기에 직업 시장에 뛰어든 선구자적 여성의 일부도 오늘날에는 상상조차 할 수 없는 노골적인 희롱을 겪었다. 1980년대에 커리어를 시작한 방송인 매들린은 40대 남성 상사에게 처음으로 연봉 인상 이야기를 꺼냈다가 겪은 일을 내게 들려주었다. 그는 노골적으로 성적 대가를 요구했다. 나는 생각했다. 세상에, 끔찍하기도 하지. 25세였던 매들린이 그토록 황당한 스트레스 상황에서 어떤 기분이었을지 상상하니 몸서리가 쳐졌다. 그녀는 말했다. "당황했어요. 하지만 그게 보통이려니 했습니다."

실제로 그 일은 매들린에게 보통이었다. 그녀는 한동안 믿을 수 없을 만큼 상스럽고 가학적인 남성과 함께 일했다. 매들린의 회상에 따르면 "지상에서의 지옥 체험"이나 마찬가지였다. 마침내 어느 날, 그는 화를 내며 그녀의 따귀를 때렸다.

"방금 대체 무슨 짓을 하신 거예요?" 충격에 빠진 매들린이 외쳤다.

"별일 아닌 걸로 소란 떨지 마." 그가 경멸조로 말했다.

매들린은 상사에게 문제를 제기했지만 결과는 좋지 않았다. 방송에서 빠지게 된 것이다. 매들린의 이야기를 듣던 나는 가해자가 아닌 그녀가 방송을 떠나야 했다는 사실에 분노가 솟구쳤다. 어째서 가해자 남성은 자리에 남고 피해자 여성이 떠나야 했을까? 알면 알수록 그런 일이 비일비재했다.

"외로운 시간이었어요." 매들린이 말했다. 하지만 그녀는 포기하지 않았고, 여전히 방송 일을 하고 있다. 다시 한 번 말하겠다. 매들린은 지금도 방송 일을 하고 있다! 그녀의 성공담은 우리 모두 축하하고 교훈을 얻어 마땅한 일이기에 이 이야기를 꼭 들려주고 싶었다. 그녀는 폭행당하고 쓰레기 취급을 받았지만 계속 일했다. 매들린의 승리는 가장 암울한 시간에도 포기하지 말아야 한다는 증거다. 우리 역시 깊은 곳에서 그녀와 같은 내면의 힘을 찾아낼 수 있을 것이다.

성희롱은 특히 직장에서 여성의 힘을 앗아가려는 모든 음모와 관련되어 있다는 점에서 훨씬 더 큰 문제의 일각이다. 수십

나는 더 이상 침묵하지 않기로 했다

명의 여성들과 대화를 나누며 나는 성희롱이 여성을 차별하고 무력화시키기 위한 더 큰 시나리오의 일부였던 사례들과 마주쳤다. 성희롱을 당한 여성은 승진에서 제외되거나 다른 식으로 업무에서 배제되었다.

성희롱 문제를 해결해야 할 당위성은 개인적이고 도덕적일 뿐 아니라 경제적이기도 하다. 컨설팅 회사 매킨지(McKinsey)에서 최근 발표한 연구에 따르면, 여성 고용 평등을 확충하면 세계 경제 성장에 12조 달러를 보탤 수 있으며 미국으로 한정해도 5000억 달러의 경제 성장 효과를 기대할 수 있다. 결산서 때문에 골머리를 앓는 회사들, 여기 주목하라!

2015년 1월, 평등고용기회위원회에서는 성희롱 예방 방안을 찾고자 고용법, 고용주 및 피고용자 지지, 노동조합과 관련된 배경을 지닌 사람 열여섯 명을 모아 직장 내 성희롱 연구를 위한 특별위원회를 소집했다. 1년 뒤 위원회에서 발행한 보고서에서는 직장 내 성희롱이 불행히도 감소세가 아니라 증가세에 있으며, 법적 책임을 기피하는 일에 지나치게 집중하고 성희롱을 근절하는 데에는 큰 노력을 쏟지 않는 현 상황이 지속된다면 앞으로도 개선될 가능성이 낮다고 밝혔다. 직장 내 성희롱이 점점 심해지고 있는 현실은 충격과 분노를 자아낸다. 지금이야말로 우리의 직장 문화를 돌아볼 때다. 또한 성희롱이 일어나는 이유와, 우리가 상황을 바꾸기 위해 할 수 있는 행동을 터놓고 논의해야 할 때다. 그게 곧 이 책이 필요한 이유이기도 하다.

여성들과 대화하면서 나는 다른 시대로 타임머신을 타고 돌아간 것 같은 기이한 기분을 자주 느꼈다. 한편으로는 단지 고충을 해결한다고 여성들이 힘을 얻는 건 아니라는 생각도 들었다. 여성들이 진짜 힘을 얻으려면 충만한 삶을 살고, 행복해지고, 자신감을 가져야 한다. 겁을 먹거나 위축되지 않고 사랑하는 일을 할 수 있어야 한다. 타인의 의견에 집착하거나 사후에 자신을 비판하는 대신, 스스로를 옹호하고 나설 수 있어야 한다. 자신의 성별이 일에 방해가 될 거라는 두려움 없이 매일 출근할 수 있어야 한다.

나는 성희롱이 평등한 기회의 원칙의 문제이기도 하다는 사실을 깨달았다. 중역이거나 고위직에 있는 여성들도 성희롱을 경험하지만, 보다 취약한 여성들이 더 많은 성희롱을 겪는 것은 틀림없다. 일례로 2016년 하트 리서치 어소시에이츠(Hart Research Associates)에서 시행한 연구에서는 패스트푸드 산업에서 관리자가 아닌 직급으로 일하는 여성 중 40퍼센트가 직장에서 성적 농담이나 놀림, 신체 접촉, 키스, 성적 지향에 대한 논평을 비롯한 성희롱을 경험했다고 밝혔다. 조사에 응한 여성들은 그 결과 스트레스, 불안, 우울증, 식욕 저하, 수면 장애 등을 겪었다고 답했다. 슬프게도 그들 중 42퍼센트가 일자리를 잃지 않기 위해 성희롱을 감내해야 한다고 느꼈다고 답했다. 패스트푸드 산업에서 낮은 직급으로 일하는 여성의 경우, 일자리를 잃으면 생활을 지탱해나갈 수 없기 때문에 성희롱을 견디는 것에 생계가 걸려 있다고도 말할 수 있다. 상황에 맞서 싸울 자원이나 영향력을 지닌 사람은 많지 않다. 그들을 위해 싸우는 게 우리 모두의 의무라고 믿는다.

"다 친해지자고 그러는 거잖아요?"

많은 여성들이 입을 모아 비난하는 "그 자식", 여성들을 괴롭히는 직장의 그 개자식이 권력자라면 상황은 더욱 악화된다. 그는 해를 끼칠 의도는 전혀 없었다고, 그냥 친해지고 싶었다고, 자기가 한 일은 그저 상대 여성을 칭찬하고 말을 건 게 전부였다고 주장할 것이다. 삭막한 직장과 반대되는 가족적인 직장의 모습이 이러하지 않겠냐고 우길 것이다.

여성들은 이런 식의 접근을 떨쳐내는 데 특히 애를 먹는다. 다음 시나리오를 상상해보자. 책상에 앉아 있는데 남자가 다가와서 오늘 입은 옷이 예쁘다며 어깨를 쓰다듬는다. 어떻게 하겠는가? "건드리지 마세요"는 너무 적대적으로 들리지 않을까 걱정된다. 바로 의자에서 일어나면 과민반응 같다. 정중하게 "이러시면 곤란합니다"라고 말하면 지나치게 신경질적으로 보이지 않을까?

이런 식으로 많은 여성들이 성희롱과 일종의 공모를 하는 덫에 빠진다. 무례하거나 지나치게 "과민해" 보이고 싶지 않아서 몸을 움찔할 뿐 아무 말도 하지 않는 것이다. 한참 참다가 결국 불만을 표하는 여성에게는 반드시 예상 가능한 반응이 돌아온다. "그쪽도 즐기는 줄 알았는데요."

어떤 회사에서는 남직원들이 "섹시함"을 척도로 부서 내 여직원들을 1점부터 10점까지 점수 매기는 설문을 벌였다. 평가 대상이 되었던 여성은 "굴욕적이었지만 용기 내서 한 마디라도 지적할 수 있는 여성은 없었"다고 말한다. "유머 감각이 결여된 사람처럼 보이고 싶지 않았어요."

많은 남성들이 자신이 던지는 칭찬이나 친근한 농담이 여성들에게 그렇게 받아들여지지 않는다는 사실을 알고 혼란에 빠진다. 도를 넘는 행위와 그렇지 않은 행위 사이에 명확한 선을 그을 필요가 있다. 여성들은 남성들과 직장 내에서 동등한 동료가 되기를 원한다. 남녀 불문하고 친구를 사귀고 좋은 동료 관계를 발전시키기를 원한다. 웃고, 이야기를 나누고, 인간적인 교류를 하길 원한다. 이때 "엄격한 원칙주의" 정신은 좋은 해결책이 아니다. 차에 치일까 두려워 집 안에 스스로를 가두는 셈이랄까. 여성들은 자신들의 권리와 존엄성을 지키는 동시에 복잡한 사회 역학과 씨름하고, 집단에 편안하게 속한다는 다층적인 임무를 수행해야 한다.

이는 특히 마초 문화가 팽배한 환경에서 아주 까다로울 수 있다. 한 여성은 내게 작은 기술회사에서 팀 내 유일한 여직원으로 사는 일이 얼마나 스트레스 받는 삶인지를 털어놓았다. 그녀 주위의 남성들은 끊임없이 비속어를 내뱉었는데, 그중 그녀

나는 더 이상 침묵하지 않기로 했다

를 겨냥한 발언은 소수였고 나머지는 마치 일터에 깔린 배경 음악 같았다. 그녀는 "역겨운 단어들이 들릴 때마다 정신이 산란해졌"다고 말한다. "집중할 수가 없었어요. 마치 하루에 열두 시간 동안 지척에서 망치질을 해대는 것 같았죠. 그런 환경에선 누구라도 미쳐버릴 거예요." 그러나 그녀는 그 문화 속에서 동료들과 어울려야 했기에 별말을 못했다.

사무실의 잔소리꾼으로, 자꾸 대화를 끊고 부적절한 말을 쓰지 말라고 지적하는 사람으로 찍히고 싶은 여성은 없다. 그렇다면 언제 목소리를 내고 무슨 말을 해야 할지는 어떻게 알 수 있을까? 의구심이라는 태피스트리는 수천 개의 자수로 이루어졌다. 성희롱을 당하고 있다는 건 어떻게 아는가? 바보 같은 질문처럼 보일 것이다. 성희롱을 당하면 당연히 알지, 설마 모를까? 하지만 많은 여성들이 성희롱 신고를 할지 말지 그토록 고민하는 이유 중 하나는, 이따금 당사자들조차 정확히 무슨 일이 벌어졌는지 확신하지 못하기 때문이다.

동료가 보란 듯이 모니터에 포르노 사진을 띄워놓으면 성희롱일까?

저속한 농담을 던지면 성희롱일까?

회의 중에 자신이 정복한 이성 이야기를 늘어놓으면 성희롱일까?

"몸매 끝내주네요"처럼 신체적 특징을 언급하며 칭찬하면 성희롱일까?

방 안에 들어올 때 휘파람을 획 불면 성희롱일까?

엉덩이를 토닥이면 성희롱일까?

동료나 상사가 데이트를 하자고 졸라대면 성희롱일까?

성생활에 대해 음란한 추측을 하면 성희롱일까?

동료가 음흉한 눈으로 하루 종일 훑어보면 성희롱일까?

회의 중 성적인 암시가 담긴 농담을 하면 성희롱일까?

임원이 여직원과 성관계를 맺고 다른 여성 대신 그 여직원을 승진시키면 성희롱일까?

위에 적은 상황들은 일터 내에서 불편한 분위기를 조성할 경우 전부 성희롱으로 분류된다. 법에 명시된 성희롱의 종류는 두 가지다. ① 대가성 행위: 일자리 유지나 직장 내 혜택을 주는 대가로 성적인 행위를 받는 것. ② 적대적인 직장 환경: 젠더가 직원의 업무 능력에 영향을 미치는 폭력적 분위기를 조성하는 것.

평등고용기회위원회에서는 다음 세 가지에 해당되는 경우에서 상대가 원치 않은 성적인 접근을 하거나, 성적 행위를 요구하거나, 성적인 속성의 언사 혹은 행위를 하는 것을 성희롱으로 정의한다.

- 해당 행위를 따르는 것이 개인의 고용 조건이나 상태에 명시적·암시적 영향을 줄 때.
- 해당 행위를 따르거나 거부하는 것이 개인에게 영향을 미치는 고용 결정의 근거로 이용될 때.

나는 더 이상 침묵하지 않기로 했다

• 해당 행위의 목적 혹은 결과가 개인의 업무 능력을 불합리하게 방해하거나 위협적·적대적 또는 불쾌한 업무 환경을 조성할 때.

그러나 이 정의도 성희롱의 한 종류만을 설명할 뿐이다. 해를 끼칠 의도가 있든 없든, 성적인 행위이든 아니든 젠더에 근거한 폭력은 성희롱이다. 기억하자. 젠더에 근거한 것이라면 곧 성희롱이다.

요점은 이렇다. 당신에겐 직장 내에서 원치 않은 성적 행위의 대상이 되지 않을 권리가 있다. 심각한 것이든 사소해 보이는 것이든 마찬가지다. 그러나 먼저 경고를 하나 하겠다. 법은 명료하지만, 법적인 절차는 전혀 명료하지 않다. 법은 당신 편이지만 법까지 다다르는 길은 복잡하고, 어렵고, 종종 많은 비용이 든다. 평등고용기회위원회에 소를 제기하기 전에 당신은 우선 회사에 항의하고, 회사가 무반응이었다는 사실을 입증해야 한다. 그래야만 평등고용기회위원회에 문제를 제기할 수 있다. 그곳에서도 결과는 실망스러울 수 있다. 평등고용기회위원회에서는 극히 드문 경우를 제외하고는 당신의 사건을 맡지 않을 것이다. 그 대신 소규모 조사를 시행한 뒤 당신에게 "고소할 권리"가 있다고 선언할 것이다. 그 후에 민사 소송을 걸지 회사 규정에 따라 중재 절차에 들어갈지는 당신의 선택이다. 이 절차는 수년이 걸릴 수 있다.

권력 남용

회사 내의 고위직 여성조차도 더 큰 권력을 가진 가해자 앞에서는 속수무책이 되곤 한다. 대형 건축회사의 임원 자리에서 오랫동안 성희롱을 당하고 결국 퇴사한 여성이 내게 들려준 말이다. "높은 직위의 남성은 아랫사람의 커리어를 만들어줄 수도, 꺾어버릴 수도 있어요." 상사는 성희롱을 당한 사실을 말하면 그녀를 좌천시킬 수밖에 없으며, 그게 그녀에게 유쾌한 일은 아닐 거라고 말했다. 그녀가 회사에 문제를 제기하자 상사는 말마따나 악몽 같은 복수를 시작했고, 심지어 그녀의 컴퓨터를 해킹했다. 인사과에 항의하자 상사는 그녀가 회사 돈을 횡령했다고 받아쳐서 논의의 초점을 흐렸다. 그녀는 내게 물었다. "제가 거기에 어떻게 맞서겠어요?"

전형적인 성희롱 상황에서 가해자는 많은 것을 활용할 수 있는 유리한 위치에 있고, 피해자는 그렇지 못하다. 문제는 인사과에서부터 시작된다. 아무리 구체적인 성희롱 정책이 있더라도 인사과는 결국 회사의 한 부서이며, 그 안에는 회사의 이익을 가장 중시하는 임원들이 버티고 있다.

대자연 속에서 일하는 폴라는 15년 동안 매일 아침 기쁘게 출근했다. 그녀는 아름다운 남부의 주립공원 경비원 일을 사랑했고, 사람들에게서 "여자 공원 경비원은 처음 봐요"라는 말을 들으면 행복해했다. 사람들이 자연을 체험하고 자연의 소중함을 깨닫게 하는 의미 있는 일이었다. "그저 그런 커리어가 아니었어요. 그 일은 제 인생이었어요." 그녀와 같은 수준의 직위에 오른 여성은 별로 없었지만 크게 신경 쓰지 않았다. 그녀는 강했고, 어떤 일이 일어나든 잘 대처할 자신이 있었다. 동료가 봉투에 서류를 담아주면서 섹스토이를 같이 넣거나, 관리자에게서 남자가 하는 일은 못 할 거라는 말을 듣는 등의 성희롱을 당했지만 사소한 일로 치부하고 넘겼다. 심지어 회의에서 자신이 한 제안은 묵살당하고 남성 동료가 똑같은 내용으로 제안하면 칭찬 받는 불합리한 상황조차도 무시했다. 우리 모두 겪어본 적 있는 일 아닌가? 적어도 나는 겪어봤다!

회의로 장거리 출장을 간 날, 유부남인 동료 직원이 술에 취해서 호텔 복도까지 폴라를 따라왔다. 그는 폴라를 벽에 밀어붙이고 키스하면서 사랑한다고 말했다. 폴라는 겁에 질렸다. "객실로 돌아가지 못할까 봐 무서웠어요." 그녀는 가까스로 남자를 떼어내고, 복도를 달음박질쳐서 객실에 들어가자마자 문을 쾅 닫았다.

처음 폴라가 택한 반응은 침묵이었다. 모두의 화젯거리인 그 여자가 되고 싶지 않았다. 그러나 일주일 뒤 연간 인사 고과 평가를 받던 중 그녀는 평정을 잃고 관리자에게 어떤 일이 있었는지 털어놓았다. 그녀는 관리자에게 부디 아무에게도 말하지 말아달라고 부탁했고, 상황은 조용히 처리되는 듯했다. 그 고백에 어떠한 대가가 따랐는지는 1년 뒤 폴라가 관리자직에 지원했을 때 드러났다. 상사는 그녀가 유부남과 "불륜을 벌였기" 때문에 승진시킬 수 없다고 통보했다. 그녀는 충격에 휩싸였다. 그녀는 불륜을 벌이지 않았다. 폭력을 당했을 뿐이다.

그때까지 여러 해 동안 다양한 형태의 희롱과 차별을 참아 온 폴라에게 그 사건은 전환점이 되었다. 그녀는 변호사를 고용해 소송을 걸었다. 그러자 상황은 정말로 악화되었다. "소송을 시작하는 건 마치 헤어날 수 없는 덫에 빠지는 것과 같았어요. 상사가 동료들에게 이렇게 말했다더군요. '내게 불리한 증언을 하는 사람을 위해 지옥에 특별한 자리를 마련해놓겠어.'"

폴라는 계속 출근했고, 괴로움 속에서도 긍정적인 면을 찾았다. "세상이 이렇게 조금씩 변화하는 것 아니겠어요. 아이들에게 제가 변화의 일부였다고 말할 수 있잖아요."

이 이야기를 듣고 나는 생각했다. '우리에겐 폴라 같은 사람이 더 필요해!' 일터에 남아 스스로를 위해 싸우기로 선택하는 여성이, 사랑하는 일을 그만두는 것 외에도 선택지가 있다고 생각하는 여성이 더 많아져야 한다. 물론 직장을 그만두거나, 해고되거나, 강압에 의해 퇴사해야 해서 다른 선택지가 없는 사람들의 사정도 마음 깊이 이해한다. 그러나 피해자가 직장을 떠난다면 가해자가 무소불위라는, 즉 성희롱을 하고도 처벌받지 않을 수 있다는 생각이 굳어진다.

쉬운 선택이라는 뜻은 절대 아니다. 때로 이 선택은 일자리와 존엄성 사이의 양자택일처럼 느껴진다. 결단이 수월할 리 없

나는 더 이상 침묵하지 않기로 했다

다. 한 젊은 여성 긴급의료원은 내게 말했다. "저는 악마와 거래를 했어요. 소녀였을 적부터 꿈꿔왔던 일을 하는 대신 끊임없는 놀림과 장난을, 사물함에 사용한 콘돔이 들어 있거나 화장실에 저를 대상으로 한 음란한 낙서가 적혀 있는 등의 일을 무시하기로 했죠. 여기서 일하는 한 그러려니 하고 받아들이게 됐어요."

　얼마나 많은 여성이 이런 거래를 했을까? 한 발짝 떨어진 자리에서 왜 가해자를 신고하지 않았느냐고 나무라기는 쉽다. 그러나 입바른 소리만 해대는 자들은 그 결정이 실제로 어떤 의미인지 전혀 알지 못한다. 지금까지 그토록 노력해 얻은 커리어를 걸고 인생에서 가장 중요한 결정을 내릴 용기를 끌어내는 게 어떤 기분인지 상상도 못한다. 많은 경우, 직장을 그만두는 여성들은 수십 년 동안 유지해온 커리어를 포기해야 한다. 끔찍한 선택에 직면했을 때 그들은 그야말로 외톨이가 된 기분을 느낀다. 동료들로부터 멀어지기 시작한다. 자신을 지지하는 사람이 있긴 한지 의심한다. 평소처럼 출근해서 고개를 숙이고 일에 최선을 다하고자 노력할 뿐인데, 사람들에게서 냉담하고 사교성 없다는 험담을 듣는다. 매일 자문한다. 아무도 믿지 못하는데 어떻게 정상적으로 행동할 수 있을까? 등 뒤에 칼을 숨기고 피를 뚝뚝 흘리며 복도를 걸어가는 것과 비슷한 상황이다. 겁이 나서 뒤돌아보지 못하고, 이윽고 어떤 일이 벌어질지도 전혀 알 수 없다. 확실한 건, 어쨌든 좋은 일은 아니란 거다. 사람들은 이런 사실을 하나도 알지 못한 채로 피해자가 어떤 사람인지 손쉽게 재단하고자 한다.

성희롱 사건에 대처하기가 그토록 힘든 또 하나의 이유는 가해자의 단독 행동인 경우가 드물기 때문이다. 가해자들은 자기 편을 들어줄 사람을 필요로 한다. 보통 가해자들은 다른 직원들의 보상이나 커리어 등을 좌지우지할 수 있는 위치에 있기 때문에, 어렵지 않게 조력자를 구할 수 있다. 나는 조력자들도 가해자만큼이나 비난받아 마땅하다고 생각한다.

수전은 미국 중서부의 보안관 사무소에서 25년간 경관으로 일했다. 경찰관은 어릴 적부터의 꿈이었다. 그녀는 "가족들에게 제가 약하지 않다는 사실을 증명하고 싶어서 경찰이 됐"다고 말했다. 그녀 역시 폴라처럼 못된 행동을 여러 번 당했다. 남자들은 그녀를 향해 욕설을 쏟아내고, 그녀의 엉덩이를 두드리고, 키스를 시도했다. 능력을 발휘하고 직위가 올라갈수록 상황이 나아지겠거니 생각했지만 현실은 달랐다. 그녀가 사무소 내 여성들의 승진을 위해 로비하고자 했을 때, 여성 동료들은 그녀의 노력을 인정해주지 않았다. 그녀에게 감사와 지지를 보내기는커녕 풍파를 일으키고 괜한 이목을 끌게 했다고 화를 냈다. 동료 여성들조차 편이 되어주지 않으니 그야말로 승산 없는 상황이었다.

그 일 이후 윗선에서 수전을 대하는 태도가 바뀌었고, 그녀의 사기를 꺾으려는 시도가 계속되었다. "무언가에 불만을 표한 사람에겐 벌점이 찍힌 거나 마찬가지예요. 더 이상 팀의 일원으

나는 더 이상 침묵하지 않기로 했다

로 받아들여지지 않더군요."

윗선에서 수전을 쳐냈다는 것은 처음엔 순전한 의심이었지만, 곧 사실로 확인되었다. 수전에게는 매일 위태로운 업무가 주어졌다. 그녀가 맡은 업무 중 하나는 수감자들을 밴에 태워 법정으로 이송시키는 일이었다. 보통은 직원 두 사람이 수감자 열두 명을 책임지도록 되어 있지만, 상사가 수전의 파트너를 해고하는 바람에 수전은 두 사람 몫의 일을 혼자 하게 되었다. "몸무게 54킬로그램인 저는 그 많은 수감자들을 차에 태우고 가면서 끊임없이 걱정했어요. 무슨 일이라도 생기면 어쩌지? 누가 탈주를 시도하면 어쩌지? 매일 아침 끔찍한 기분으로 잠에서 깨어났죠. 오늘은 무슨 일이 일어날까? 하나같이 제가 실수하기만을 기다리고 있는 것 같았어요." 그녀는 50세가 되어 은퇴하기까지 딱 5년만 참자고 스스로를 다독였다. 55세까지 일하면 한 달에 연금 1000달러를 더 받을 수 있지만 언감생심이었다. "은퇴할 즈음 저는 해충처럼 취급받고 있었어요. 송별회 같은 건 없었죠. 카드 한 장 건네는 이가 없더군요."

나는 지금 수전에게 파티를 열어주고 카드를 건네고 싶다. 그녀는 할 수 있는 한 오랫동안 싸움을 계속했고, 다른 여성 경찰들이 성공할 수 있는 길을 닦아주었다. 그들은 수전을 모르겠지만, 그럼에도 수전에게 감사해야 마땅하다.

"왜 이제야 얘기하죠?"

성희롱을 당하고 몇 달 혹은 몇 년 뒤 그 사실을 이야기하면 거센 비난이 쏟아진다. "왜 이제야 얘기하죠?" 사람들은 미심쩍은 투로 묻는다. 이 안락의자 비평가들의 지극히 단순한 견해에 따르면, 스스로를 존중하는 여성이 성희롱을 당했을 경우 해야하는 일은 정해져 있다. 당장 인사과로 직진한다. 평등고용기회위원회에 고소한다. 변호사를 선임한다. 즉시 정의를 구현한다. 만일 그러지 않으면, 그녀는 믿음직하지 못한 사람으로 여겨진다. 그러나 이런 반응은 많은 여성들이 성희롱을 당한 즉시 신고하지 못하는, 아주 현실적이고 유효한 이유들을 고려하지 못한 것이다. 그 이유 몇 가지를 들어보면 다음과 같다.

- 피해자가 트라우마에 시달리고 있다.
- 권력 차이가 너무 크다.
- 기업 문화가 위협적이다.
- 가해자가 전에도 같은 행동을 하고 처벌받지 않는 것을 보았다.
- 피해자에게 확고한 증거가 없다.
- 법적 싸움에 필요한 자원이 없다.
- 일자리를 지키고 싶다.

나는 더 이상 침묵하지 않기로 했다

여성들이 당당하게 나서지 못하는 이유를 생각하다 보면, 내가 커리어 초기 댈러스의 지역 방송국에서 담당했던 30부작 가정 폭력 시리즈가 떠오른다. 내가 알기로 지역 언론에서 이런 대규모 시리즈를 기획 방송하는 일은 전무후무했다. 그때 나는 참으로 많은 것을 배웠다. 프로젝트를 시작하면서 나는 다른 사람들과 똑같은 의문을 품었다. 여성들은 왜 남편에게 학대받으면서도 그를 떠나지 못하는가? 나는 스스로를 강한 여자라고 생각했으며, 내가 그런 상황에 처한다면 당연히 남편을 떠날 거라고 확신했다. 하지만 프로젝트에 뛰어든 뒤, 나는 여성들이 남편을 떠나지 못하는 데에 수많은 이유가 있음을 알게 되었다. 첫째로 가장 중요한 이유는 생명에 위협을 느끼기 때문이었다. 여성들은 또한 남들이 자신의 말을 믿지 않을까 봐, 사회에서 배척당할까 봐, 최악의 경우에는 자녀 양육권을 잃게 될까 봐 두려워한다. 가정 폭력은 성희롱과는 다른 문제지만, 두 문제에는 공통점이 있다. 문제를 제기하든 제기하지 않든 여성들은 그에 따른 역풍을 홀로 감당해야 한다.

회사 내에 권력 기반을 다져놓은 잘나가는 여성조차 공식 항의를 망설일 수 있다. 카를라 아메솔라(Karla Amezola)의 경우, 말을 꺼내기까지 수년이 걸렸다. 카를라는 스페인어권 방송계의 자타 공인 스타였다. 샌디에이고에서 태어나 멕시코 티후아나에서 어머니와 할머니 손에 자라난 그녀는 텔레문도 방송사에서 인턴십을 하며 저널리즘과 사랑에 빠졌다. 재능과 야망을 겸

비한 그녀는 스페인어 채널인 에스트레야 TV에서 5시와 11시 저녁 뉴스 앵커를 맡게 되었다. 그런데 일을 시작하고 얼마 지나지 않아 그녀는 방송사 부회장 안드레스 앙굴로(Andrés Angulo)에게 부적절한 말을 듣기 시작했다. 뉴스 보도와 카를라의 고소 내용에 따르면 앙굴로는 뉴스실이나 회의실에서 종종 성적으로 도발적인 발언을 했다. 카를라가 말하기로, 그 일이 어찌나 흔했던지 "그가 신체 부위에 대해 음란한 논평을 일삼는 것에 모두가 익숙해질 정도"였다. 카를라의 이야기는 이렇게 이어진다.

하루는 앙굴로가 카를라를 자기 사무실로 불러서 말했다. "페이스북에서 네 사진을 봤어. 너무 섹시해. 이 사진을 보면 나를 아주 섹시하게 쳐다보는 기분이 든단 말이지. 이 사진, 어디서 찍었어?"

그는 카를라의 얼굴만 나온 사진을 언급하며 말했다.

"하와이에서 남자 친구가 찍어준 거예요." 카를라가 그의 관심을 떨치려는 의도로 말했다.

그러나 앙굴로의 관심은 꺾이지 않았다. 그는 페이스북으로 카를라에게 "프로필 사진 속 너는 거의 악마적인 미소를 띠고 나를 보고 있어. 그게 참 마음에 들어. 너도 마음에 들고. 보다 순종적이고 고분고분하게 굴면 더 좋겠지만, 그래도 네가 마음에 든단 말이지"라고 메시지를 보냈다.

앙굴로는 카를라에게 자신이 회사 내에서 무소불위의 권력자라고 말한 바 있고, 실제로 그렇게 행동했다. 가끔은 카를라의

나는 더 이상 침묵하지 않기로 했다

동료들과 섹스한 이야기를 카를라에게 떠벌렸다. "그런데 걔네들보다 네가 더 마음에 들어. 지난주에 한 년을 따먹었지. 너도어서 따먹고 싶어." 이런 말도 했다. "오늘 네가 우리 집에 와줬으면 좋겠어. 다른 년들에게 한 짓을 너에게도 하고 싶어." 이런말도 했다. "널 따먹고 싶어서 아주 죽겠어."

카를라는 20대 후반으로 아직 어렸고, 얌전히 일에 몰두하면서 능력을 입증하면 앙굴로 문제를 해결할 수 있으리라 믿었다. 그러나 2015년 후반에 이르자 카를라는 더 이상 참지 못하고, 앙굴로에게 성희롱을 그만두지 않으면 인사과에 신고하겠다고말했다. 얼마 지나지 않아 다른 직원이 앙굴로를 성희롱으로 신고했다. 카를라는 증인 자격으로 인사과와 면담을 하게 되었을때 마음을 굳게 먹고 지금까지 있었던 일을 전부 털어놓았다.

하지만 진실을 말하는 데에는 대가가 따랐다. 앙굴로는 앙갚음을 시작했다. 카를라의 동료들에게 카를라가 형편없는 리포터이며 무책임한 사람이라고 말하고 다닌 것이다. 전혀 사실이아니었다. 카를라는 에미상 후보에 오르고 골든 마이크 상을 수상한 능력 있는 언론인이었다. 2016년 6월, 카를라가 변호사를선임하고 소송을 걸자 그제야 앙굴로에 대한 조사가 시작되었다. 하지만 결과는 어땠을까? 앙굴로는 곧 카를라에게 이제부터5시 뉴스를 맡지 못할 거라고 말했고, 그녀는 소송을 건 지 8개월만에 해고되었다.

같은 날 퇴임을 권유받은 앙굴로는 사건에 대해 아무런 발언도 하지 않았다. 한편 방송사에서는 카를라가 고발한 성희롱 사건을 직접적으로 다루지 않았다. 사건을 인정하지도 부정하지도 않은 채 단지 이렇게 입장을 발표했다. "유니비전 커뮤니케이션즈에서는 모든 형태의 성희롱을 금지하는 엄격한 정책을 오랫동안 유지해왔습니다. 우리는 모든 직원들에게 성희롱을 당했을 경우 보복을 겁내지 말고 즉시 신고하기를 격려합니다. 우리는 불법적 희롱이 없는 직장 문화를 일구는 데 전념하고 있습니다."

이 책을 쓰는 현 시점에서 소송은 여전히 진행 중이며, 카를라가 (회사와 계약한 내용대로) 중재를 강요당할지 배심원 앞에 설 수 있을지 여부는 아직 결정되지 않았다. 카를라의 비밀 무기인 앙굴로와의 대화 녹취본이 증거로 채택 가능한지 여부도 여전히 미지수다. 캘리포니아에 사는 이들에게 꼭 알려주고 싶은 사실이 있다. 쌍방 허가를 받지 않은 대화 녹음은 불법이다. 그러나 카를라의 변호사는 정상 참작을 주장하려고 시도하고 있다.

카를라는 자기 이야기가 보도되었을 때의 기분을 이렇게 표현했다. "사라지고 싶었어요. 제가 무슨 일을 당했는지 사람들이 아는 게 싫었거든요." 하지만 그녀는 이내 다른 방송국에서 일하는 여성들과 다른 직업을 가진 여성들에게서 자기도 그런 일을 겪었다는 메시지를 받기 시작했다. 내가 그랬던 것처럼, 카를라에게도 할 말이 있는 여성들을 위한 뜻밖의 지도자 역할이 주어진 것이다.

카를라는 언론 일을 사랑하고, 자신이 업계로 돌아갈 수 있을 거라고 확신한다. 그러나 그날을 기다리며 지금은 운전으로 생계를 유지하고 있다. 그녀는 자신이 해야 할 일을 하고 있다고 믿기에 한 점의 수치 없이 고개를 들고 다닌다. 때로 여성 승객들이 자기 이야기를 들려주면 카를라는 그 이야기를 받아 적는다. 유능한 방송인으로서, 그녀는 그 이야기들을 세상에 들려줄 수 있을 날을 준비하고 있다.

인사과에 대해 얘기해보자

최악의 일이 벌어지면 인사과로 달려가야겠다는 생각부터 들 것이다. 그러나 인사과는 보기보다 온정적이지 않다. 성희롱을 당했다고 신고한 뒤 직장에서 위기에 몰린 한 관리자가 내게 솔직히 털어놓았다. "회사 내에서 인사과의 역할은 문화의 수호자가 되는 겁니다. 그러나 제 경우에 인사과는 지도자로서의 임무를 저버렸습니다. 그런 제가 어떻게 남들에게 인사과를 믿으라고 말하겠어요?"

"HR(Human Resources)은 KGB예요. 구소련의 비밀경찰요. 친구가 아니에요." 1980년대부터 성희롱 소송 건에서 여성들을 대변해왔으며 내 변호사이기도 한 저명한 민법 변호사 낸시 에리카 스미스(Nancy Erika Smith)는 이렇게 말했다. "많은 여성이 저지르는 첫 번째 실수는 인사과를 친구로 생각하는 겁니다. 많은 사람들이 '어떤 일이 일어났는지 알면 나를 도와주겠지'라고 생각하며 인사과로 향해요. 하지만 그건 경찰서에 가서 '이 경찰이 저를 희롱했습니다'라고 신고하는 것과 똑같아요. 인사과 사람들은 자기편 사람들을 챙기게 되어 있어요. 인사과에서 계속 일하고 싶으면 권력을 가진 사람, 돈줄을 쥔 사람을 보호해야 하니까요."

스미스의 말은 인사과를 회사의 엄마, 아빠처럼 자애롭게 직원들을 보살피는 얼굴로 생각하도록 교육받은 이들에게 경종을 울린다. 과거 'Personnel'이라고 불리던 인사과를 1980년대 초반에 현대화한 것이 'Human Resources', 즉 '인적 자원'을 관리하는 인사과다. 이런 새로운 이름을 붙인 이유는 직원을 보살피고, 직원에 초점을 맞추는 새로운 회사 이미지를 구축하기 위해서였다. 즉 현대의 인사과는 단순히 급료와 출퇴근부를 관리하는 부서를 넘어, 직원과 그들의 행복을 소중히 여기는 회사의 심장으로 거듭났다.

직원들은 힘든 일이 있으면 인사과에 털어놓아도 된다는 말을 주기적으로 듣는다. 그러나 사실 그 말은 인사과가 직원을 위해 정확히 무엇을 할 수 있고, 무엇을 할 의향이 있는지에 대해 비현실적인 기대를 주입하는 사탕발림일지도 모른다.

우리는 제일 먼저, 인사과의 주된 역할이 회사를 섬기는 것이라는 사실을 이해해야 한다. 대부분의 회사는 직원들이 행복하고, 보람을 느끼고, 성공하기를 바라지만 특히 대기업에서는

나는 더 이상 침묵하지 않기로 했다

직원에게 꼭 유리하지만은 않은 어려운 결정들을 내리기 마련이다. 때로는 직원 개인에게 좋은 것, 가령 유연근무제나 넉넉한 연금 제도가 표면상 회사의 손익에는 도움이 되지 않을 수도 있다. 이런 현실은 대부분의 사람이 이미 알고 있으리라 생각한다.

하지만 인사과의 역할은 분쟁이 생겼을 때, 특히 그 분쟁에 고위 임원이 연루되었을 때 가장 모호해진다. 이는 승객과 차량을 연결해주는 서비스 우버(Uber)의 엔지니어 수전 파울러가 통감한 사실이기도 하다. 우버의 신입사원이었던 그녀는 관리자로부터 심한 성희롱을 당했다. 그는 회사 메신저로 수전에게 자기가 여자 친구와 서로 간섭하지 않는 연애를 하는 중이며, 섹스 파트너를 찾고 있다고 말했다. 수전은 메시지 화면을 캡처해 인사과로 향했다.

"그때 우버는 꽤 규모가 큰 회사였고, 이런 상황을 상식적으로 처리할 거라고 기대했다." 그녀는 자신의 경험을 블로그에 이렇게 적었다. 현실은 그녀의 기대와 달랐다. "인사과와 고위 경영진들은 그가 성희롱을 하고 나에게 섹스를 제안한 게 명백하지만 초범임을 감안해야 하며, 그에게 경고를 주고 엄하게 꾸짖는 것 이상의 조치를 취하면 사측에서 마음이 편하지 않을 거라고 말했다." 그들은 가해자가 회사 내에서 좋은 실적을 올리고 있고, 고의가 아닌 실수일 테니 그냥 넘기자고 말했다.

그러나 다음 몇 달 동안 사내 다른 여직원들과 대화하던 중 파울러는 몇몇 여직원들이 자신과 같은 일을 당해 이미 인사과에 신고했다는 사실을 알게 되었다. 초범이라는 핑계는 유효하지 않았다. 여직원들은 인사과와 면담을 잡아 그 주장이 사실이 아니라고 항의하기로 했다. 그러나 인사과에서는 뻔뻔하게도 파울러에게 신고자가 그녀뿐이었다는 거짓말로 일관했다.

파울러가 쓴 글이 인터넷에 퍼져나가면서 우버 사건은 급물살을 타기 시작했다. 사측에서는 사건의 심각성을 인지하고, 전 법무장관 에릭 홀더(Eric Holder)를 초빙해 조사를 맡기는 등 적극적으로 해결에 나선 듯했다. 우버 공동 창립자이자 CEO인 트래비스 캘러닉(Travis Kalanick)은 대중에 공개적으로 사과했다. 하지만 쉽게 해결될 문제는 아니었다. 2017년 6월 13일에 발표된 홀더의 보고서는 캘러닉이 이끄는 우버의 문화 자체를 통렬하게 비난했다. 보고서는 우버의 문화적 가치를 과감하게 "개혁"하기 위해 바꿔야 할 관행 목록을 제안했는데 성과 평가 및 승진 기준에서의 투명성 증대, 사내 행사 및 업무 시간 내 음주 금지, 관리자와 직원 간 연애 금지, 희롱과 차별에 대한 직원 정책 강화 등이었다. 우버 이사회에서는 만장일치로 보고서를 채택하며 수뇌부 교체 또한 요구했다. 캘러닉은 이사회의 휴직 요청을 당일 받아들였다. 그러나 우버의 핵심 투자자들은 이에 만족하지 못하고 일주일 뒤에 캘러닉의 사임을 요구했다. 이 책을 쓰는 현 시점에서 그는 이사 직위를 유지하고 있다.

파울러가 일으킨 극적인 변화는 기술 업계에서 일하는 여성들에게 부당한 대우를 더 이상 참지 말라는 소집령으로 작용

나는 더 이상 침묵하지 않기로 했다

했다. 2017년 6월, 실리콘밸리 스타트업 회사에서 근무하는 스무 명 이상의 용감한 여성들이 업계 내에 만연한 성희롱 경험을 《뉴욕 타임스(New York Times)》에 제보했다. 우버 사건은 겉보기엔 젊고 멀쩡한 기술 업계 남성들에게 여성들이 참고만 살던 시대가 끝났다는 경고를 보낸다. 여성들은 이제 목소리를 높이고 있다. 그러나 이런 변화는 하루아침에 이루어지지 않으며, 계속적인 주의를 필요로 한다는 사실을 잊지 말자. 우버 사건 조사 결과를 대중에 발표하던 중, 이사회의 일원이 노골적인 성차별 발언을 해서 즉석에서 사임당하는 씁쓸한 아이러니도 있었다.

낸시 에리카 스미스는 인사과가 문제를 제기하는 여성에게 덫을 놓을 수 있다고도 말한다. "겁을 먹은 여성은 모든 걸 단박에 털어놓거나, 직설적으로 이야기하는 걸 피하고자 할 수 있어요. 그러면 인사과가 꼬드기죠. '그러니까 당신 말은, 그 남자와 잘 지내기가 어렵다는 뜻이죠?' 이건 변호사 없이 법정 진술을 하는 것과 똑같아요. 꼬임에 넘어가 특정 표현을 받아들였다가는 나중에 발목 잡히고 말죠." 스미스가 여러 차례 고소한 대기업에서는 인사 과장이 자기와 먼저 면담하기 전에는 인사과에 문제를 제기할 수 없다는 새로운 규칙을 세웠다. "이유가 뭐겠어요? 겁주려는 거죠. 나중에 신고자에게 불리하게 작용할 발언들을 끌어내려는 거예요."

프랜의 이야기 속에서 이런 음흉한 행동의 사례를 찾아볼 수 있다. 프랜이 대형 스포츠용품 회사의 마케팅부에서 일하기 시작했을 때, 상사는 자기 부서원들이 아주 끈끈하다고 자랑하면서 프랜 역시 '사내들'과 잘 어울려야 할 거라고 장난스럽게 말했다. 하지만 프랜은 '남자는 원래 이래'라는 말로 용인되는 거친 분위기가 불편했다. 특히 그녀의 신체에 대한 잦은 농담과 논평이 그러했다.

입사하자마자 불만을 표하고 싶지는 않았지만 프랜은 결국 상사에게 부탁했다. "남직원들에게 성적인 얘기는 그만하라고 좀 말해줄 수 있으세요? 일이랑은 무관하잖아요."

상사는 프랜의 말을 진지하게 듣기는커녕 경고로 답했다. "이 업계에서 일을 한다는 건 그런 대화도 어느 정도 받아들이는 법을 배워야 한다는 뜻이에요." 그리고 상사는 그녀를 엄한 눈빛으로 바라보며 말했다. "당신이 부적응자가 되지 않길 바랍니다. 사람마다 성향이 다른 건 알아요. 하지만 제일 최근에 우리 부서에서 일했던 여직원은 잘 적응했어요."

상사의 말에서 어떤 저의를 느낀 프랜은 머릿속이 복잡해졌다. 도움과 지도가 필요하다고 판단한 그녀는 인사과와 면담을 잡고, 남직원들의 불쾌한 행동을 구체적으로 정리한 노트와 상사가 그녀의 항의에 대응한 기록을 준비했다.

인사과 직원은 프랜의 말을 듣고서는 제안했다. "지금 이 자리에 당신 상사를 불러서 문제를 해결하도록 하죠."

프랜은 소름이 돋았다. 그녀가 인사과와 면담을 원한 것은 조언이 필요해서였지, 정식으로 상사를 고발하려는 의도가 아니었다.

인사과 직원은 프랜에게 물었다. "전에도 동료들과 잘 어울리지 못하는 문제가 있었나요?"

"저는 대개 다른 사람들과 잘 지내요."

"당신이 지나치게 예민한 것은 아닐까요?" 인사과 직원이 말했다.

이런 식으로 얼마간 대화가 진행되었다. 프랜은 갈수록 불안해졌다. 조언을 원했을 뿐인데 면담 분위기가 점점 이상해지고 있었다. 인사과 직원은 성희롱 문제에 집중하지 않고, 프랜에게 해명을 요구하면서 미묘하게 책임을 그녀에게 떠넘기는 듯 보였다. 며칠 뒤 프랜이 인사과와 면담한 사실을 상사가 알게 되었다. 아니, 상사뿐 아니라 모두가 아는 티를 냈다. 갑자기 장난이 중단되었다. 그뿐 아니라 모든 교류가 뚝 끊겼다. 동료들은 그녀를 거의 없는 사람으로 취급했고, 상사는 대놓고 업무를 비판했다. 한 달을 참은 프랜은 결국 퇴사했다.

인사과에 문제를 제기하는 데 수반되는 위험에도 불구하고, 현 노동법상 성희롱을 당했다고 주장하는 직원들은 회사에 (주로 인사과를 통해) 성희롱 사실을 주지시키려 노력해야 할 의무가 있다. 법원에서는 보복에 대한 두려움이 성희롱 신고 의무를 기피할 충분한 사유가 되지 못한다고 판결한 바 있다. 이론상으로는 사건이 소송으로 번지기 전에 사측에 상황을 해결할 기회가 주어지는 것이 옳다. 그러나 현실적으로 일이 항상 그렇게 풀리지는 않는다. 법에서는 회사가 직원의 신고에 언제나 선의로써 대응한다고 전제하며, 피해자에게 트라우마에 시달리는 상태에 서도 원칙대로 문제를 해결해야 한다는 의무를 지운다.

그렇다면 성희롱을 당한 직원은 어떻게 대처하면 좋을까? 나는 변호사가 아니지만, 스스로를 위해 싸우는 최선의 방법은 회사 내 권력 역학을 명료하게 꿰뚫어 보는 것이라고 생각한다. 만일 회사에서 권장하는 공식 항의 절차가 있다면 그것을 따라라. 고발을 하고 싶지는 않지만 지도가 필요하다면 회사 밖에서 찾아라. 인사과를 찾아가지는 마라. 무엇이 공정한지, 무엇이 불공정한지, 무엇이 옳은지를 지나치게 골똘히 생각하는 수렁에 빠지지 마라. 4장에서 구체적인 지침을 더 많이 소개하겠지만, 우선은 이것이 체스 게임과 같다는 생각을 염두에 두는 편이 좋다. 규칙을 알아야 이길 수 있다.

중요한 사실을 몇 가지 더 짚고 넘어가고 싶다. 내 사건이 보도되고 내가 대중들 앞에서 인사과에 대한 의견을 밝힌 뒤로, 인사과에서 괴로운 경험을 한 사람들의 이야기를 많이 들을 수 있었다. 그러나 인사과 관리자들의 항변도 자주 받았다. 자신들은 옳은 일을 하려고 애쓰고 있다는 것이다. "친애하는 그레천 칼슨 씨. 인사과는 적이 아닙니다. …… 우리는 돕고 싶습니다." 이렇게 이야기하는 트윗도 보았다.

또 다른 인사과 관리자는 내게 말했다. "저는 직원들의 생산성을 높이는 방법이 신뢰하는 분위기를 조성하는 것이라고 믿습니다. 정직하고 진실한 분위기 말입니다." 그는 자신의 임무가 "모든 직원을 존경으로 대하는 것"이라고 진지하게 밝혔다. 많은 인사과 관리자들이 그와 같은 책임감을 느끼리라 믿는다. 하지만 아무리 선의를 지니고 있다 해도, 그 선의는 회사에 의해 방해받을 수 있다. 인사과 직원이 그에게 월급을 주는 당사자를 조사해야 하는 경우도 있다는 사실을 잊지 말자. 이건 중요한 문제다.

기업의 문화와 분위기는 분명히 상부에서부터 시작된다. 상부가 변해야 회사가 변한다. 어쩌면 그 변화를 만드는 해법은 생각보다 간단할지도 모른다. 조직 내, 특히 상부에 더 많은 여성들을 배치하는 것이다. 한 다국적 기업의 인사과 과장은 내게 심오한 진실을 알려주었다. "저희는 인력의 80퍼센트가 여성이라서 성희롱 문제가 별로 없습니다." 세상에, 정말 그럴 수밖에 없다! 더 많은 여성들이 의사 결정을 하는 직위로 올라가 기업의 분위기를 가꾸는 데 일조한다면, 성희롱이 당연히 줄어들 것이다. 무엇이 용인되고 무엇이 용인되지 않는지 정하는 주체가 여성일 테니까 말이다.

내가 얻은 교훈은 이러하다. 우리 여성들은 성경 속 다윗처럼 골리앗에게 맞서야 하는 끔찍한 상황에 놓이기 일쑤다. 우리는 힘없는 약자다. 만일 지금 회사 내에서 그런 종류의 싸움을 시작할 참이라면, 내 말을 기억해라. 당신은 혼자가 아니다. 이런 전투를 치르는 게 처음이어도 스스로를 믿어라. 머리를 꼿꼿이 쳐들고 자신감을 품고 전진해라. 다윗도 자기 앞에 선 육중한 거인을 무너뜨릴 수 있으리라 믿지 않았지만, 그 일을 해냈다. 새총과 돌멩이 하나로 충분히.

2장
드센 여자는
꺾이지
않는다

친구 하나가 이런 말을 한 적이 있다. "널 잘 모르는 사람들은 네가 겉보기와 달리 드센 여자라는 걸 상상도 못할 거야." 내가 '드센 여자'라니 이상하게 들릴지 모르겠다. 과연, 어떤 동료는 나를 경멸조로 "꼬마 아가씨"라고 부르기도 했다. 그러나 겉으로 드러나지는 않는다 해도 내 안에는 강인함이 있다. 그리고 지금 나는 확실한 변화를 일으키기 위해 드센 면모를 내보이는 중이다. 드센 여자 클럽에 합류한 수많은 여성들에게 감사한다. 내가 좋아하는 작가 앤 라모트(Anne Lamott)는 이렇게 말했다. "분노는 좋고, 나쁜 태도는 훌륭하며, 고함치기와 불평하기의 의학적 효과는 아무리 강조해도 과장되지 않는다."

싸움을 준비하면서 나는 동기 부여를 위해 '센' 음악을 즐겨 들었다. 강한 감정을 일으키고 계속 전진하게 하는 노래들. 지난 몇 년 동안 내게는 바로 그런 힘이 필요했다. 내가 정착한 두 곡은 글로리아 게이너(Gloria Gaynor)의 〈아이 윌 서바이브

(I Will Survive)〉와 데스티니스 차일드(Destiny's Child)의 〈서바이버 (Survivor)〉다. 이 두 곡은 결코 포기하지 않는 내 안의 투쟁 정신에 쉼 없이 불을 붙인다. 사실 책 표지에 실을 사진을 촬영할 때도 나는 이 두 곡을 틀어놓았다. (나는 화보 촬영이라면 질색하기 때문에 기운을 북돋아줄 무언가가 필요했다.) 이제 당신도 싸움을 준비할 당신만의 방법을 찾아 나서야 한다. 당신 자신의 삶에서 방관자가 되고 싶지 않다면 말이다. 당신의 드센 여자 정신을 최고조로 끌어올리고 발산하게 하는 것이 무엇인지 찾아라. 당신이 상황을 통제할 수 있으며 무적이라고 느끼게 하는 것이 무엇인지 찾아라. 나는 매일 음악을 듣고 가사를 곱씹으면서 싸움을 계속하고, 내가 혼자가 아니라는 사실을 기억할 수 있었다. 내게 음악은 아무리 상황이 불리해도 계속 밀고 나갈 수 있는 연료가 되어주었다.

돌이켜보면 드센 여자, 즉 스스로를 위해 싸우는 사람이 되는 과정은 어려서부터 시작한다. 그게 내가 아이들에게도 이 태도를 가르치고 싶은 이유다. 10대 청소년이라면 잘 알겠지만 지금 우리 문화에는 괴롭힘이 만연하다. 학교 복도에서 또래들에게 괴롭힘을 당하는 딸들에게 강해지고, 자존감을 가지라는 메시지를 전달하기는 어려울 수 있다.

당찬 소녀들

여섯 살 때 나는 두려움을 모르는 아이였다. 신기하게도 그때의 내 모습을 떠올리는 것만으로도 맹랑한 꼬마아이로 돌아가는 기분이 든다. 어릴 적 내가 진짜 나였기 때문일 것이다. 그때 나는 수치심이 무엇인지 몰랐다. 맹렬하게 목표를 추구했고, 어떤 상황에서든 청중을 매혹시킬 수 있다는 자신감이 있었다. 타고난 무대 체질이었고 패기가 넘쳤다. 그때 내가 품고 있던 순수한 자신감을 기억하면 지금도 미소가 떠오른다.

내가 태어난 미네소타주 아노카는 모든 동네 사람이 서로 이름을 알고 지내는 전형적인 미국 중서부 마을이다. 따뜻한 공동체가 있고, 교회 만찬이 열리고, 겨울엔 얼음 위에서 스케이트를 타고, 여름에는 보트를 타거나 수영을 하고, 휴일에는 큰 축제가 열리는 사랑이 넘치는 동네. 내가 용감한 사람으로 자라난 것은 든든한 지지 체계 덕분이다. 부모님과 조부모님은 나를 몹시 아꼈고, 매일 애정을 표현했다. 루터파 목사였던 외할아버지는 내게 "반짝이"라는 별명을 붙여주었다.

내가 처음 스스로를 위해 싸웠던 어린 날의 사건을 기억한다. 나는 유치원을 졸업하고 드디어 학교에 입학하게 되어 아주 신나 있었다. 읽는 법을 이미 깨우쳤기 때문에 스스로가 자랑스럽기도 했다. 하지만 선생님은 첫날, 반 아이들을 읽을 줄 아는 아이와 모르는 아이로 나누면서(그래, 그 시대엔 그런 관행이 있었다!)

나를 읽을 줄 모르는 쪽으로 분류했다. 화가 머리끝까지 나고 속이 상한 나는 계속 선생님을 찾아가 "저는 읽을 줄 아는데요!"라고 항의했다. 학교가 파하자마자 집까지 달려가서 엄마한테 울며 소리친 것도 기억난다. "엄마, 나 읽는 법 아는데! 읽는 법 안단 말이야!"

나는 어른이 되어 그날의 사건을 여러 번 떠올렸다. 하나의 사건이 어떻게 남은 일생의 행로를 결정하는지에 대해서도 생각했다. 그때 내가 맞서 싸우지 않았다면 어떻게 됐을까? 그게 내 학업에, 내 자존감과 자신감에 어떤 영향을 미쳤을까? 그날의 사건은 내가 의지가 강한 사람이라는 증거가 필요할 때마다 떠올리는 든든한 일화이기도 하다. 누군가가 내게 '당신은 못할 거야'라고 말하면, 내 안의 당찬 소녀가 소리친다. "아니, 할 수 있어!"

내가 음악가로서 성취를 거둔 것도 강한 의지 덕분이었다. 여섯 살 때 나는 부모님에게 악기를 배우게 해달라고 졸랐다. 내가 배우고 싶었던 건 피아노였지만, 피아노를 치기에는 손이 너무 작다는 선생님의 말을 듣고 다른 악기를 찾아 나섰다. 우연의 작용으로 바이올린과 만났고, 그것을 손에 들자마자 사랑에 빠졌다.

나는 일단 연주를 시작하면 시간 가는 줄 몰랐다. 바이올린을 사랑했고, 바이올린으로 무얼 할 수 있는지 알아가는 것이 짜릿했다. 내게는 재능이 있었다. 처음 본 악보를 바로 연주할 수 있었고, 실력이 빠르게 늘어갔다. 나는 세상에 내 능력을 알리는 걸 쑥스러워하지 않았다. 바이올린을 배우고 석 달이 지났을 때, 나는 교회에서 열리는 크리스마스 콘서트에서 연주할 자신감을 얻었다. 용감하게 성가대장에게 다가가 연주를 하고 싶다고 말했더니 그녀가 깜짝 놀라 물었다. "이제 막 배우기 시작하지 않았니?" 나는 대답했다. "맞아요. 하지만 잘할 수 있어요." 그리고 나는 정말로 잘해냈다.

　나는 진지하게 바이올린 연주자의 길을 걸었고, 열세 살부터 상급 대회에 출전했다(당시 나는 지금 세계적으로 저명한 바이올리니스트가 된 조슈아 벨[Joshua Bell]과 겨뤄 첫 대결에서 무승부를 기록했다). 핀커스 주커만(Pinchas Zukerman)과 아이작 스턴(Isaac Stern) 앞에서 두 차례 연주하는 영광도 누렸다. 나는 바이올린에 110퍼센트 몰두해 하루에 서너 시간씩 꾸준히 연습했다. 세계적으로 유명한 뉴욕 줄리어드음대의 도로시 딜레이(Dorothy DeLay) 선생님에게 가르침을 받았고, 명성 높은 애스펀 음악 축제에서 여름방학을 보냈다. 목표를 세우고, 마음먹은 일은 전부 해낼 수 있다는 믿음을 품고 몰두하는 것이 나라는 사람을 구성하는 중심 요소가 되었다. 나는 상냥하고 수줍음 많은 소공녀가 아니었다. 당차고 통통하고 강인한 말괄량이로서, 브람스와 파가니니의 바이올린 콘체르토를 완벽하게 연주하는 실력과 악마적인 유머 감각을 겸비하고 있었다.

　내 첫 번째 역할 모델은 어머니다. 우리 어머니는 내가 스스로를 "드센 여자"라고 부르는 소리를 듣고 질겁했다. "얘야, 꼭 그런 말을 써야겠니?" 어머니의 말에 나는 웃었다. 어머니는 자기도 둘째가라면 서러울 "드센 여자"라는 걸 모르고 있다. 캐런 칼슨은 불가항력이었으며, 지금도 그러하다. 강인하고 외향적이며 흔들림 없이 꼿꼿한 어머니는 우리 남매에게 세상의 중심과 같았다. 나는 자라면서 어머니의 가르침에 많이 기댔고, 어머니에게서 포기하지 않는 정신을 배웠다.

우리 어머니가 얼마나 대단한 사람이냐고? 아버지가 자동차 대리점 경영에서 은퇴하자 어머니는 68세의 나이로 사업을 물려받아 경영을 시작했다. 그리고 현재 76세의 나이에도 자기가 사랑하고 잘하는 일을 계속하고 있다. GM 측에서 대리점을 폐쇄하기로 조치하여 수십 년 동안(우리 집안의 경우는 백 년 가까이) 이어져온 가족 사업이 문을 닫아야 할 처지에 내몰리자 어머니는 싸움을 공론화시켰다. 그게 우리 엄마다. 우리 대리점은 GM에서 신차를 한 대도 받지 못하는 채로 중고차 판매와 서비스 및 차체 수리만을 수입원으로 삼아 1년 이상 도산하지 않고 살아남아야 했다. 그러나 엄마는 포기할 줄 몰랐다. 미네소타주의 거의 모든 정치인에게 도움을 요청했으며, 결국 끈기를 보상받았다. 메인모터 자동차 대리점은 우리 가족의 손으로 돌아왔고 지금도 성업 중이다. 어머니는 그 사건을 이렇게 회상한다. "내가 이미 갖고 있는 걸 되찾으려고 그렇게 노력해야 했던 적은 처음이었어."

나는 더 이상 침묵하지 않기로 했다

예전에 엄마는 직장 내 불평등에 대한 내 이야기에 크게 관심을 기울이지 않았다. 하지만 엄마가 일을 시작하자 상황이 달라졌다. 이제 엄마가 불평을 늘어놓고, 내가 그 불평을 경청해야 한다!

내게 중요한 역할 모델이 되어준 또 한 사람은 미네소타주에서 내게 바이올린을 가르친 메리 웨스트 선생님이다. 선생님은 내게 악보보다 훨씬 많은 것을 가르쳐주셨고, 무엇보다도 내가 빛을 발할 수 있도록 해주셨다. 내 음악 세계에서 여자와 남자는 똑같은 대우를 받았다. 중요한 건 연주 실력뿐이었다. 이런 젠더 중립적 환경에서 나는 최고를 지향하도록 격려 받았고, 단 한 번도 목표를 이루지 못하리라고 생각하지 않았다. 그러니 현실 세계에 입성해 여성에 대한 차별이라는 것과 맞닥뜨렸을 때 내가 얼마나 충격을 받았는지 상상이 갈 것이다. 음악계라는 고치 속에서 나는 단 한 번도 괴롭힘이나 무시를 당하지 않았다.

나는 음악계에서 성공을 거두었지만, 거기 이르기까지의 내 동기와 노력에는 건강하지 못한 면도 있었다. 나는 완벽해져야 한다는 강박을 갖고 있었다. 2등이 싫었다. 항상 목표를 대단히 높게 세우고, 거기 미치지 못하면 내가 잘못한 게 하나도 없더라도 스스로에게 실망했다. 어디서 잘못되었는지 생각하느라 밤새 잠을 이루지 못했고, 온갖 쓸데없는 걱정에 사로잡혔다. 나는 지나치게 자기 비판적이었고, 내 연주에 온전히 만족한 적이 한 번도 없었다.

이런 완벽주의 경향은 오늘날에도 나를 괴롭힌다. 사실 나는 스스로를 완벽주의에서 회복 중이라고 자평한다. 25년 동안 TV 저널리스트이자 미스 아메리카로 살면서 낯이 두꺼워지긴 했지만, 내 일부는 여전히 태산 같은 걱정에 시달린다. 내가 누군가를 만족시키지 못하거나 그들의 기대를 (아무리 터무니없는 기대라도) 충족시키지 못했다고 느끼면 배가 뒤틀리는 기분이다. 무슨 뜻인지 알 거다.

이런 "칭찬 증후군"은 흔히 어린 소녀일 적 시작되어 성인이 되어서도 계속된다. 저항하지 않고 공모해야만 타인의 기대를 충족시키고 보상을 받을 수 있다. 그것이 여성들이 성희롱에 맞서기보다는 침묵으로써 에둘러 가고자 하는 이유 중 하나다. 우리 문화에서는 여전히 얌전함을 여자의 미덕으로 강조하며 여성들의 목소리를 지워버린다.

때로는 사회에서 받는 메시지가 혼란스럽기도 하다. 내가 처음 일을 시작했을 때는 정장을 입고 남자처럼 굴라는 말을 들었다. 10년 뒤에는 여성적인 면을 내세워야 한다는 말을 들었다. 우리는 능력을 발휘하라는 말을 들었고, 동시에 적당히 하라는 말을 들었다. 대체 어쩌란 말인가? 심지어 커리어의 어떤 시점에 나는 "튀지 말라"는 지시를 받았다. 다른 사람들이 받아야 할 관심을 가로채지 않도록 덜 똑똑해 보이려고 노력해야 한다는 말도 들었다. 이렇게 몸을 움츠리는 경험은 사람을 좀먹는다. 남자가 "튀지 말라"는 지시를 받았다는 얘기는 듣도 보도 못했다.

나는 더 이상 침묵하지 않기로 했다

여성들은 불쾌하거나 거슬리는 사람이 되기를 원치 않는다. 단호한 반응이 필요한 상황에서조차 그렇다. 오히려 자신을 희롱한 남자에게 핑계를 찾아주기까지 한다. 한 여성은 상사의 성희롱을 신고하기 망설여졌던 이유가 "그의 커리어를 망치고 싶지 않아서"였다고 말한다. 출장 중 호텔 엘리베이터에서 그녀의 몸을 더듬은 가해자를 걱정한 것이다. "근무가 끝난 밤이었고 술도 한잔했으니까요." 그녀는 성희롱을 없던 일로 넘겼다. 그리고 다시 한 번 가해자에게 성희롱을 당했을 때, 무시한다고 해서 정말로 없던 일이 되는 건 아니라는 끔찍한 사실과 마주해야 했다. 가해자들은 침묵으로써 힘을 얻는다. 묵인으로써 더욱 대담해진다. 우리 여자들이 그 망할 놈의 친절함을 다 같이 버리면 어떤 일이 벌어질까?

나는 오래전에 완벽주의와 칭찬 받고자 애쓰는 경향을 누그러뜨리겠다고 의식적인 결심을 했다. 특히 딸 앞에서 그만두고 싶었다. 공포와 불안에 시달리지 않고서도 능력을 발휘할 수 있다는 사실을 아이에게 보여주고 싶었다.

나는 스스로를 옹호하기 위해 안전지대를 벗어난 순간을 무척 자랑스럽게 여긴다. 예를 들어 아침 방송 중 공동 진행자가 여성 폄하 발언을 했을 때 세트장을 걸어 나갔던 순간처럼.

내 행동에는 많은 거부 반응이 뒤따랐다. 어떤 사람들은 내가 화가 났다고 말했는데, 그건 여성을 비방할 때 쓰는 표현이다. (감정적인 문제가 아닌데도 '저 여자, 화가 나서 그래'라고 말하는 경우가 얼마나 잦은지!) 나는 화가 난 게 아니라 그냥 장난이었다고 해명했지만, 사실 그건 거짓말이었다. 돌이켜보면 머리보다 몸이 먼저 내게 자리를 뜨라고 일러준 것 같다. 흥미롭게도 그날 나는 여성들에게서 어느 때보다도 긍정적인 반응을 많이 받았다. 여성들은 나를 이해한 것이다.

나는 기운차게 "반짝이는" 면모를 보일 기회를 늘 얻지는 못했다. 서운하지는 않았다. 나는 저널리스트였으니까. 언론인들도 어느 정도 명성을 누리지만, 스스로 뉴스거리가 되지 않기 위해 신중하게 행동해야 한다. 그러나 나는 언제나 의식적으로 스스로 존중받는 길을 택해 나갔고, 오늘날 당당하게 스스로를 "드센 여자"라고 부를 수 있다.

성희롱 혹은 괴롭힘을 당하거나 종류를 막론하고 타인에게 예속되는 경험을 한 여성들과 대화할 때면, 종종 그들 안에서 나를 본다. 나는 그들이 웬 망나니 같은 자식과 얽혀서 삐끗하기 전까지는 커리어에서 실세를 잡고 있었다는 대목에서 가장 놀라곤 한다. "사람들은 저를 피라냐라고 불렀어요. 그게 제 별명이었죠." 성희롱 사실에 항의한 뒤 일자리를 잃은 전직 월스트리트 중개인이 말했다. "저는 그렇게 강한 사람이었는데, 바람을 빼앗기니 제가 가진 돛으로는 어디에도 갈 수 없더라고요." 이런 여성들은 내게 자신이 얼마나 능력 있고 일 잘하고 강인한 사람이었는지 공들여 설명한다. 성희롱을 당한 뒤 동료와 세상에게 약해빠진 사람으로 보이는 게 싫었기 때문이다. 나는

나는 더 이상 침묵하지 않기로 했다

어떤 일을 당했다는 사실이 강함이나 약함의 척도가 아니라고 그들을 안심시킨다. 나 역시 회의를 느낀 적이 있다. 그러나 게임에서 이기려면 강인하게 우뚝 서야 한다. 우리 모두가 함께한다면 할 수 있다.

돌아와요, 애니타

마지막 직장에서 퇴사 요청을 받고 나는 몇 년 만에 애니타 힐을 떠올렸다. 청문회 당시 나는 애니타가 온 국민이 지켜보는 가운데 상원에서 그렇게 형편없이 취급 받는 모습에 간담이 서늘해졌지만, 그녀의 경험이 미국인들에게 경종을 울리는 역할을 했으리라 생각하며 마음을 달랬다. 정말이지 뭘 몰랐다. 애초에 그런 성희롱 사건을 가능하게 만든 문화는 모든 기관에, 너무 많은 사람들의 머리와 마음에 깊숙이 침투해 있기에 없애고자 한다고 쉽게 없어지는 게 아니었다. 애니타가 그 방에 앉아 노골적인 비하를 당한 이후로 25년이 지난 오늘, 그 문화는 여전히 우리를 여러 겹으로 둘러싸고 있다.

연방 대법관 후보에 오른 클래런스 토머스의 청문회가 열린 1991년, 나는 버지니아주 리치몬드의 방송사에 막 취직한 신참이었다. 애니타 힐의 청문회 증언 생방송은 내가 커리어를 시작하고 얼마 지나지 않아 보도한 뉴스였다. 나는 사무실 책상에 놓인 작은 TV 화면을 뚫어져라 응시하며 미국 교육부와, 아이러니하게도 평등고용기회위원회에서 일하는 동안 당한 성희롱을 고통스러울 정도로 세세하게 묘사하는 그녀의 증언을 경청했다.

이제는 내가 살면서 배운 것들의 맥락 속에서 성희롱 사건의 익숙한 면면들을 알아볼 수 있다. 자기가 한 짓을 부인하고 피해자를 탓하고자 하는 충동, 애니타가 지불해야 했던 신체적·감정적 대가, 그리고 무엇보다도 침묵을 깨고 발언하는 데 필요했을 엄청난 용기. 하지만 그때 나는 그저 경악하며 애니타의 증언에 귀를 기울였다.

애니타 힐은 위원회 앞에서 성희롱 내용을 묵묵히 증언하면서, 토머스와 좋은 관계로 지내고 있었고 그가 멘토와 비슷한 존재였다고 밝혔다. 교육부에서 토머스의 부하로 일하기 시작한 초기에 애니타는 그에게서 일터 밖에서도 만나자는 제안을 받았다. 애니타는 상사와 사회적 관계를 맺는 것이 좋지 않은 생각으로 여겨진다는 이유로 제안을 거절했다. 토머스도 그녀의 입장을 이해해줄 거라고 생각했다. "하지만 유감스럽게도 이후 몇 주 동안 그는 계속해서 저에게 데이트 신청을 했고, 자기 제안을 거절한 이유를 해명하라고 압박을 가했습니다." 애니타는 상원 위원회 앞에서 설명했다.

토머스가 업무 회의에서 자꾸 섹스 이야기를 꺼내고 포르노 영화에서 본 장면을 묘사하기 시작하면서 상황은 더욱 악화되었다. 토머스가 평등고용기회위원회 회장으로 진급했을 때 애

나는 더 이상 침묵하지 않기로 했다

니타는 그를 따라갈지 여부를 신중하게 고민했다. 그즈음 토머스는 그녀에게 덜 집적거리고 있었고, 인권 분야에서 일하고 싶은 뜻이 강했던 애니타는 결국 그를 따라가도 안전하리라고 판단했다.

애니타가 토머스를 따라 평등고용기회위원회에 합류하고 처음 몇 달은 문제없이 지나갔다. 하지만 1982년 가을과 겨울에 토머스의 성적인 접근이 다시 시작되었다. 그 정점은 애니타의 증언 이후 미디어에 널리 보도된 콜라 캔 사건이었는데, 그 내용은 이러하다. "토머스는 사무실에서 콜라를 마시고 있었습니다. 우리가 업무를 보고 있던 책상에서 일어나 자기 책상으로 걸어가서 콜라 캔을 집어 들더니 캔을 보고 묻더군요. '누가 내 콜라에 음모를 넣었지?(남성의 성기를 뜻하는 'cock'과 콜라[Coke]의 발음이 비슷함을 이용한 희롱—옮긴이)'" 애니타를 깎아내리고자 혈안이 된 사람들은 이 증언에 격분했다. 상원의원 오린 해치는 그녀가 영화 〈엑소시스트(The Exorcist)〉의 장면을 표절했다는 비난을 퍼붓기까지 했다.

"이 일을 세상에 밝히는 것은 제 일생에서 가장 힘든 경험입니다." 애니타는 감정을 억누른 조용한 목소리로 상원의원들에게 말했다. "이 문제를 풀어나가는 데 있어 처음에 제가 잘못된 판단을 했을지도 모릅니다. 그러나 저는 어느 시점에라도 이 일을 밝혔다가는 제 장래에 악영향을 끼치리라는 사실을 알고 있었습니다. 평등고용기회위원회로 가는 모든 다리를 일찌감치

불태우고 싶지 않았습니다."

나는 이 청문회에 깊이 몰입했다. 애니타 힐의 말을 듣자마자 나는 그녀가 진실을 말하고 있다고 생각했다. 어떤 사람들(특히 전부 남성으로 구성된 상원 위원회)이 그녀를 믿지 않는 건 놀랍지 않았다. 그러나 힐을 공개적으로 그렇게까지 망신 주는 것은 경악스러웠다. 그것이 바로 권력자에게 용기 내어 진실을 말할 때 겪게 되는 일이었다.

상원의원 존 댄포스(John Danforth)는 애니타가 다른 사람이 자기를 사랑한다고 망상에 빠지는 "연애망상증(erotomania)" 환자라고 공공연히 추측했다. 다른 상원의원들은 토머스 밑에서 일하던 시기에 어떤 조치도 취하지 않았다고 그녀를 꾸짖었다. 미디어에서도 그들의 서사를 받아들였고, 보수파 작가 데이비드 브록(David Brock)은 아무런 근거 없이 애니타를 "살짝 돌았고 살짝 걸레 같은" 사람이라고 묘사하는 인신공격을 가했다. (10년 뒤 그는 저서 《우익에 눈먼 미국[Blinded by the Right]》에서 고의로 힐의 성품을 공격했다고 시인했다.)

토머스는 애니타의 증언이 "고단수 린치"라고 선언했으며 증언 나흘 후 대법관직을 확정 받았다. 힐의 지지자에게는 실망스러운 일이었다. 그러나 상원의원들이 애니타 힐을 취급한 방식은 정반대 효과를 낳았다. 열정적인 여성 운동의 불씨를 지핀 것이다.

애니타 힐 덕분에 여성들이 직장 내에서 성희롱을 겪는다는

나는 더 이상 침묵하지 않기로 했다

사실이 대중에 널리 알려졌고, 많은 여성이 청문회 중 그녀가 아무렇지 않게 무시당하고 수치당한 것에 격분했다. 수많은 여성이 공직 출마를 결심해 1992년 선거가 "여성의 해"란 이름으로 불린 것이 순전한 우연은 아니리라.

애니타 힐 뉴스가 보도되던 시기, 나 역시 우연히도 직장 내에서 처음 성희롱을 당했다. 전혀 예기치 못한 소름 끼치는 일이었다. 나는 잘 모르는 카메라맨과 함께 방송국에서 한참 떨어진 지역에서 차를 타고 이동 중이었다. 운전을 하던 카메라맨이 갑자기 내 블라우스 아래에 마이크를 달 때 가슴을 만져서 얼마나 기분이 좋았는지 이야기하기 시작했다. 그는 차를 몰고 가는 내내 생생한 독백을 계속했다. 리치몬드까지는 갈 길이 멀었고, 나는 그와 단둘이었다. 극심한 공포가 나를 사로잡았다. 온몸이 덜덜 떨렸다. 모든 걸 통제하에 두고 있다고 생각하는 머리와 달리 몸은 솔직하게 반응했다. 나는 이동하는 내내 조수석 문에 몸을 기대고, 영화에서 본 것처럼 달리는 차 밖으로 몸을 내던져야 할 일이 일어나지 않기만을 기도했다. 차에서 뛰어내리면 얼마나 아플지를 생각했다. 휴대전화가 없던 시대였다. 나는 버지니아 시골에 그 남자와 단둘이었고, 공황에 빠졌다.

방송국에 도착한 나는 소란을 일으키지 않으려 노력했다. 아무에게도 말하지 않겠다고 다짐했지만 손이 어찌나 떨리던지 원고를 정리하는 손가락이 자꾸 키보드 자판에서 미끄러졌다. 여러 해가 지난 지금도 그날 책상 앞에서 막막했던 기분이 생생하다. 온 세상을 어깨 위에 짊어지고 있는 듯했고, 누구도 지금 내 모습이나 떨리는 손가락을 보지 않기를 바랐다. 막 커리어를 시작한 참이었다. 제일 생생히 기억나는 감정은 아무에게도 말하고 싶지 않다는 것이다. 이 일이 알려지면 뒤따를 반향이 무척이나 두려웠다. 내가 대화를 나눈 수많은 여성들처럼, 성희롱을 당하면 제일 먼저 드는 생각은 이런 것들이다. 비난받을까 봐, 피해 사실을 들킬까 봐 죽을 만큼 겁이 난다. 애니타 힐의 모습이 눈앞에 어른거렸다. 그녀와 같은 운명만은 피하고 싶었다.

하지만 결국 나는 상사에게 잿빛이 된 얼굴과 떨리는 손을 들켰고, 그는 나를 사무실로 데려가서 무슨 일이 일어났는지 캐물었다. 말하고 싶지 않았지만 말하지 않으면 토할 것 같던 나는 결국 상사를 믿고 사실을 털어놓았다. 상사는 좋은 사람이었다. 그는 내 피해 사실을 폭로하지 않았고, 카메라맨은 다른 이유로 해고되었다.

원치 않은 성적 접근을 막을 수 없는 무력감을 한 번이라도 느껴본 여성은 절대 그 기분을 잊지 못한다. 가장 속상한 사실은 25년이 넘게 지난 지금도 상황이 그다지 변하지 않았다는 점이다. 더 많은 여성들이 직업 시장에 뛰어들고 영향력 있는 직위로 진급하면서 분위기가 개선되었다고 믿고자 하는 사람이 많다. 이제 나는 그 잘못된 믿음을 강화시키는 게 성희롱을 둘러싼 침묵이라는 사실을 안다. (침묵을 강요하는 강제 중재 절차에 대해서는 6장에서 더 깊이 논의하도록 하겠다.)

　　　　　　　　　　　나는 더 이상 침묵하지 않기로 했다

고의적인 아군 사격

미국인은 어째서 애국심을 숭상한다고 말하면서, 나라에 충성하는 여군들이 일상적으로 겪는 성희롱과 성폭력은 못 본 체하는 걸까? 여군은 우리의 딸과 자매, 어머니와 아내이다. 그들은 다른 누구나처럼 이상과 야망을 품고 커리어를 시작하며, 많은 사람들에게 좋은 의미에서 "강한 여자"라고 불린다. 하지만 그들은 알고 보면 성희롱과 성폭력에 자주 노출되는 피해자기도 하다. 성희롱은 성폭력·강간과는 엄연히 다른 문제지만, 둘 사이에는 공통점이 있다. 성희롱을 신고하는 여성과 강간을 신고하는 여성 둘 다 사회에서 잘 믿어주지 않는다는 점이다. 두 경우 모두 성보다는 권력의 남용이 문제의 핵심이라는 점도 같다. 권력을 쥔 사람이 자기보다 약한 사람에게 저지르는 행위. 수많은 여군의 이야기가 특별히 내 마음에 와 닿은 이유가 바로 이것이다.

군대 내 성범죄 위기

25년도 더 전, 테일후크 스캔들이 미국을 뒤집어놓았다. 테일후크는 해군·해병대 소속 전·현직 조종사 연합이다. 1991년 라스베이거스에서 열린 연례 테일후크 심포지엄에서 만취하여 날뛰는 조종사들에게 수십 명의 여군이 성희롱과 성폭력을 당했다. 이 사건은 1992년 폴라 코글린(Paula Coughlin) 대위가 성폭력 사실을 보고하며 세간에 알려졌다. 헬리콥터 조종사이자 대장 부관이었던 그녀는 라스베이거스 힐튼 호텔 복도에서 벌어진 끔찍한 사건을 이렇게 회상했다. 객실로 돌아가던 중 복도에 만취한 조종사들이 두 줄로 버티고 서 있었다. 그들은 코글린을 더듬고, 옷을 찢고, 쓰러뜨리려 했다. 집단 강간을 당할지도 모른다는 두려움을 느낀 코글린은 놀란 가슴을 안고 방으로 돌아갔다. 나중에 그녀는 사흘간의 심포지엄 동안 다른 여성들도 두 줄로 선 조종사들 사이를 지나가야 했음을 알았다.

코글린이 상사 존 스나이더 해군 소장에게 이 사건을 보고하자 소장은 "술 취한 조종사들이랑 호텔 파티에 참석하면 그런 일을 겪게 마련이야"라고 말했다. 코글린은 계속해서 문제를 제기했고, 결국 1992년 중순 그녀의 신고가 대중에 알려지면서 미국 전역을 뒤흔들었다. 조지 H. W. 부시 행정부는 격분했고, 국방부에서 벌인 전면 조사에서 군 내 성폭력 관습이 전통으로 내려오고 있음이 밝혀졌다.

대부분의 사람들은 테일후크 스캔들이 "나빴던 옛날" 이야기일 뿐이라고 생각한다. 그러나 테일후크 스캔들 같은 일들이 빈번하게 발생할 수 있던 저변 문화는 오늘날에도 군 내에 여전히 건재하다. 폴라 코글린은 현재 군대 내 강간 및 성희롱 관습 근절을 목표로 하는 단체 '우리의 수호자들을 보호하자(Protect Our Defenders)' 이사로 일하고 있다. 군대 내 성폭력은 여전히 시급한 문제로 남아 있다.

미주리주 상원의원 클레어 매캐스킬(Claire McCaskill)과 뉴욕주 상원의원 커스틴 질러브랜드(Kirsten Gillibrand)는 군 내 성폭력 피해자에 대한 보호 수준을 높이는 법안을 발의하는 데 성공했다. 정계 입문 전 검사로 일했던 매캐스킬 상원의원은 내게 말했다. "7, 8년 전에 이 문제를 해결하겠다고 나섰을 때 저는 군대 내 사법 체계가 일부 주에서는 아내를 강간하는 것이 합법이었던 80년대 민간 사법 체계 수준에 머물러 있다고 느꼈습니다. 성폭력 피해자의 과거 성경험 등이 형사재판에서 증거로 사용되는 것을 제한하는 강간피해자보호법이 군대에는 없었어요. 군사법원에서는 지금껏 성경험을 얼마나 했는지, 몇 사람과 했는지, 어떤 종류의 피임법을 사용하는지까지 심문할 수 있었습니다. 군대 내에서는 강간 증거로 사용되는 검사 결과를 6개월 뒤에 폐기해도 됩니다. 상황이 이렇게 형편없었어요. 저희는 개혁에 착수했고, 전면적인 변화를 이끌어냈습니다. 지휘관들이 지닌 권력부터요. 구체제를 아예 뒤집어엎은 거죠."

매캐스킬과 질러브랜드가 법제화시킨 개혁 내용은 다음과 같다.

- (미국 민간 사법 체계에도 비견할 상대가 없는) 특별피해자변호인 단이 설립되었다. 성폭력을 신고한 모든 피해자는 그의 권익을 위해 싸워줄 변호인을 배정받게 된다.

- 강간으로 신고당한 군인의 군대 내 이력이 흠잡을 데 없을 경우, 좋은 군인이 나쁜 행동을 할 수 없다는 터무니없는 추정에 따라 사건을 자동적으로 가해자에 유리하게 판결하는 "좋은 군인" 옹호 관행이 사라졌다.
- 성폭력으로 유죄 판결을 받은 가해자는 최소 불명예제대형을 받게 되었다.
- 성폭력을 신고하는 여성들은 한층 더 보호받게 되었다. 신고제한규정을 삭제하고, 성폭력의 맥락에서 해임되었을 경우 공식적으로 항의할 수 있게 되었다.

이런 발전도 큰 의미가 있지만, 질러브랜드 상원의원은 아직 갈 길이 멀다고 말한다. 성희롱 주장의 타당성을 결정하는 주체가 검사가 아닌 지휘관이기 때문에 권력 남용과 보복이 이어질 수 있으며, 실제로 그런 일이 일어나고 있다는 것이다. 질러브랜드 상원의원은 내게 완고하게 말했다. "제가 걱정하는 바는 군대 내 형사법 체계가 나라를 위해 희생하고 있는 남녀의 노력에 값하지 못한다는 겁니다. 작년 한 해만도 2만 건의 원치 않은 성적 접촉, 성폭력, 강간이 일어났다고 추정됩니다. 게다가 피해자 열 명 중 두 명만이 신고를 합니다. 이런 분위기를 방관하는 일은 비양심적 행위입니다."

그녀는 피해 사실을 신고하는 이들 중 62퍼센트가 보복을 경험한다고 덧붙였다. "행정적 보복 혹은 동료 간 보복이 보고됩니다. 보복의 절반 이상이 지휘 체계에서 내려옵니다. 그러니 판결 권한을 지휘 체계 내에 둘 것이 아니라, 외부의 전문 법조인에게 넘겨야 합니다. 원고도 피고도 알지 못하는, 오로지 사실과 증거만으로 편견 없는 판결을 내릴 수 있는 진짜 변호사와 검사들에게요." 질러브랜드는 2015년과 2016년에 공화당의 지원을 등에 업고 이에 관한 법안을 도입하였으나, 현 시점에서 법안은 아직 통과되지 않았다.

여성 퇴역 군인들과 대화하면서 나는 군 내 성폭력 문제가 얼마나 심각한지 이해하기 시작했다. 샌드라는 19세의 어린 나이에 공군에서 군 생활을 시작했고, 의병제대했다. 그녀의 이야기를 들어보자.

어느 날 저녁 샌드라와 그녀의 여자 친구는 부대 내 바에서 맥주를 마시며 남자들과 농담을 나누었다. 한 남자가 샌드라에게 키스하려 했지만, 샌드라는 그의 손길을 피해 자신이 머무는 트레일러로 돌아갔다. 그날 밤 늦게 잠에서 깨보니 두 남자가 그녀의 몸을 더듬고 있었다. 한 사람은 바에서 만난 그 남자였다. 샌드라는 남자들을 밀어내며 자리에서 일어나려고 몸부림쳤고, 그만두라고 말했다. 그러나 비명을 지르지는 않았다. "저희 부대의 여자 한 사람이 강간당했다고 신고한 적이 있었어요. 그날 이후 그녀는 대대 이미지를 망쳤다고 모두에게 미움을 받았죠. 저는 말썽을 일으키고 싶지 않았어요."

샌드라는 친구와 함께 병원에 다녀왔고, 상관에게 정식으로 신고하라는 말을 들었다. 상관은 강간당했다는 샌드라의 주장을 진지하게 대했으나, 한편으로는 이 건을 법적으로 처리하지는 않는 편이 좋다고 권했다. 샌드라가 "비명을 지르거나 일반적인 강간 피해자처럼 행동하지 않아서" 법정 싸움에서 이기지 못하리라는 말이었다. 샌드라를 덮친 남자들이 받은 처벌은 계급 강등과 감봉 처벌이 전부였다. 그들은 성폭력 죄로 기소되지 않았다.

샌드라는 비명을 지르지 않아서 자신의 신빙성이 깎였다는 결론에 충격 받았고, 그 충격에서 헤어나기가 어려웠다. 제대 후 그녀는 상담을 받고 항우울제를 복용했으나 트라우마는 쉽게 치료되지 않았다. 퇴역 군인 의료비 청구서에 '강간' 항목은 없었다. 그러나 샌드라는 마냥 무력하지만은 않다. "제 아들들은 다르게 키우고 있어요. 그렇게 차츰 변화가 일어나겠죠."

군 내 성폭력 및 강간 문제는 여전히 위기 수준이다. 2014년 국방부 성폭력방지대처국은 국방부 산하 싱크탱크 랜드(RAND) 연구소에 군대 내 성폭력, 성희롱, 성차별 비율을 산정해달라고 의뢰했다. 연구소에서 50만 명 이상의 군인을 조사한 결과 현역 군인 2만 300명(여성의 5퍼센트, 남성의 1퍼센트)이 조사 전해에 성범죄를 당했다는 사실이 밝혀졌다. 같은 기간 성희롱을 당한 군인의 수는 11만 6600명(여성의 22퍼센트, 남성의 7퍼센트)으로 추산되었다. 용납할 수 없는 수치다.

군대 내에서 성범죄를 당한 남녀 퇴역 군인은 노숙자가 되거나 자살할 위험이 더 크다. 군인 자살을 연구하는 랜드 연구원 린지 에이어(Lyndsay Ayer)에 따르면 여성 퇴역 군인들이 자살 상담 전화에 전화를 걸 때 가장 많이 털어놓는 문제는 강간과 그후 군의 부적절한 대응이다. 위기에 처한 여성을 열외 취급하거나 무시하거나 책임을 탓하면, 그 경험 자체가 또 다른 트라우마를 낳는다.

여성 혐오의 낙숫물

군대 내 강간도 무서운 문제지만, 여성 군인들은 일상적으로 끊임없는 여성 혐오와 마주한다고 호소한다. 매일같이 반복되는 희롱은 고문과도 같다. 처음 엘리자베스를 만났을 때, 나는 그녀가 나와 닮았다는 인상을 받았다. 그녀는 나처럼 애정이 넘치는 따뜻한 가정에서 자랐으며, 자신이 무엇이든 할 수 있다고 믿었다. 여자라서 발목이 잡힐 거라고는 꿈에도 상상하지 않았다. 실로 그녀는 대학에서 많은 사람들이 여권 문제에 열을 올리는 것을 의아하게 생각했다고 말한다. 경험한 적이 없으니 이해하지도 못했던 것이다. 아름답고 건강하고 강인하며 예리한 정신과 외향적인 성격을 지닌 그녀는 성공 가도에 오른 듯이 보였다. 엘리자베스는 드센 여자였다.

9·11 이후 입대의 꿈을 품게 된 그녀는 졸업 직후 현역으로 복무를 시작했다. 그러나 곧 군대 내에서 자신의 실력과 열정보

다 외모와 젠더가 우선시된다는 사실을 깨달았다. ("그제야 대학에서 만난 여자들이 무슨 얘기에 열을 올린 건지 알겠더라고요!")

엘리자베스는 현역으로 동료 대위들과 2개월 동안 군사 훈련을 받던 때 처음 위기를 맞았다. 어느 주말 늦은 저녁, 엘리자베스는 대위 한 사람이 병영 내 그녀의 방에 침입한 걸 발견하고 깜짝 놀랐다. "문을 열자 웬 남자가 제 침대에 누워 있었어요. 대체 누구지? 약간 겁을 먹은 저는 문틈으로 고개를 살짝 집어넣고 그의 신원을 알아내고자 했습니다. 곧 그가 저희 소대의 일원이라는 걸 깨닫고 조금 두려움이 가신 저는 침대 옆으로 직행해서 목소리에 힘을 주고 말했어요. '지금 여기서 뭐 하는 거야?' 그가 답했습니다. '그냥 누워 있어. 와서 옆에 눕지그래.' 저는 소리쳤습니다. '당장 내 방에서 나가!' 그는 제 말에 따르지 않았어요. 저는 다시 한 번 소리쳤습니다. 말이 안 통하더군요. 결국 몸을 숙이고 그 남자의 귀에 대고 외쳤어요. '씨발, 당장 꺼지라고!' 그는 결국 고집을 꺾고 방을 나서면서 중얼거렸습니다. '알았어…… 거참.'"

위협적인 행동과 성희롱은 거기서 끝나지 않았다. 엘리자베스는 그날 이후 매일 동료와 상사, 심지어 부하들로부터 심각한 괴롭힘과 무례한 언행, 성적인 장난에 시달려야 했다. "그 몸매는 변태적인 섹스랑 하룻밤 잠자리에 써먹어야 제격이지." 한 군인에게 들은 말이다.

성희롱은 차츰 심해졌고 심지어 몇몇 군인들은 자꾸 그녀에

　　　　　　　　　　나는 더 이상 침묵하지 않기로 했다

게 스트립 클럽에 가자고 보챘다. 어느 날 저녁, 컴퓨터로 작업을 하던 중 호출을 받고 다른 방에 가보니 네 남자가 입에 달러 지폐를 문 채 봉 앞에 앉아 있었다. 그들은 엘리자베스의 면전에 지폐를 흔들어 보이며 외쳤다. "춤 한번 춰봐." 엘리자베스가 마침내 상관들에게 사건을 보고하자 한 소장은 이렇게 반응했다. "뭐, 1달러를 내밀었다고? 저런 애한텐 최소한 5달러나 10달러는 줘야지."

엘리자베스는 이런 경험들에 짓밟혔다. 제일 분통 터지는 일은 문제를 제기해도 대수롭지 않게 치부 당하는 것이었다. 엘리자베스에게 지폐를 흔든 남자들은 그녀의 부하였고, 통일군사재판법 제89조에는 "상관 장교를 향해 불손하게 행동한 인물은 군사재판에서 판결하는 대로 처벌받는다"고 적혀 있다. 엘리자베스는 89조가 여성 장교들에게는 적용되지 않는다고 생각할 도리밖에 없었다.

"저는 큰 꿈을 품고 입대했습니다. 그런데 갑자기 최우선 목표가 저 자신을 성폭력으로부터 보호하는 것으로 바뀐 거예요." 엘리자베스는 군 복무 중 세 개의 전쟁을 동시에 치르는 기분이었다고 말한다. 진짜 전쟁, 자신을 보호하기 위한 전쟁, 그리고 존중받기 위한 전쟁.

제대 후 몇 년 동안 엘리자베스는 쉬지 않고 노력했고, 스스로를 믿으려 애썼다. 자신의 경험에 마냥 원통해하는 대신 다른 여성 퇴역 군인들에게 다가갔다. "저희는 복무 중에나 퇴역 후에나 결코 팀의 일원으로 대우받지 못했어요." 그들은 군대에서 받지 못한 지지를 지금 서로에게 주고 있다. 그들은 서로 힘이 되고자 한다.

여성들과 공동체를 이루어 서로를 지지하는 일은 엘리자베스가 힘을 되찾는 하나의 방식이었다. 다른 여성의 지지는 큰 변화를 일으킬 수 있다. 나는 튀어야만 이길 수 있는 경쟁적인 환경에서 인생 대부분을 보냈다. 바이올린 대회가 그랬고, 미스 아메리카 미인 대회가 그랬다. 방송계도 그랬다. 내가 가족, 친구, 동료들에게서 지지를 못 받았다는 말은 아니다. 그러나 나는 홀로 해낸 일에 대해서 평가받는 것에 익숙했다.

그러나 이제 나는 전혀 다른 것을 경험했고, 관점도 극적으로 변했다. 성희롱을 근절한다는 목표에는 내가 이전에 겪은 적 없는 수준의 협동이 필요했다. 나는 영감의 사슬을 발견했다. 만일 당신이 이러저러한 일을 겪었다면, 그건 그 경험으로 힘을 얻을 수 있다는 사례가 된다. 첫 단계는 남들과 이야기를 공유하는 것이다. 또 한 명의 여성이 한 발짝 앞으로 나설 때마다 다른 몇 명의 여성들이 자기도 할 수 있다고 생각하게 된다.

나는 매캐스킬과 질러브랜드를 인터뷰하면서, 권력이 있는 여성 상원의원들조차도 일터에서 성희롱을 당한다는 사실을 알았다. 매캐스킬은 처음 미주리주 하원의원에 선출되었을 때의 경험을 회상했다. "초선 의원이었던 저는 하원 의장을 찾아가 위원회에서 법안을 뽑아내는 방법에 대한 조언을 구했어요. 그랬더니 그가 제게 가랑이 사이로 무릎 꿇을 준비는 했느냐고 묻더군요."

많은 강한 여성들처럼 매캐스킬은 자신이 성희롱을 당하더라도 일을 더 잘하면 남들을 이길 수 있을 거라고 믿었다. "커리어를 쌓아나가는 도중에 이런 일을 당할 때마다 저는 그 믿음을 내면화했습니다. 그걸 연료로 사용했어요. 그 자식들에게 보여주고 말겠어. 그들보다 더 실력 있고 똑똑한 사람이 되겠어. 그들보다 높이 올라가겠어." 그러나 매캐스킬은 결국 의지만으로 충분하지 않다는 사실을 인정하게 되었다. 지금 그녀는 내가 다음 단계로 나아갔듯, 다른 조치를 취해야 했다고 생각한다.

질러브랜드 상원의원 역시 2014년 저서 《열외에서: 목소리를 내고, 두려움을 버리고, 당신의 세상을 바꿔라(Off the Sidelines: Speak Up, Be Fearless, and Change Your World)》에서 성희롱을 당한 경험담을 풀어놓는다. 그것도 바로 상원 지붕 아래에서. 한 나이 든 의원이 그녀에게 이런 말을 툭 던졌다. "운동을 하고 있다니 잘 됐군요. 돼지가 되면 안 되니까." 또 다른 동료 의원은 그녀에게 말했다. "커스틴, 알고 있겠지만 당신은 뚱뚱할 때도 예뻐요." 또 다른 의원은 말했다. "나는 뚱뚱한 여자가 좋더라." 또 다른 의원은 살을 빼서 미모를 회복하면 선거에서 당선될 거라고 말했다.

책이 나오자 질러브랜드는 이런 발언을 한 의원들의 이름을 밝히지 않았다고 미디어에 의해 비판받았다. 하지만 질러브랜드는 이런 경험담을 공유한 중요한 이유가 따로 있다고 말한다. "저는 젊은 여성들에게 알려주고 싶어요. '절대 자신이 얕보였다고 생각하지 마세요. 부적절하거나 못된 말을 들었다고 해서 영향 받을 필요 없습니다. 그냥 한 귀로 흘려들으면 돼요.'"

군대에서나 상원에서나 드센 여자가 되기란 힘들다. 그러나 걱정 마라. 상원의원 여러분도 한시름 놓으셔도 된다. 우리는 듣고 있으며, 사나워질 준비가 되었다.

3장
내 꿈을 훔치지 마세요!

나는 평생을 투사로 살았다. 못할 거라는 말을 들으면, 반드시 더 잘해내고 말았다. 금발 백치라고 멸시당한 뒤에는 더 독하게 공부했다. 미스 아메리카 미인 대회에 출마하기로 결정했을 때, 작달막한 내 키는 불리한 요건이었다. 그럼에도 나는 몸매를 세계 최고 수준으로 가꿔보겠다고 결심했다. 달리기를 시작했고 (과거에 나는 한 블록도 뛰기 싫어하던 뚱뚱한 꼬마였는데!) 발가락에 피가 날 때까지 하루에 10킬로미터 가까이 달렸다. 할아버지가 나에게 키가 너무 작아서 미스 아메리카가 되지 못할 거라고 말하자 나는 "그렇지 않아요"라고 반론하고 직접 근거를 찾아 나섰고, 조사를 통해 1921년 초대 미스 아메리카가 나보다 5센티미터 작다는 사실을 알아냈다. 아주 어렸을 적부터 내 뱃속의 불길은 나로 하여금 밀고, 당기고, 매달리고, 할퀴고, 막바지까지 싸우도록 만들었다. 다른 방법은 모른다. 나는 항상 아메리칸드림을 믿었고, 꿈을 이루고자 싸웠다.

하지만 내겐 또 다른 면이 있다. 어쩌면 독자들은 이 면에 더 공감할지도 모른다. 나는 목표를 이루기 위해 노력했지만, 단지 목표만을 추구하는 삶을 살고 싶지는 않았다. 성희롱을 겪으면서 인생에서 즐거움을 느끼는 감각을 잃어버린 기분이었다. 즐거움을 되찾고 싶은 마음이 굴뚝같았지만, 보도가 나간 직후 나는 점점 남의 시선을 의식하고 본능적으로 몸을 움츠리게 되었다. 불안했고 위태로웠다.

처음 보도가 나가고 2주가 채 지나지 않은 어느 날, 나는 딸을 데리고 뉴욕 매디슨 스퀘어 가든에서 열린 저스틴 비버 콘서트를 보러 갔다. 상황이 상황이었으니만큼 사람이 많이 모이는 행사장에 가는 게 별로 내키지 않았지만, 다행히 나들이는 별일 없이 끝났을 뿐더러 오히려 내게 큰 힘을 주었다. 나쁜 일이 일어날까 봐 조마조마했지만 괜한 걱정이었다. 그날 외출을 성공적으로 마치고서 나는 이제 집을 나설 수 있고, 큰 소리로 노래할 수 있고, 두려움을 버리고 삶의 다음 단계로 나아갈 수 있다는 사실을 깨달았다. 나는 지금도 저스틴 비버의 노래를 잘 모르지만 그가 공연을 끝내주게 잘한다는 사실만큼은 확실히 안다. 특별했던 그날, 나는 해방되었다. 10대 딸과 함께 춤추고, 노래하고, 딸아이의 즐거운 얼굴을 보면서 나는 인생이 계속되리라는 사실을 깨달았다. 나아가 내가 승리하리라는 사실도 알았다. 나는 다시 행복해질 수 있었다.

나는 더 이상 침묵하지 않기로 했다

일터의 도둑

"커서 뭐가 되고 싶니?" 우리는 아이들에게 자주 묻는다. 어릴 적 장래 희망에는 거의 마법과도 같은 힘이 깃들어 있다. 많은 사람들이 처음 가진 꿈을 마음속에 품고 산다. 그리고 그 꿈을 이루기도 한다. 평생 원하고 노력해온 목표를 이루면 세상을 다 가진 기분이 든다.

그런데 상사나 동료의 부적절한 행동으로 그 꿈이 순식간에 깨져버렸다고 상상해보자. 당신은 문제를 제기한다. 정석대로 항의 창구를 찾아간다. 그러나 그 창구(대개는 인사과)는 당신을 보호하지 못한다. 보복이 뒤따른다. 당신은 해고되거나, 퇴사를 종용받는다. 그렇게 당신이 여러 해 동안 계획하고 노력을 쏟아온 커리어가 끝장난다. 당신은 말썽꾼으로 낙인찍히고, 업계에서 매장당한다. 도움을 청할 곳이 없다. 문화는 법보다 강하다.

안타깝지만 진실이다. 나와 대화한 수많은 여성이 똑같은 이야기들을 들려주었다. 커리어를 막 꽃피우려던 찰나에 기습 공격을 받은 여성들이 어찌나 슬퍼하던지 듣는 나까지 심란해질 정도였다. 한 젊은 기업가는 통화 중 울먹이며 말했다. "제가 꿈꾸던 직업은 알고 보니 악몽이었어요." 나는 그녀를 달랠 말을 찾을 수 없었다. 그녀는 호색한 동료에게 희롱당했지만, 주변에서는 동료의 거친 말과 기행을 웃어넘길 뿐 아무도 그녀를 도우려 하지 않았다. 그녀는 거의 1년 동안 버티다가 인사과에 불만을 제기했다.

그러자 모든 것이 달라졌다. 갑자기 그녀에게 말을 거는 사람이 없어졌다. 전처럼 활기차게 일하려고 노력해보았지만 남들의 적의를 느끼면서 기운을 내기란 쉽지 않았다. 그녀는 결국 회사에서 해고당했고, 아직까지 새 일자리를 구하지 못했다. 수월히 면접을 통과하는가 싶으면 그녀가 "그 행동을", 즉 부당한 대우를 받은 뒤 문제를 제기했음을 고용주가 알게 되었다. 그러면 분위기가 싸늘해졌다. 그녀는 "문제 있는 사람" 취급을 받았다. 나는 그녀의 이야기를 듣고 마치 내 일처럼 화가 났다. 이제 막 시작된 그녀의 커리어가 꺾인 것은 회사에서 문제를 제기한 여성보다 가해자를 보호하고, 많은 이들이 그렇게 되도록 방관했기 때문이다. 이런 일이 비일비재하다. 회사에서는 도덕적으로 부패한 행동을 일삼는 이들을 보호할 핑계를 만들고, 스스로를 위해 일어선 사람들을 밀쳐내곤 한다. 이해할 수 없는 일이다. 반대로 되어야 맞지 않을까? 참지 않고 용기를 낸 여성을 지지해준다면 모두에게 더 좋은 일터가 될 것이다.

내가 방송계에서 처음 얻었던 일자리가 기억난다. 방송계는 경쟁이 아주 치열한 곳이라서 수차례 불합격 통보를 받은 뒤 얻은 일자리였다. 지방 방송국에서 제안한 연봉은 2만 달러에 미치지 못했지만 나는 복권에 당첨된 것처럼 기분이 들떴다. 그런데 채용 과정에서 사소한 문제 하나가 있었다. 장래 상사가 될 사람이 내 지원서를 읽다가 미스 아메리카 경력을 보더니 자기 아내가 미인 대회 보는 걸 싫어해서 나를 채용할 수 있을지 모

나는 더 이상 침묵하지 않기로 했다

르겠다고 말한 것이다. 나는 꼭 뽑아달라고 고집을 부렸고, 바로 다음 날 내 영상을 보냈다. 다행히 내 성적과 능력과 영상이 그의 마음을 사로잡았다. 첫 직장에서 그는 내게 좋은 상사이자 멘토가 되어주었다.

나는 그가 예외가 아닌 일반적인 남성이라고 진심으로 믿는다. 사실 내가 상사나 동료로 만난 남성들은 대부분 여성에게 무례하게 구는 건 꿈도 못 꿀, 오히려 다른 남성이 그러는 걸 보면 여성의 편에 설 사람들이었다. 하지만 불행히도 일터에서 권력과 영향력을 거머쥔 자들은 종종 야만인처럼 굴곤 한다. 그들이 어떤 짓을 해도 감히 문제를 제기하는 사람이 없기 때문이다. 그들은 젊은 여성을 먹잇감으로 생각하고, 자신의 가학적 행동으로 여성의 삶이 파괴되더라도 개의치 않으며, 처벌도 받지 않는다.

20년 전 상사에게 성희롱을 당하고 해고된 소피아는 말한다. "그 일만 없었더라면 지금쯤 저는 일류 회사를 경영하고 있을 거예요. 성희롱을 당한 뒤 커리어를 지키기가 힘들어졌어요. 그 남자가 제 꿈을 죽인 거예요."

광고 업계에서 성공할 꿈을 품었던 소피아는 뉴욕의 한 광고 대행사에 취직하고 뛸 듯이 기뻐했다. 소피아는 스물셋의 나이에 벌써 여러 회사에서 인턴으로 일한 노력가였고, 스스로를 여유롭고 편안한 근무 환경에 잘 적응하는 낙관적이고 유쾌한 사람이라고 묘사했다. "농담을 농담으로 받아들이지 못하는 사람은 아니었어요." 그러나 그녀의 첫 직장에서는 구세대의 유물이라고 생각했던 일들이 벌어지고 있었다. 남자들은 상사의 생일 파티에 스트리퍼를 부르기까지 했다.

첫 출장길에 오른 소피아는 회사의 최고위 중역 두 사람에게서 함께 칵테일을 마시자는 초대를 받았다. 그녀는 기쁜 마음으로 술자리에 응했지만, 술을 마시면서 나누게 된 대화는 그녀가 미처 대비하지 못한 것이었다. 두 남자는 그녀가 성적인 호의를 보이면 대가로 받을 수 있는 것들의 목록을 냅킨에 적기 시작했다. 연봉 인상이나 창문 있는 사무실 같은 것들이었다. 소피아는 내심 불편했지만 농담이겠거니 생각하고 분위기를 맞췄다.

그로부터 얼마 지나지 않아 경영진이 바뀌었다. 회사 내 성 문화에 문제가 있다고 느낀 새 경영진은 직원들을 탐문하기 시작했고, 소피아도 조사에 응했다. 소피아가 증언을 시작하자 직속 상사를 비롯한 많은 남성 직원들이 그녀에게서 등을 돌렸다. 마침내 소피아는 탁월한 업무 경력에도 불구하고 재검증을 받아야 하는 처지에 놓였고, 이윽고 해고되었다.

소피아는 절망했다. 변호사를 선임해 평등고용기회위원회에 제소했으나 결과는 실망스러웠다. 소피아에게 남겨진 건 몇 푼 안 되는 돈과 엉망이 된 커리어뿐이었다. 여러 해가 지난 지금 그녀는 성희롱의 '파급 효과'에 대해 이야기한다. "성희롱을 당한다는 건 마치 몸에 끔찍한 흉터를 새기는 것과 같아요. 이 흉터의 존재를 아는 고용주는 저를 채용하지 않죠."

나는 더 이상 침묵하지 않기로 했다

2011년《사회와 정신 건강 저널(Society and Mental Health Journal)》에 실린 한 연구에 소피아가 겪은 일이 잘 설명되어 있다. 이 연구에서는 커리어 초기에 겪은 성희롱이 성인기 내내 우울 증상을 초래하는 장기적 영향을 미친다고 밝혔다. 소피아는 성희롱을 겪고 자존감이 무너졌다. 업계에서 얼마간 성공을 거두었고 자기 회사를 창업했음에도 불구하고 자신이 부족하다는 사고방식을 떨치지 못했다. 이유 없이 불공정하게 내쳐진 경험으로 인해 그녀는 계속해서 다른 고용주들도 자신을 "쓰레기처럼" 내칠까 봐 경계하며 살았다고 말한다.

싸울 것인가, 도망갈 것인가

"그냥 퇴사하지 그랬어요?" 내가 들은 말이다. 나 말고 다른 사람들도 똑같은 말을 들었다. 2016년 대선을 앞두고 도널드 트럼프는《USA 투데이(USA Today)》기자 커스틴 파워스(Kirsten Powers)에게서 딸 이방카가 성희롱을 당한다면 어떻게 하겠느냐는 질문을 받고 "딸이 다른 커리어나 직장을 찾을 거라고 생각하고 싶군요"라고 답했다. 파워스는 이에 대해 "트럼프라는 점을 고려하더라도 경악스러운 대답이었다"고 평했다.

다음 날 CBS의 〈디스 모닝(This Morning)〉에서 찰리 로즈(Charlie Rose)가 에릭 트럼프에게 도널드 트럼프의 답변을 어떻게 생각하느냐고 물었다. 에릭은 아버지를 변호했다. "제 생각에 아버지는 이방카가 강한 여자라서 성희롱 앞에 무릎 꿇지 않을 거라는 뜻으로 말씀하신 것 같습니다……."

바로 이게 문제다. 두 개의 문장에 두 개의 미신이 담겨 있다. 첫째, 성희롱을 당한 여성은 다른 직장이나 커리어를 찾아야 한다는 것. 둘째, 강한 여성은 희롱당하지 않는다는 것.

그냥 넘길 수 없는 사안이었다. 나는 다음과 같은 트윗을 올렸다.

2016년에 아직도 여성 피해자를 탓하고 있다니 슬프다.
분명히 말하지만, 나도 강한 여자다.

이 트윗은 내가 올린 트윗 중 가장 많이 리트윗되어 퍼져나갔다. 《워싱턴 포스트(Washington Post)》와의 인터뷰에서 앞선 발언을 해명해달라는 요청을 받은 트럼프는 들끓는 여론에 당황한 듯이 보였다. "그게 얘깃거리가 되다니 놀랐습니다."

그게 얘깃거리가 된 이유는 중세 암흑시대에나 나왔을 법한 말이기 때문이다. 아버지가 부유한 권력자라서 당신을 아무 업계에나 꽂아줄 수 있다면 "그냥 퇴사해라"라고 말하기도 쉽다. 하지만 자기 자신과 가족을 부양하고 있어서 직장을 옮긴다는 선택지가 없는 여성은 어떨까? 자기 커리어를 사랑하고, 포기하고 싶지 않은 여성은 어떨까? 여러 해 동안 공부하고 노력하고 싸워서 꿈을 이루었으며, 지금 그 자리에 있을 자격이 충분한 여성은 어떨까? 강한 여자가 성희롱을 당하지 않는다는 믿음도 터무니없기는 매한가지다. 내 말을 믿어도 좋다. 내가 대화를 나눈 여성 대부분은 강했다. 성희롱을 당하는 건 강해서나 약해서가 아니다!

능력 있는 경찰로서 언젠가 FBI에 들어가겠다는 꿈을 꾸고 있던 프레드리카 역시 강한 여성이다. 그녀는 탁월한 성과를 올렸고, 건강했으며, 강인했다. 한마디로 앞날이 창창한 여성이었다. 그러나 단 하루 만에 모든 게 달라졌다. 사내 파티에서 술에 취한 상사가 프레드리카를 뒤 테라스로 데려가서 키스하며 수작을 부렸다. 그녀는 상사를 밀쳐내고 그와 잘 생각이 없다고 말했지만 상사는 포기하지 않았다. 사무실로 돌아가서 다시 그녀에게 키스하고 발기한 성기를 그녀의 몸에 비비기까지 했다. 앞서 말했듯 강한 여성인 프레드리카는 있는 힘껏 맞서 싸웠지만, 상대는 엄연히 상사이자 권력자였다. 프레드리카는 말했다. "그가 제 인생을 살아 있는 지옥으로 만들었어요." 결국 프레드리카는 경찰 조직을 떠나기로 결정했다. 낙인찍히고 윗사람들의 눈 밖에 나서, 결국 자신이 사랑하는 직업을 포기해야 했다는 뜻이다. 프레드리카는 커리어를 빼앗겼을 뿐 아니라 여전히 고통받고 있다. 이렇듯 여성들은 그저 강해지는 것만으로는 충분하지 않다.

이공계에서 여성을 몰아내는 성희롱

오늘날 많은 여성이 이공계 분야에서 새로운 아메리칸드림을 좇아 분투하고 있다. 그러나《애틀랜틱(Atlantic)》의 취재 결과, 성희롱을 당한 이공계 여성들이 업계에서 글자 그대로 쫓겨나고 있다는 실망스러운 사실이 밝혀졌다. 나탈리 고셋의 경우를 보자. 나탈리는 서던캘리포니아대학교 산하 앨프리드 E. 맨생체의학 연구소에서 12년간 근무했다. 빠르게 승진하여 마케팅·기술혁신평가 분야 선임 관리자 자리에 오른 그녀는 자기일을 사랑했다. 부서 내 유일한 여성이었지만 그 사실을 약점으로 여긴 적은 없었다. 나탈리에게는 팀이 무엇보다도 중요했고, 그녀의 팀은 탁월한 성과를 거뒀다. 남성 부하 직원들은 여성 지도자 아래서 일하는 것에 불만이 없어 보였다. 나탈리는 회상했다. "제 능력과 소통 기술이 훌륭한 평형 장치 역할을 했어요. 부하 직원들은 저를 지도자로 보았고, 저는 그들에게 평등 감각을 불어넣었습니다. 중요한 건 저희가 팀으로서 어떤 일을 해내는가였죠."

그러던 어느 날 새로운 상사가 부임했다. 처음에 나탈리는 그와 이야기할 기회가 별로 없었지만 1년이 흐른 뒤 회의가 잦아지자 종종 마주치게 되었다. 그런데 그는 회의에서 충격적일 만큼 천박한 언어를 사용했다. 자기 성생활에 대해 공공연히 이야기를 늘어놓는 통에 민망해지는 일도 있었다. 남성 동료들은

나는 더 이상 침묵하지 않기로 했다

처음에는 불편해 보였으나 이내 적응했다. 나탈리는 "오염 물질과 비슷한 것"이라고 말한다. "상사가 긴장을 풀고 천박한 언어를 사용하면 다른 이들도 그래도 된다는 허가를 내리는 셈이죠. 문화가 바뀌는 게 느껴졌어요."

처음에 나탈리는 그냥 조용히 참으면 될 거라고 생각했다. 할 말이 떨어지면 입을 다물 테니까. 하지만 현실은 달랐다. 상사의 언행은 개선되지 않았고, 나탈리는 결국 입을 열어야 할 필요를 느꼈다. 나탈리는 정석대로 인사과에 보고했지만, 인사과에서는 그녀를 지지하기는커녕 나탈리에게 다른 속셈이 있거나 잘못 인지한 건 아닌지 의심하며 이런 질문까지 던졌다. "그 사람이 한 일이 확실합니까?"

나탈리는 몹시 당황했다. '그'가 한 일인 게 확실하냐고? 그건 말도 안 되는 질문이었다. 인사과 직원은 나탈리에게 "해결되지 않은 부녀 갈등"이 있는 건 아니냐고 대놓고 묻기도 했다.

그날 이후 상사는 나탈리를 없는 사람 취급했고, 대화를 나누지도 않았다. 업무에 방해가 될 정도였다. 상사는 그녀의 사무실에 찾아와 몇 차례 협박을 했고, 다른 직원들도 그녀의 반대편에 서도록 선동했다.

얼마 지나지 않아 나탈리는 그녀가 맡은 직무를 없앴다는 통보와 함께 계약 해지 서류를 받았다. 12년을 일했지만 쫓겨나는 데에는 고작 10분밖에 걸리지 않았다.

이는 단지 한 여성이 부당한 처우를 겪은 이야기가 아니다.

이공계에서 일하는 모든 여성이 이런 우울한 일을 겪을 수 있다. 나탈리는 젊은 여성들에게 입버릇처럼 이공계에 진출하라고 말하곤 했다. 지금도 나탈리의 믿음은 변하지 않았지만, 이제 후배들에게 뭐라 말할 수 있을까? 대학생인 딸에게는 뭐라 말하겠는가?

해고되고 몇 달 동안 나탈리는 트라우마에서 벗어나지 못했다. 공황 발작과 불면에 시달렸고, 툭하면 눈물이 흘렀다. 여자가 자신에게 맞섰다는 사실을 용인하지 못하는 남자 한 사람 때문에 커리어를 망치다니 불공평하기 짝이 없었다.

2016년 10월 나탈리는 변호사 리사 블룸을 선임해 성희롱·직장 내 차별·부당 해고를 주장하는 소송을 걸었다. 전 상사는 무반응으로 일관했으며, 서던캘리포니아대학교에서는 "나탈리 고셋이 주장하는 피해 사실은 시비를 가릴 가치도 없으며, 대학에서는 소송에 연루된 자들을 강하게 옹호할 것"이라고 밝혔다. 이 책을 쓰는 지금도 소송은 진행 중이다.

최근 뒤늦게 알려진 이공계 여성의 성공담이 몇몇 있다. 그중 한 사례가 영화 〈히든 피겨스(Hidden Figures)〉에 등장한 NASA의 아프리카계 미국인 여성 수학자 캐서린 존슨(Katherine Johnson)이다. 존슨과 여성 동료들의 이야기는 우리에게 불가능한 일이란 없으니 너무 쉽게 포기하지 말라는 교훈을 준다. 그들이 NASA에서 일한 1960년대에는 인종에 따라 부서가 나뉘어 있었으며, 흑인 여성에게는 진급의 가능성이 닫혀 있었다. 그러나 존슨은 탁월한 능력을 입증했다. 우주 비행사 존 글렌(John Glenn)이 지구 궤도를 도는 첫 단독 우주 비행에 나서면서 대기권 재진입을 위한 계산 확인을 "인간 컴퓨터"인 그녀에게 의지할 정도였다. 2016년 아카데미에서 〈히든 피겨스〉가 작품상 후보에 오르자, 배우들은 당시 98세였던 존슨의 휠체어를 밀고 함께 무대에 올랐다. 1960년대의 아프리카계 미국인 여성 과학자가 슈퍼스타로 거듭나는 순간이었다. 아이들과 함께 그 장면을 지켜보며 나는 깊이 감동받았다. 그녀가 이제라도 인정받아서 참 기쁘다. 우리가 오랫동안 그 장면을 기억하길, 그리하여 오늘날의 젊은 여성들이 이공계에서 정당한 직위에 오르고 꿈을 이루기를 희망한다.

나이 든 여성

성희롱과 성차별은 뗄 수 없는 사이다. 그 증거가 가장 두드러지는 곳이 기술 업계다. 젊은 남성 위주로 돌아가는 기술 업계에서 나이 든 노동자들은 설 자리를 찾기 어렵고, 나이 든 여성인 경우는 더더욱 그렇다.

그러나 이 문제는 기술 업계에만 국한되지 않는다. 전미경제연구소에서 4만 건 이상의 이력서를 다양한 업계에 보내는 대규모 현장 실험을 벌인 적이 있는데, 그 결과 나이 든 여성이 상대적으로 나이가 어린 남녀는 물론이거니와 동년배 남성보다도 회신을 더 적게 받는다는 사실이 밝혀졌다. 캘리포니아대학교 어바인 캠퍼스 소속 데이비드 노이마크(David Neumark)와 이언 번(Ian Burn), 툴레인대학교의 패트릭 버튼(Patrick Button) 연구원은 다양한 연령대와 경력의 지원자들을 대표할 수 있는 이력서 4만 건을 설계했다. 연령대는 29~31세, 49~51세, 64~66세의 세 부류로 나눴다. 연구자들은 온라인 구인 광고를 보고 열두 개 도시의 네 개 분야 일자리에 이력서를 보냈다. 64~66세 지원자들이 회신 받는 비율은 다른 연령대의 지원자보다 35퍼센트 더 낮았다. 하지만 그보다 젊은 49~51세 지원자들조차 여성일 경우에는 회신율이 떨어졌다. 여성만 뽑는 구인 광고에 지원서를 보냈을 때, 행정직에 지원한 49~51세 여성들은 29~31세 여성들에 비해 회신율이 29퍼센트 낮았다. 양성을 모두 뽑는 다른 분야 일자리에서는 나이 든 여성보다 나이 든 남성의 회신율이 더 높았다.

지난 10년 동안 여성 인력의 수가 감소세인 기술 업계에서 (여성이 더 심하게 겪는) 나이 차별에 성차별까지 더해지면, 여성은 일자리에 대한 접근권을 거의 전적으로 잃게 된다. 클로디아는 48세에 이를 절감했다. 그녀는 여러 해 동안 가족 경영 엔지니어링 회사에서 근무했는데, 회사가 30세 남성에게 매각되었다. 새 사장은 대놓고 젊은 인력을 찾았다. 인건비가 더 저렴해서가 아니었다. 그가 보기에 젊은 사람들이 일을 더 잘하고, 더 창의적이고, 그가 원하는 유형의 회사에 어울린다는 이유였다. 클로

나는 더 이상 침묵하지 않기로 했다

디아가 그에게 훌륭한 자격을 갖춘 경력자들의 이력서를 내밀자 그는 거절하며 말했다. "저는 젊은 사람을 원합니다."

클로디아는 그가 "유통 기한"이 지난 다른 여성들을 밀쳐내는 모습을 목격했지만, 자신에게 같은 일이 닥칠 거라는 마음의 준비는 하지 못했다. 임의계약직(언제든, 어떤 이유에서든, 아무런 사전 통지 없이 고용 및 해임 통보가 가능한 고용 형태―옮긴이)이던 그녀는 해고에 법적으로 대항할 근거가 없었다. 그녀는 의기소침해서 직장을 떠났다.

"저희 어머니는 20년 동안 휴가를 제외한 결근 일수가 이틀밖에 되지 않는 근면한 노동자였습니다. 저는 어머니를 본받아 강하고 독립적인 여성으로 자랐어요. 저는 행복했고, 긍정적이었습니다. 감사할 대상이 참 많았죠. 집, 멋진 남편, 저를 아껴주는 어머니, 제가 사랑하는 일자리까지요. 해고는 그런 제 인생을 순식간에 뒤집어놓았어요." 클로디아의 증언이다.

PBS의 보도에 따르면 장기 실직자 중 절반이 나이 든 여성이다. 그런데 과연 몇 살부터가 "나이 든" 사람일까? 경제학자이자 연령 차별 전문가인 조애나 레이히(Joanna Lahey)는 여성에게 있어 "나이 듦"의 기준이 이르게는 35세부터 시작될 수 있다고 말한다. "몇몇 연구에서 기업에 물었습니다. '다른 사람들이 나이 든 노동자를 차별하는 이유가 뭐라고 생각합니까?' 답변은 이러했습니다. 나이 든 사람은 기술에 능하지 못하고, 컴퓨터를 잘 다루지 못한다고요. 활달하지 않고, 느리고, 변화를 달갑게 받아들이지 않을 거라고 생각하는 겁니다."

레이히는 여성 노동자가 연령 차별 소송을 걸 가능성이 중년의 백인 남성 노동자에 비해 훨씬 낮다고 말한다. 그러나 여성들도 스스로를 위해 싸워야 한다. 여성이 고작 35세부터 노동시장에서 "너무 나이 든" 취급을 받는다면, 누군가는 브레이크를 걸어야 하지 않겠는가?

명심할 것은 연령 차별이 여성이 일터 안팎에서 겪는 성차별의 긴 목록 중 하나일 뿐이라는 사실이다. 2016년 10월에 발표된 세계 성평등 지표에서 미국은 카자흐스탄과 알제리보다 낮은 32위를 기록했다. 용인할 수 없는 순위다. 앞으로 갈 길이 얼마나 먼지 실감이 나는가?

진보를 원한다면, 젊은 사람들에게 평등과 존중을 위해 싸우도록 용기를 불어넣어야 한다. 이제 막 커리어를 시작하는 젊은 여성들은 성희롱으로 인해 장기적이고 심각한 영향을 받는다. 40대에 접어든 줄리아나는 공익사업 분야에서 성공적이고 만족스러운 커리어를 쌓았으나, 처음 구한 일자리에서 영화사 중역에게 성희롱당한 경험을 한시도 잊은 적이 없다. 그녀는 스물한 살이었고, 취직을 해서 뛸 듯이 기뻤다. "세상을 다 가진 기분이었어요. 영화계를 평정하겠다고 자신했죠." 그러나 그녀는 권력을 거머쥔 상사에게 멍청이라고 불리고 "너는 내 말을 따르기나 해, 생각은 내가 하니까"라는 말을 들었다. 상사는 노골적으로 성차별을 했으며 줄리아나의 몸에 대해 천박한 발언을 일삼

나는 더 이상 침묵하지 않기로 했다

왔다. "네 젖퉁이 할리우드에서 제일이야"라는 말을 들은 줄리아나는 견디다 못해 퇴사했다. "그 2년 동안 겪은 일들이 제 세계관을 빚었습니다. 저는 그 일을 결코 극복하지 못했어요. 언제나 머릿속 한구석에서 그때 생각을 합니다. 제 낙관주의가 뿌리째 흔들려버렸죠."

줄리아나는 우리가 과거의 그녀 같은 젊은 여성들을 보고, 그들의 말을 듣고, 이런 경험이 그들의 세계관 자체를 바꿔놓는다는 사실을 이해해야 한다고 말한다. "젊은 여성들은 인생에서 가장 취약한 시기를 자기보다 훨씬 큰 권력을 지닌 사람 곁에서 보냅니다." 줄리아나는 성희롱이 성이 아닌 권력의 문제라고 강조한다. "우리 문화 내의 권력 격차가 이 문제를 악화시킵니다. 절박하게 일자리를 찾고 있는 사람들은 더욱 취약해지죠."

줄리아나는 두 법조인 친구를 찾아가 상황에 어떻게 대응할지 조언을 구했다. 여성인 친구는 업계에서 계속 일하고 싶으면 아무런 행동을 하지 말라고 충고했다. 성희롱을 신고했다가는 커리어가 망가질 거라는 얘기였다. 남성인 친구는 정반대로 조언했다. "한번 싸워봐." 시간이 흘러 줄리아나는 여성 친구가 몸을 사리라고 조언한 이유를 잘 이해하게 되었다. "그 친구는 여성이라서 안전한 길을 택하고, 사건을 비밀로 하고, 스스로를 보호하고, 그저 그러려니 하며 살아가는 쪽으로 길들여진 거예요. 반면 남성인 친구가 용맹하게 덤벼보라고 조언한 건 그런 태도를 훈련받았기 때문이죠. 갈등을 피하지 말라고요."

그녀는 자신의 경험이 성희롱으로 간단히 분류되는 것 같지만 "실은 권력을 쥔 사람이 승리하는 심리 전쟁의 일종"이라고 말한다. "성공적인 성희롱 가해자가 되는 핵심 자질은 타인을 조종하는 능력입니다. 능란한 가해자는 피해자가 자신의 행동에 책임이 있다고, 자신이 어떤 식으로든 가해자와의 만남과 신체 접촉과 가해자의 언행에 기여했으며, 가해자의 관심을 끌었다고 믿게 만듭니다. 그게 대부분의 피해자가 수치심을 느끼고 스스로를 탓하는 이유이자, 성희롱을 영영 신고하지 않는 이유입니다. 피해자는 생각합니다. 만일 내가 미소 지으며 대답하지 않았다면. 만일 그의 못된 행동을 단호한 어조로 거절했다면. 만일, 만일, 만일……."

줄리아나는 여성들에게 말하는 법을 가르치고, 말하라고 격려하는 게 중요하다고 믿는다. 하지만 일자리를 지키는 것이 더 중요해서 퇴사하거나 항의하는 선택지를 택할 수 없는 이들에게도 큰 연민을 느낀다. 공익사업 분야에서 일하며 보고 들은 여러 사례가 있기 때문이다.

줄리아나는 변화가 필요하다고 재차 강조한다. 과거의 그녀처럼 설렘과 낙관을 안고 첫 직장에 출근할 우리의 딸들을 위해, 후세대 여성들을 위해 무엇을 하겠느냐고 묻는다. 단지 힘을 휘두를 수 있다는 이유 하나만으로 성희롱을 일삼는 사람들에게 우리의 딸들이 영영 회복할 수 없는 상처를 입는 모습을 지켜보고만 있을 텐가?

캠퍼스의 전사들

직업을 가진 성인 여성도 진실을 말했을 때 신뢰받고 존중받기가 이렇게 어렵다면, 대학 캠퍼스의 젊은 여학생들에겐 얼마나 더 어려운 일일까? 지금 젊은 여성들에게 들려주고 싶은 말이 있다. 많은 사람이 대학에 진학하면서 부모로부터 독립한다. 그런데 성인의 삶을 연습하는 곳인 대학은 알고 보면 꽤나 거칠고 위험한 환경이라서 홀로 탐사하기 어려울 수 있다. 부모로서, 교육자로서, 학생으로서, 그리고 청년을 아끼는 사회 공동체로서 우리는 다 같이 이런 현실을 바꾸기 위해 싸워야 한다.

내가 집을 떠나 스탠퍼드대학교로 향하면서 처음 느낀 황홀한 자유를 기억한다. 대학이 있는 캘리포니아는 내 고향 미네소타에서 멀었다. 바이올린 연주를 하던 시절에 여름마다 애스펀 음악 축제에 참가했기 때문에 집을 떠나는 게 처음은 아니었지만, 부모님 없이 정말로 혼자가 된 것은 대학에 들어가서부터였다. 대학 시절은 젊은이들이 부모의 감독 없이 날개 펴는 법을 배우는 무척 중요한 시기다. 대부분의 대학생들처럼 나는 종종 내 한계를 시험했고, 부모님이 동의하지 않았을 법한 행동도 해 보았다. 그게 성장하는 과정의 일부 아니겠는가. 내가 위험을 무릅쓴 이유는 그 나이대 청년답게 스스로를 무적이라고 생각했기 때문이다. 대학의 존재 의의 가운데 하나는 때로 실수를 저질러도 다시 일어서는 법, 어른으로 사는 법을 배울 수 있는 장을 제공하는 것이다. 그러나 이 책을 읽는 젊은이 혹은 자녀를 둔 부모에게 말하고 싶은 건, 좀 더 경각심을 가지고 대학 시절을 준비해야 한다는 것이다.

요즘 청년들은 대학에서 우리 세대보다 훨씬 많은 위험에 노출된다. 캠퍼스 내에서 폭력이 벌어지고, 사교 클럽 파티가 죽음으로 끝나기도 한다. 소셜미디어 상에서 젊은 여성을 욕보이는 일도 비일비재하다. 겁나는 지표들이다. 우리가 자녀들을 보내는 대학에는 살짝 발을 헛디딘 사람을 붙들어줄 적절한 안전망이 없을지도 모른다.

2016년 법무부에서 발표한 대규모 연구는 캠퍼스 내 성폭력 문제가 얼마나 심각한지를 보여준다. 법무부에서는 여러 지역의 2년제, 4년제 전문대와 종합대학 등 아홉 개 대학교에 재학 중인 수천 명의 학생들을 대상으로 성폭력 경험을 조사했다. 결과는 놀라웠다. 여성 학부생 다섯 명 중 한 명이 성폭력을 경험했다고 답했고, 강간을 당한 여성 중 신고했다고 응답한 이는 12.5퍼센트에 지나지 않았다. 충격적이지 않은가?

어떤 젊은 여성은 내게 참으로 전형적인 경험담을 들려주었다. "제가 열아홉 살이던 대학 2학년 때의 일이에요. 파티가 끝나고 여자 친구들 몇몇과 함께 소파에서 자고 있는데, 문득 잠에서 깨어보니 웬 남자가 제 바지 속에 손을 넣고 있었어요. 겁먹고 충격에 휩싸인 나머지 저는 악몽을 꾸고 있다고 생각했어요. 방 안이 어두워서 남자를 볼 수 없었지만, 제 작은 몸에서 그

나는 더 이상 침묵하지 않기로 했다

를 떼어내려고 팔을 잡아당길 때 손이 아주 크다는 걸 느꼈어요. 우리 방에 남자가 침입했다는 사실을 번뜩 깨달았죠. 그는 저를 포함해 아무에게도 눈에 띄지 않도록 바닥을 기어 소파까지 와서는 제 음부를 더듬고 있던 거예요. 그는 제가 덮고 있던 이불과 담요 아래로 손을 넣고, 제 셔츠와 바지를 들어 올려 저를 추행했어요. 저는 잠들어 있다가 뒤늦게야 정신이 든 거고요. 제가 잠에서 깨자 그는 일어나서 재빨리 방을 달려 나갔어요."

그녀는 무려 3년이나 그날의 일을 침묵했다고 말한다. 두려웠기 때문이다. 남학생이 다수인 대학에서 이런 방향으로 관심을 끌고 싶지 않았던 것이다. 그러나 졸업을 몇 달 앞두고 그녀는 대학에 피해 사실을 신고하기로 결심했다. "당신이 부당한 대우를 받았다고 떳떳이 밝히는 걸 보고, 저도 신고 절차를 밟을 용기가 생겼어요. 저는 학교 측 변호사와 타이틀 나인(Title IX, 누구도 성별에 근거해 공공기금을 지원받는 교육 프로그램 참여에서 제외되거나, 그 이득을 누리지 못하거나, 차별받아서는 안 된다는 내용의 연방법—옮긴이) 직원들, 학내 사교 클럽 대표들과 면담을 진행하는 내내 고개를 꼿꼿이 들고 있었습니다(힘든 일이었어요). 그들은 제게 성추행을 신고하는 의도가 뭐냐고 물었어요. 저는 누구에게 소송을 걸지 않았고, 그러고 싶지도 않았습니다. 단지 이런 성추행이 있었다는 사실을 학내 기록에 남기고 싶었어요. 저만 이런 일을 당한 게 아니니까요."

그녀가 성폭력 신고를 그토록 주저했다는 사실은 놀랍지 않다. 캠퍼스 내 성범죄를 연구하는 기관들에 따르면, 이런 상황에 처한 젊은 여성들은 자신의 행동을 추궁당할까 우려한다. 그들에겐 피해자를 탓하는 이런 질문들이 던져지기도 한다.

그때 어떤 옷을 입고 있었습니까?

술을 얼마나 마셨습니까?

그 남자와 유혹적인 말을 주고받았나요?

혼자 걷고 있었습니까?

거부 의사를 확실히 밝혔습니까?

여성들은 질문 받는다. "그런 옷을 입고 뭘 기대했니?" 여성들은 꾸짖음당한다. "파티에서 왜 그렇게 술을 마셨니? 어떤 일이 일어날지 몰랐어?" 혼란스럽고 모욕적이다. 부모조차 자녀 편을 들지 않고 질책한다. "어쩌자고 그런 일에 휘말렸니? 정신 똑바로 차리고 사는 줄 알았는데."

딸에게 조심하라고 말할 수 있다. 부디 경계를 늦추지 말라고 간청할 수 있다. 성폭력을 피할 전략을 알려줄 수도 있다. 그러나 다섯 명 중 한 명이라는 통계 숫자는 압도적이다. 냉혹한 현실은 이렇다. 우리의 딸들 중 몇몇은 캠퍼스 내에서 성폭력을 당할 것이다. 그 두려움이 우리를 좀먹는다. 솔직히 말하면, 우리는 딸들만을 걱정하지만 사실은 딸과 아들 모두를 걱정해야 한다. 그래야 피해자와 가해자와 침묵하는 방관자들을 만드는 사고방식을 변화시킬 수 있다.

내 딸은 아직 대학에 가려면 몇 년 남았지만 나는 아이가 자신감과 자존감을 키워 홀로 설 준비를 할 수 있도록 벌써부터 씨를 뿌리고 있다. 자녀에게 주는 조언은 구체적이고, 실제로 캠퍼스에서 맞닥뜨릴 수 있는 현실을 직시하는 것이어야 한다. 딸들이 이 책에 나온 투사들처럼 맞서 싸울 수 있도록 준비시켜야 한다. 화약고에 현실적인 무기를 넣어줘야 한다. 만일 내 딸이 오늘 대학으로 떠난다면, 나는 이런 조언을 해줄 것이다.

누가 친구인지 알아라: 대학생들은 캠퍼스 안에서 마주치는 사람들이 하나의 대가족이며, 모두가 똑같이 믿음직스럽다고 생각하기 쉽다. 하지만 그들은 어쩌다 보니 같은 학교에 다니게 된 대학 구성원들일 뿐이다. 모두에게 마음 놓고 경계를 늦춰서는 안 된다. 어떤 상황에서도 네 편에 서줄 믿음직스러운 친구들을 꼭 만들어라.

자신을 보호하기 위한 규칙을 정해라: 솔직히 인정하자. 대학에 다녀본 사람이라면 술자리가 사교 생활에서 큰 부분을 차지한다는 사실을 잘 알 것이다. 하지만 술자리는 캠퍼스 내 성폭력에서 큰 부분을 차지하기도 한다. 몇 가지 원칙을 세워라. 절대 낯선 이에게서 술을 받지 마라. 술잔을 항상 지켜봐라. 파티에 가기 전에 안전망을 만들어둬라. 예를 들어 과음했거나 위협받는 상황에서 남몰래 도움을 청할 수 있는 "안전 단어"를 정해서 친구와 공유해라. 술자리에서 친구에게 그 단어를 말하거나 메시지로 보내면 위험한 상황이라는 것을 알아챌 수 있도록 말이다. 멀리 있는 부모님에게도 "안전 단어"를 보내놓으면 무언가가 잘못되었다는 것을 알릴 수 있다.

연락을 끊지 마라: 많은 젊은이들이 대학에 진학하면서 인생처음으로 오랫동안 집을 떠난다. 물론 여름방학에 캠프를 간 경험은 있겠지만, 대학과 캠프는 다르다. 돌봐줄 캠프 지도자도 없고, 매일 밤 집에 돌아오면 반갑게 맞아주는 부모도 없다. 그게 내가 부모와 자식 사이에 신뢰를 쌓아두는 일을 무척 중요하게 생각하는 이유다. 자녀가 부모에게 나쁜 소식조차 솔직히 털어놓을 수 있도록 격려해야 한다. 부모가 자녀의 삶이 어떻게 돌아가는지 알면 자녀는 더욱 안전해진다. 지금 자녀와 그런 관계를 맺고 있으면 다행이고, 아니라면 지금부터 시작하자. (신뢰를 쌓는 과정은 자녀가 어릴 때부터 시작된다. 이 주제에 대해서는 9장에서 더 자세히 다루겠다.) 지금 이미 집을 떠나 있는 젊은이들에게는 이렇게 조언하고 싶다. 어른이 된 기분에 독립적으로 행동하고 싶은 마음이야 이해하지만, 가족과의 연결 고리를 끊어선 안 된다. 일주일에 한 번은 전화를 해라. 부모님에게 속내를 털어놓아라. 학업뿐아니라 대학 생활 중 맞닥뜨리는 여러 문제에 대해 부모님에게 도움을 구해라. 가끔은 부모님과 그저 이야기를 나누는 것만으

로도 우리가 어떻게 성장했는지, 어떤 가치를 믿고 살아야 하는지 환기할 수 있다.

내 말이 그냥 부모가 자녀를 곁에 붙잡아두려는 목적으로 하는 전형적인 훈계라는 의심이 든다면, 시야를 넓혀줄 몇 마디를 덧붙이고 싶다. 우리는 나이가 들어도 여전히 부모님의 자식이다. 그리고 부모님의 조언에는 큰 의미가 있다. 나 역시 부모님의 조언에서 많은 것을 얻는다. 재미있게도, 힘든 일이 있거나 위기에 처할 때면 부모 자식 관계가 세상에서 가장 중요하다는 사실이 한결 확고해진다.

2016년 봄에 내겐 부모님의 조언이 무척 중요했다. 인생의 어느 때보다도 부모님의 지도와 응원이 필요했다. 아직도 그날이 생생히 기억난다. 나는 어둠이 내린 한밤중의 복도 의자에 홀로 앉아 있었다. 그때 전화가 왔다. 부모님이었다. 두 분은 어떤 일이 있어도 자신들은 내 편이라고, 내가 절벽에서 뛰어내릴까 말까 고민할 때조차도 내 곁에 있어줄 것이라고 알려주었다. 나는 50대에 접어들고 있었지만 부모님의 응원과 조언에서 큰 힘을 얻었다. 나는 혼자 결정을 내리는 것에 능숙한 사람이지만, 그것이 부모님의 지혜와 용기가 보탬이 되지 않는다는 뜻은 아니다. 부모님은 내 삶에서 다른 무엇으로도 대체할 수 없는 든든한 지지자다.

파티 이외의 열정을 찾아라: 조직에 참여하고 의미 있는 프로젝트를 추진하면서 좀 더 강인해져라. 다양한 활동에 참여하면 사회적 상황에 대처하는 법을 배우고, 현실 감각과 자아 가치감을 키울 수 있다. 문제 상황에 빠질 가능성은 낮아지고, 필요할 경우 의지할 수 있는 믿음직스러운 친구들을 사귈 수도 있다. 자신이 중요하다고 믿는 문제들에 발언권을 주는 활동을 선택해라. 언제나 최고의 자신이 될 길을 찾아 나서라.

내 조언은 개인적 수준에서 도움이 될 것이다. 그러나 여기서 멈춰서는 안 된다. 대학과 사회 전체가 힘을 합쳐, 우리 아이들을 위해 캠퍼스를 더 안전한 곳으로 만들 방안을 찾아야 한다. 나는 성희롱에 대한 무관용 정책을 채택하는 데서 진정한 진보가 시작될 거라고 믿는다. 전문가들은 캠퍼스 내 성희롱을 성폭력으로 가는 '입구 범죄(gateway crime)'라고 부른다. 코넬대학교 산업·노동관계학과의 한 연구는 여성을 향한 천박한 어휘 사용이나 과시적 행동 같은 공적인 희롱이 성폭력과 유사한 감정적 충격을 낳는다고 밝혔다. 공적 희롱에 노출된 젊은 여성들은 성폭력을 당했을 때처럼 낮은 자존감과 우울증을 호소하고, 불안증에 시달린다. 무엇을 입고, 어디에 가고, 캠퍼스 내에서 무엇을 할 수 있는지에 대해 자신감을 잃는다. 성희롱 근절을 위한 단체 '홀라백!(Hollaback!)'에서 대학생을 대상으로 설문한 결과, 응답자의 20퍼센트가 희롱을 당한 후 강의에 집중할 수 없었다고 답했다. 결석한 경우도 23퍼센트나 되었다. 끔찍한 결과다! 성희롱은 젊은이들의 삶에 분명한 영향을 미친다. 게다가 캠퍼스 내 성희롱은 일터로 번지기 마련이다. 앞선 단계에서 진지하게 해법을 찾아야 마땅하다.

학생들에게 필수 성희롱 예방 교육을 실시하는 대학도 있다. 예를 들어 캔자스대학교에서는 다음과 같은 엄격한 정책을 세우고 모든 학생이 성희롱 예방 교육을 듣도록 하고 있다. "캔자스대학교는 모든 공동체 구성원(학생, 교수진, 직원)이 방해받지 않고 교육에 집중할 수 있는 안전한 환경을 만들고자 노력하고 있습니다. 성폭력은 캠퍼스 내에서 신고율이 가장 낮은 범죄 중 하나입니다. 우리 대학교에서는 성폭력을 예방하고자 모든 학생이 연 1회 필수 성희롱 예방 교육을 이수하도록 하고 있습니다." 마감 기한까지 교육을 이수하지 않는 학생은 이듬해 등록이 불가하다.

성희롱 예방 교육은 아주 좋은 생각이다. 이런 프로그램이 있으면, 그것만으로도 사람들은 어떤 종류의 성희롱도 용납되지 않는다는 명백한 메시지를 알아듣는다. 제도상으로 성희롱을 금지하는 정책을 펼치면 문화가 변하기 마련이다. 나는 모든 대학 캠퍼스에서 성희롱 예방 교육이 이루어지는 모습을 보고 싶다. 단, 이 교육이 그저 막연한 설교에 머물러서는 안 된다. 현실의 성희롱이 어떤 형태로 일어나고 어떤 느낌인지 학생들에게 보여줘야 한다. 독자 여러분에게 배우 겸 감독 데이비드 쉼머(David Schwimmer)와 이스라엘계 미국인 감독 시갈 아빈(Sigal

Avin), 밀크 스튜디오즈의 마즈닥 라시(Mazdack Rassi)가 함께 제작한 짧은 영상 시리즈 #ThatsHarassment(#그건희롱입니다)를 꼭 보라고 권하고 싶다. 이 시리즈는 이스라엘에서 비슷한 시리즈를 만든 경험이 있는 아빈의 제안으로 제작되었다. 쉼머는 내게 말했다. "아빈이 제게 전화해서 그런 시리즈가 미국에서도 반향을 일으킬지 궁금하다고 말했어요. 쉬운 결정이었습니다. 시기도 완벽했고요." 마침 성희롱에 대한 이야기가 봇물처럼 터져 나오는 시점이었다. "빠르게 행동해야 한다고 생각했죠."

이 영상 시리즈는 내가 아는 한 성희롱을 가장 충격적이고 현실적으로 그려낸 작품 중 하나다. 병원 진료실에서, 상사가, 동료가, 정치인이 기자에게, 사진작가가 모델에게 일상적으로 벌이는 성희롱의 전형을 그려낸 이 시리즈의 목적은 언뜻 평범한 교류처럼 보이는 상황에서 어떤 식으로 성희롱이 일어나는지 보여주는 것이다. 이 시리즈는 내게 깊은 울림을 주었다. 종종 성희롱이 정확히 뭔지 이해하지 못하겠다는 말을 듣는다. 이 시리즈는 시청자에게 심한 감정적 충격과 더불어 불편함과 역겨움, 피해 여성에 대한 공감을 불러일으키며 성희롱의 본질을 명확하게 보여준다.

그중에서도 가장 극적인 〈사진작가(The Photographer)〉 편에서는 화보 사진작가가 젊은 모델을 희롱하는 모습을 그린다. 그는 촬영 중인 모델에게 점점 노골적인 자세를 요구하고, 위협적으로 느껴지는 농담을 던지고, 자위하듯 몸을 만지기를 요구하며,

자신이 성적으로 흥분했다고 말한다. 영상이 끝나갈 무렵 카메라는 180도 회전해 현장을 무표정하게 지켜보고 있는 스태프들을 보여준다. 적잖은 사람이 있는데도 누구도 한마디하지 않는다. 영상을 시청하는 사람조차 모델이 당한 모욕을 느낄 수 있는데, 현장에서는 아무도 저지하지 않는 것이다. 쉼머는 〈사진작가〉에 출연하고자 오디션을 본 모델 75명에게 혹시 비슷한 일을 겪은 일이 있느냐고 물었다. 75명 전부 그렇다고 답했다. 이건 허구가 아니라 현실이다.

이 영상 시리즈는 뜨거운 반응을 얻었다. 쉼머는 말했다. "사람들은 저희에게 깊은 감사를 표했고, 저희 페이스북 페이지에 자기 경험담을 공유하길 원하는 이들이 넘쳐났습니다. 성희롱 문제에 더 많은 조치가 취해지길 바란다는 댓글도 여럿 달렸고요." 이 영상은 또한 대화의 문을 열었다. 많은 남성들이 지지를 표했으나, 혼란에 빠진 이들도 그만큼 많았다. 이게 어째서 성희롱인지 잘 모르겠다는 것이다. 쉼머는 말했다. "우리는 사람들이 이 시리즈에 대해 이야기하고, 토론을 벌이길 원해요."

쉼머는 로스앤젤레스를 기반으로 강간 피해자와 성적 학대를 당한 아동들을 지원하는 유명 단체 '강간 기금(Rape Foundation)'에서 활발하게 활동 중이기도 하다. 강간 기금은 남학생 사교 클럽 시스템과 손잡고 젊은 남성들을 교육시키는 것으로도 잘 알려져 있다. 쉼머는 성폭력 문제에 열정을 쏟고 있다. "저는 그렇게 자랐습니다. 저희 부모님은 두 분 다 강한 정치적 의견을 지니고 적극적으로 활동하는 페미니스트였어요. 저는 남성 유명인으로서 문화를 바꾸는 데, 그리고 다른 남성들에게 메시지를 전달하는 데 기여하고 싶습니다."

나는 대학에서도 변화가 일어날 수 있는 환경을 조성해야 한다고 생각한다. 이는 (과도한 파티나 신고식 전통 같은) 사교 클럽의 부정적인 요소들에 딴죽을 걸어야 한다는 뜻이기도 하다. 그 긍정적인 사례가 위스콘신대학교 매디슨 캠퍼스에서 시행한 6주짜리 '남자 프로젝트(Men's Project)'다. 이 프로젝트는 건강한 남성성을 다시 정의하고, 자기 인식을 제고하고, 젠더 평등을 증진시킬 수 있도록 젊은 남학생들을 교육시켰다.

공공 행사도 굉장한 효과를 낳을 수 있다. 캠퍼스 내 성폭력 예방 캠페인 '우리에게 달렸다(It's On Us)'에서는 성범죄 생존자들이 자신의 이야기를 공유하고 저명인사들이 강연을 하는 자리를 마련한다. 2017년 4월 버지니아주 조지메이슨대학교에서 열린 '우리에게 달렸다' 행사에서 전 부통령 조 바이든(Joe Biden)은 남성 청중들에게 단도직입적으로 말했다. "만취 상태의 여성은 섹스에 동의할 수 없습니다." 젊은 남성들은 나이 든 남성들에게서 이런 메시지를 더 자주 들을 필요가 있다.

나는 여학생들에게 이 싸움에 동참할 수 있다고 힘주어 말하고 싶다. 스스로를 위해 싸워라! '테이크 백 더 나이트(Take Back the Night, 성폭력·데이트 폭력·가정 폭력 근절을 목표로 하는 국제 비영리기구에서 매년 30개 이상 국가에서 100건 이상 여는 행사—옮긴이)'를 기획해라. 학교에 성희롱 예방 교육을 요구해라. 성폭력이 일어나면 책임자에게 항의해라. 캠퍼스 내에 판치는 모욕적이고 위험한 관행을 폭로해라. 소셜미디어를 이용해 당신의 권리와 존엄성을 주장해라. 캠퍼스 내의 투사가 되어라. 스스로를 위해, 그리고 당신의 뒤를 따를 젊은 남녀를 위해 싸워라.

하버드대학교 여성 축구팀이 어떻게 힘을 되찾았는지 살펴보자. 2016년 10월 하버드대학교 학보사《하버드 크림슨(Harvard Crimson)》의 보도에 따르면 2012년 하버드대학교 남성 축구팀은 새로 꾸려진 여성 축구팀 선수들에 대한 "스카우팅 리포트"를 작성했다. 그들은 여성 각각에게 외모에 의거한 점수를 매기고, 다음과 같은 논평을 덧붙였다. "비교적 순수해 보이고 십중팔구 성경험이 없을 것 같으니 체위는 정상위를 추천한다."

기사가 나가고 하버드대학교 남성 축구팀은 남은 시즌 정학 처분을 받았다. 그러나 2012년 "스카우팅 리포트"의 대상자였던 선수를 비롯한 여성 축구팀은 나름의 방식으로 서사를 장악하고 스스로의 권리를 주장했다. 그들은《하버드 크림슨》에 우아하고 강력한 공개서한을 보내 반격했다. 편지 내용은 이러했다. "우리는 '스카우팅 리포트' 원본을 보았다. 우리는 그 내용을 속속들이 안다. 우리 신체에 대한 묘사, 각각이 받은 점수, 동기들과 선배들과의 비교까지. 이 문서를 작성한 자들은 소수 남성의 평가로 우리의 가치를 결정할 수 있다고 믿고, 우리끼리 싸움을 붙이고자 한다. 그러나 남성들이여, 우리는 그렇게 멍청하지 않다. 18년간의 축구가 우리를 가르쳤다. 성공적이고 강인하고 부인할 수 없이 영민한 여성 체육인으로서 보낸 18년이 우리를 가르쳤다."

가장 의미 있는 부분은 그들이 남성들의 평가 따위로 주눅들지 않는다는 선언이다. "이 문서는 당신들이 목표물로 삼은 다른 여성 집단에게는 상처를 줄 수 있었을지 모르겠지만, 우리는 아니다. 우리는 팀으로서 함께 난국에 대처하는 법을 알고, 우리가 힘을 모을 때 더 강하다는 사실을 알고, 서로를 자기 자신보다 더 아낀다. 우리는 우리를 충분히 존중하지 않는 자들을 용납하지 않을 것이다."

나는 인터넷 서핑을 하다가 한 젊은 학생 인턴의 블로그 포스트에서도 이와 같은 패기를 발견했다. 기자 지망생인 그녀는 〈제2의 그레천 칼슨이 보내는 글〉이라는 제목의 글을 올렸다. "커다란 초록색 눈을 지닌 학생이자 인턴이던 나는 앞으로 일하게 될지도 모르는 종류의 직장에 아직도 구시대적 남성 연맹이 존재하고 운동선수 라커룸 분위기가 만연해 있음을 알지 못했다……. 이따금 궁금해진다. 대체 몇 년이 지나야 우리가 일터에서 타인을 비하하는 행위와 그것을 옹호하는 행위가 부적절하다는 합의에 이를까? 성희롱 그 자체와 가해자를 보호하기 위한 핑계, 둘 중 무엇이 더 무서운지 잘 모르겠다."

나는 그녀의 결론을 읽고 다음 세대에 대한 희망과 용기를 얻었다. 그녀는 적었다. "두렵긴 하지만, 기자의 본분은 권력에 대항해 진실을 말하는 것임을 안다. 내가 대항해야 하는 권력이 내 사무실 안에 있다면, 그래도 싸우겠다."

당신의 힘을 찾아라

내가 언론계에서 일하는 내내 책상 위에 올려둔 명판에는 이런 말이 적혀 있었다. "무엇도 감수하지 않는 사람은 무엇도 하지 않고, 무엇도 가지지 못하며, 무엇도 아니다." 자신의 힘을 찾기 위해 거창한 공적 행동을 취할 필요는 없다. 시작은 용기 내어 작은 몇 발걸음을 떼는 것으로 충분하다.

우리가 강해지기 위해 밟아야 할 큰 발걸음 하나는 마음속에서 우리 자신을 강한 여성으로 그리는 것이다. 스스로를 이기는 지위에, 목소리를 내는 지위에, 진실을 말하는 지위에 있다고 상상해야 한다. 나는 고난이 닥치면 언제나 상상의 힘을 빌려 마음을 다잡는다. 거울 앞에 서서 앞으로 할 행동과 말을 연습한다. 그리고 나 자신과 눈을 마주치며 말한다. "할 수 있어." 제일 중요한 건 내가 그 일을 해내는 모습을 상상하는 거다!

지금 아메리칸드림을 믿는 미국인은 60퍼센트에 지나지 않는다고 한다. 슬픈 사실이다. 내게 조언을 구한다면, 우리가 함께 꿈을 위해 싸워야 한다고 말해주겠다. 나는 아이들이 잠자리에 들 때, 성실히 노력하고 인내하면 꿈을 쟁취할 수 있다는 이야기를 들려준다. 노력 없이 당연하게 얻어지는 것은 아무것도 없다. 우리 여성들이 해나갈 싸움도 마찬가지다. 우리가 스스로를 위해 불의에 맞서 싸우는 건 우리의 삶뿐 아니라 우리 모두의 삶을 위해, 궁극적으로는 우리가 모두 최고의 자신이 될 수 있는 사회 전체를 위해 싸우는 것이다. 아메리칸드림은 여전히 가능하다. 함께 꿈을 이루어나가자.

4장

당신에겐
권리가 있다

Be
Fierce

먼저 내가 만든 만트라를 소개하겠다.

내게는 꿈을 이룰 권리가 있다.

내게는 내가 선택한 커리어를 추구할 권리가 있다.

내게는 악의적으로 타인의 방해를 받지 않고 능력을 발휘할 권리가 있다.

내게는 일터와 일터 밖에서 존중받을 권리가 있다.

내게는 원치 않는 신체 접촉을 당하지 않을 권리가 있다.

내게는 여성을 폄하하고 대상화하는 시각물이 없는 환경에서 일할 권리가 있다.

내게는 스토킹을 당하지 않을 권리가 있다.

내게는 하대하는 별명이 아닌 이름으로 불릴 권리가 있다.

내게는 신체나 외모에 대한 논평을 듣지 않고 일할 권리가 있다.

내게는 데이트 제안 거부 의사를 존중받을 권리가 있다.

내게는 노력과 능력에 걸맞은 지위로 승진할 권리가 있다.

내게는 평하당하고 희롱당하고 폭력을 당한 사실을 보복 혹은 위협을 겁내지 않고 밝힐 권리가 있다.

내게는 선입견으로 평가받지 않고 나답게 살아갈 권리가 있다.

하나같이 의미 있고, 힘이 깃든 문장들이다. 그런데 내가 이 말들을 입 밖으로 내뱉기까지는 상당한 시간이 걸렸다. 처음 이 여정을 시작하면서 나는 앞으로 닥칠 일을 상상할 수 없었다. 내가 해결할 수 없는 일이 벌어질지도 몰랐다. 다가올 미래는 불확실하고 불안했다. 때로는 무력감이 파도처럼 나를 덮쳐 숨 쉬기도 어려웠다.

이 여정에서 나는 공포를 치료하는 최고의 약이 스스로 힘을 되찾는 것이라는 사실을 알게 되었다. 지금부터 당신이 그 구체적인 방법을 찾도록 돕기 위해 내가 개발한 실질적인 지침 열두 가지를 소개하겠다. 우리가 함께라면 할 수 있다.

1. 눈을 크게 떠라

일터에서 스스로를 보호하고 싶다면, 자신의 권리가 무엇인지 정확히 아는 데서부터 시작하자. 내게 어떤 권리가 있는가? 자, 이제 터놓고 법 이야기를 나눌 시간이다(법률 용어는 사용하지 않겠지만). 물론 법이 다는 아니다. 사내 규정을 이해하고 준수해야 하며, 정치적 분위기를 올바로 읽어야 하고, 계획을 세워야 한다. 그리고 눈을 크게 뜨고 일터로 나가야 한다.

방송 일자리를 찾아 면접을 보러 다니던 시절이 생생하게 기억난다. 구직자는 절박할 수밖에 없고, 직업을 애타게 구할수록 사측의 힘은 더욱 강해진다. 마침내 채용 통보를 받고 기뻐하고 있을 때에는 회사가 직원의 권익을 제일 중시할 거라고 추정하기도 쉽다. 언젠가 회사를 고소하게 되는 날이 올 거라고는 상상도 못할 것이다. 막 취직한 사람의 머릿속은 연봉과 복지, 업무에 대한 생각으로 가득하고, 회사의 기대를 충족시키겠다는 의지로 불탈 테니까.

하지만 채용 계약서에 서명하기 전에 시간을 들여 사전 조사를 해볼 필요가 있다.

이 회사에 대해 무엇을 알 수 있는가? 이전에 이 회사에서 일했거나 현재 일하고 있는 사람에게 근무 환경에 대한 솔직한 설명을 들을 수 있는가? 이 회사가 직장 내 폭행이나 직원의 소송으로 언론에 보도된 적이 있는가?

사무실을 둘러보았을 때 눈에 띄는 점이 있었는가? 분위기는 어떤가? 직원은 다양하게 구성되어 있나? 여성 관리자가 있는가?

계약서를 꼼꼼히 읽어라. 그리고 이해 가지 않는 부분에 대해서 질문해라. 분쟁이 생길 경우 법원의 재판이 아닌 중재에 의해 해결하겠다고 약속하는 중재 조항이 있는지 확인해라.

직원 편람이 있다면 주의 깊게 읽어라. 성희롱을 당했을 경우 어떤 단계를 밟아야 하는지 세세하게 정해놓은 회사들이 있다. 그 절차에 따르지 않으면 불리해질 수도 있다.

당신의 직위가 문제를 제기할 능력에 어떤 영향을 주는지도 알아야 한다. 직원에 대한 성희롱을 금지하는 법이 있긴 하지만, 직위에 따라 구제 수단이 없는 경우도 있다. 특히 취약한 직위는 인턴이다. 인턴은 많은 주에서 기술적으로 "직원"으로 간주되지 않기 때문에 직장 관련 법규의 적용 대상에서 벗어나고, 성희롱을 당해도 보호받지 못한다. 2014년 뉴욕주 연방지방법원에서는 미국 피닉스 위성TV 방송국에서 인턴으로 일하던 리환 왕(Lihuan Wang)이 성희롱을 당했다며 제기한 소에 대해, 무급 인턴은 직원으로 간주되지 않기 때문에 뉴욕주 인권법을 적용할 수 없다고 판결했다. 왕의 상사는 업무에 대해 이야기하자며 왕을 호텔 방으로 불러낸 다음 그녀를 구석으로 밀어붙여서 입맞춤을 시도하고 엉덩이를 움켜쥐었다. 왕은 그를 밀쳐냈고, 머지않아 정규직 전환이 불가하다는 통보를 받았다. 이후 왕의 상사는 해고되었다. 그러나 왕은 그에게 법적으로 대항할 수단이

나는 더 이상 침묵하지 않기로 했다

없다. 여기서 법은 여성들의 편이 아니다. 그나마 다행스러운 소식은, 왕의 사건이 언론의 주목을 받으면서 몇 개 주에서 인턴에게까지 범위가 확대되도록 직원 보호 법규를 개정했다는 것이다. 2016년 미국 하원에서는 무급 인턴도 성희롱을 비롯한 차별에서 보호받도록 하는 법안을 통과시켰다. 2017년에는 연방정부에서 일하는 인턴들을 보호하기 위해 특별히 고안된 법안이 통과되었다. 두 법안 모두 상원에 올라갔고, 이 책을 쓰는 현시점에 아직 처리 여부가 불투명하다. 만일 당신이 인턴이라면 유급이든 무급이든, 정부에서 일하든 사기업에서 일하든, 주법을 반드시 확인해야 한다. 좀 더 넓은 시각에서 이야기하자면 취직한 회사가 어떤 곳인지, 가치관이 어떠한지, 직원을 어떤 관점으로 보고 무엇을 기대하는지, 당신에게 어떤 권리가 있는지 알고서 채용 계약서를 써야 한다.

2. 문제를 기록해라

"기록, 기록, 기록." 변호사 리사 블룸은 기록의 중요성을 강조한다. 아무리 사소하더라도 부적절한 행동을 당했다면 바로 그 순간부터 일지에 기록해라. 일지는 사측에서 접근할 수 있는 업무용 컴퓨터나 사무실에 보관해서는 안 된다. (해고되면 컴퓨터와 사무실, 회사 측에서 마련해준 이메일 계정과 소셜미디어 계정에 접근할 수 없다.)

일지는 가능한 한 상세해야 하고, 실명과 일시와 증인이 들어 있어야 한다. 이렇게 하면 항의할 때 이 기록을 "증거"로 사용할 수 있다. 아래 예처럼 작성하도록 하자.

2017년 2월 1일 오전 10:13 조 K.가 휴게실에서 나를 스쳐 지나가면서 엉덩이를 때렸다.

2017년 2월 1일 오후 12:05 게시판에 올라온 사진을 보았다 (첨부). 조 K.와 메리 B.가 댓글을 달았다.

2017년 2월 2일 빌 P.가 회의 중 내 앞가슴에 팝콘을 던졌다. 내가 항의하자 그는 "생리 중이야?"라고 물었다. 조 K.와 캐롤 S., 프레드 R., 메리 B.가 이 대화를 목격했다.

2017년 2월 8일 오후 4:00 조 K.와 빌 P.가 사무실에서 대놓고 포르노를 시청했다. 끄라고 하자 그들은 웃으며 "여기 있는 사람들 다 성인이잖아"라고 답했다. 메리 B.도 이 장면을 목격하고 불편하다고 말했다.

2017년 2월 9일 오전 9:30 D씨에게 팝콘과 포르노 건에 대해 항의했다. D씨는 이렇게 대답했다. "남직원들에게 말을 해보겠네. 하지만 자네도 마음을 가볍게 먹도록 해. 그게 스스로를 위하는 길이야."

일지를 작성하고 나면, 자기 자신을 수신인으로 해서 어떤 일이 있었는지 자세한 이야기를 들려주는 이메일을 보내라. 이 역시 증거가 된다. 이메일도 자택이나 개인 계정에 보관해야 한

　　　　　나는 더 이상 침묵하지 않기로 했다

다. 성희롱에 대한 세세한 기록을 담은 바인더를 직장 사물함에 보관하던 중 갑자기 해고당해서 바인더를 되찾지 못한 여성의 사례를 보았다.

글로 쓰인 증거도 모아야 한다. 가해자가 문자 메시지나 이메일, 카드, 쪽지를 보낸다면 사본을 보관해라. 아무리 화가 치밀고 짜증이 나도 지워서는 안 된다. 메시지를 인쇄해서 안전한 자택에 보관해라. 이때 반드시 날짜와 시간이 나와 있어야 한다. 문자 메시지도 화면을 캡처해 인쇄해서 안전한 파일에 보관하면 유력한 증거가 된다. 부적절한 보이스메일을 받았다면 그것도 보관해둬라. 일터에서 불쾌한 글귀나 포스터, 낙서를 발견했다면 사진으로 찍어 출력해둬라.

안전한 파일에 인사 고과 평가를 비롯한 개인 문서 사본을 보관해라. 만일 성희롱을 당하기 전까지는 인사 고과 평가가 좋았는데 사건 이후 보복성으로 평가를 낮게 받았다거나, 가해자가 업무 능력을 걸고넘어지려 든다면 이 기록이 유용해진다.

개인 파일에 대한 접근권도 주에 따라 다르다. 사내에서 근무 시간에 파일을 열람할 수는 있지만 사본을 만드는 건 허가되지 않을 수 있다. 그런 경우에는 직접 인용문을 포함하는 상세한 일지를 작성해라.

3. 불쾌해해라

"불쾌하게 할 의도는 아니었어요." 한 남자가 나를 "쌍년"이라고 부른 직후에 한 말이다. 나는 어깨를 으쓱하고 자리를 떠났다. 보통 사람들은 나처럼 반응할 것이다. 하지만 나는 이제 이렇게 말하고 싶다. 마음껏 불쾌해해라.

1970년대에 여성들이 힘을 되찾고자 하면서 적극성 훈련이 인기를 끌었다. 예의를 지키고 고분고분하게 굴어서는 학대받는 상황을 해결할 수 없기 때문이다. 그러나 오늘날에도 자신을 깔아뭉개려는 남성들 앞에서 자기주장을 하는 많은 여성에게는 "기 센 여자"나 "남성 혐오자"라는 딱지가 붙는다. 앞서도 보았지만, 이것이 여성에게 주어지는 딜레마다. 아무 말도 하지 않으면 희롱이 계속된다. 입을 열면 욕을 먹는다. 이런 상황에서 우리 여성들은 다 같이 스스로를 위해 나서는 태도를 취해야 한다. 원한다면 얼마든지 기 센 여자라고 욕해도 좋다. 나는 스스로를 위해 들고 일어설 테니까. 조용히 모든 게 지나가기만을 기다리는 대처 방법은 이제 그만두자. 그런 태도는 의도와는 상관없이 가해자의 행동이 용인된다는 메시지를 보낸다. 길거리에서나 사무실에서나 성희롱을 당하면, 짧고 자신감 있는 한마디로 맞받아치자.

"제 이름은 _____입니다. 저를 '이쁜이'라고 부르지 마

나는 더 이상 침묵하지 않기로 했다

세요."

"그러시면 불편합니다."

"당신과 데이트하고 싶지 않습니다. 다시 묻지 마세요."

"저를 만지지 마세요."

"가까이 오지 마세요."

"방금 그 말, 재미없었어요."

"그만 쳐다보세요."

"너무 가까이 오셨네요."

"제 어깨를 쓰다듬지 마세요."

"불쾌하군요."

"싫어요!"

"하지 마세요!"

"멈춰요!"

"다시는 제게 그런 식으로 말하지 마세요."

"가셔야겠군요."

"부끄러운 줄 아세요."

"그거 성희롱이에요."

당신에게는 솔직히 말할 권리가 있다. 상대는 당신의 말을 들어야 할 것이다.

많은 여성들이 무엇이든 발언하는 것에 긴장한다는 사실을 안다. 현실적으로 그럴 만도 하다. 아무리 예의 바른 방식을 택하더라도, 상대의 대응이 원만하지 않을 수 있다. 특히 가해자와 피해자 간의 권력 차이가 클 경우 그렇다.

아프리카계 미국인 브리아나는 전국 규모 레스토랑 체인에서 진급을 거듭했고, 여성으로서는 드물게 대형 레스토랑 관리자 직위에 올랐다. 그런데 관리자 업무를 시작하자마자 총지배인이 그녀에게 멸시적인 별명을 붙였다. 관리자로서 직위를 다지고 직원들의 존경을 사려 애쓰던 브리아나에게 그 별명은 모욕적이었다. 첫 단추부터 잘못 끼우고 싶지는 않았던 브리아나는 대화를 시도했다. "저는 업무를 핑계로 총지배인을 불러냈어요. 그리고 저를 별명이 아닌 이름으로 불러달라고 말했죠. 그는 제 말을 불쾌하게 여기는 것 같았습니다. 저는 일을 키우고 싶지 않았어요. 그가 '기분이 상하셨나 보군요. 저는 그 별명을 애칭이라고 생각했어요'라고 말하더군요. 그래서 그에게 '아프리카계 미국인 여성인 저에게는 애칭이 아니에요'라고 대답했죠."

브리아나는 의심의 여지없이 상황을 무척 깔끔하고 프로답게 처리했다. 그렇게 일이 잘 해결된 줄로만 알았는데, 그 뒤로 생각지도 못한 고난이 시작되었다. 브리아나는 관리자로서 입지를 다지지 못했고, 총지배인은 마치 다른 직원들과 브리아나를 이간질시키려고 마음먹은 것 같았다. 브리아나는 주방 직원들이 뒤에서 욕하는 소리를 들었다. 브리아나의 권위는 땅에 떨어졌다. 한번은 어떤 직원이 무례하게 굴어서 고객에게서 항의를 받았다. 총지배인에게 문자 메시지로 그 사실을 알리자, 그

나는 더 이상 침묵하지 않기로 했다

직원이 브리아나가 자신의 언어 장애를 놀렸다고 말했다는 답장이 돌아왔다. 브리아나는 결코 그럴 사람이 아닌데도 말이다.

성희롱과 괴롭힘은 함께 일어나기도 한다. 실제 우리 문화에서 빈번한 일이고, 특히 인터넷에서 흔하다. 인터넷의 익명성은 성희롱 가해자들에게 완벽한 은신처가 된다.

퓨 리서치센터(Pew Research Center)에서 온라인상의 괴롭힘을 연구한 결과, 18~24세의 여성이 가장 심하게 괴롭힘당하며 그에 뒤따른 영향도 가장 심각하게 받는다는 사실이 드러났다. 젊은 여성들은 성희롱, 스토킹, 지속적 괴롭힘을 당하는 비율이 아주 높았다.

내 이름을 걸고 프로그램을 진행하던 시기에 나도 그런 괴롭힘을 당했다. 매일 내 트위터로 상상을 초월할 만큼 못된 말들이 쏟아져서, 나는 "비열한 트윗들"이라는 이름의 코너를 진행하기까지 했다. 그중 다수가 내 신체에 대한 것이었음을 짚고 넘어가야겠다. 놀라운 사실은 적잖은 악플러가 당당하게 자기 신분과 심지어는 근무처까지 공개하고 있었다는 것이다! 나는 그들에게 답했다. "제게 이런 말을 했다는 걸 당신 상사가 알아도 괜찮나요?" 그러면 악플러들은 태세를 바꾸어 손이 발이 되도록 빌었다. 요점은, 내가 입장을 역전시키기 전까지 그들은 성희롱을 하고도 무사할 거라고 믿고 있었다는 것이다. 여성들은 보다 대담하게 불쾌함을 표현해야 한다.

4. 믿을 만한 사람에게 말해라

성희롱을 당한 여성들은 우울함과 외로움, 고립감을 느끼기 쉽다. 직장뿐 아니라 집에서도 그렇다. 가족과 친구에게 그 일에 대해 말하기를 원치 않기(혹은 어떻게 말해야 할지 모르기) 때문이다. 내게 자신의 경험을 털어놓은 여성 중 일부는 남편에게도 성희롱 사실을 말하지 않았고, 제일 친한 친구에게도 비밀로 했다. 말하고 싶지 않은 충동에 대해서라면 나도 알 만큼 안다. 하지만 그래서는 아무것도 달라지지 않는다. 성희롱을 당하면 그 어느 때보다도 지지 체계가 필요하다. 반드시 필요하다! 남들에게 경험을 털어놓으면 힘이 생기고, 결의를 굳히는 데에도 도움이 된다. 또한 성희롱을 당한 사실을 사람들에게 이야기하면 여러 해가 지난 뒤에 신고하더라도 유력한 증거를 가질 수 있다.

유해한 기업 문화에서는 동료에게 이야기하는 것이 위험하게 느껴질 수 있다. 대체 누굴 믿겠는가? 누가 내 편일까? 외줄에 올라탄 것처럼 두려움이 밀려온다. 타인의 동기는 쉽게 읽히지 않는다. 식당에서 자녀 이야기를 나누고 여직원 저녁 모임을 함께했던 동료들이 성희롱 상황에서는 든든한 아군이 되어주지 않을 수도 있다.

이럴 때일수록 관찰해라. 성희롱 가해자가 다른 여직원들에게 모욕을 주거나 부당한 대우를 하는가? 불만이 있을 법한 여직원에게 다가가 경험을 공유해라. 이런 식으로 말해라. "아침

나는 더 이상 침묵하지 않기로 했다

에 빌과 대화하는 걸 들었어요. 제가 듣기엔 끔찍한 말이었어요. 괜찮으세요?" 당신이 먼저 그들의 아군이라는 사실을 알려주면, 그들 역시 당신의 아군이 될지 모른다.

내가 아주 좋아하는 책인 마사 레인질랜(Martha Langelan)의 저서《그만둬! 성희롱과 가해자들을 어떻게 직면하고 그만두게 할 것인가(Back Off! How to Confront and Stop Sexual Harassment and Harassers)》에 대담하고도 흥미로운 제안 하나가 들어 있다. 가해자 한 명을 여러 사람이 대면하라는 것이다. 가해자들은 주로 취약한 여성이 혼자 있을 때를 노리기 때문에 잘못을 저지르고도 무사히 넘어가곤 한다. 레인질랜은 여성들을 (두세 명이라도) 집단으로 모아서 가해자와 대면하는 방법을 설명한다. 첫째는 항의 내용을 조목조목 따져서 구체적인 목록으로 정리하는 것이다. "여성 집단은 가해자에게 구체적으로 바꿔야 할 행동 목록을 제안하고 그대로 행동하길 요구할 수도 있다(예: 이 사무실에서 같이 일하는 여성을 '자기'라고 부르지 말고 이름을 불러라. 어떤 상황에서도 여성의 몸을 건드리지 말고 손을 잘 간수해라. 남들이 볼 수 있는 곳에서 포르노를 보는 짓을 그만두고, 사무실 내에서 포르노를 아예 없애라. 남들에게 성생활 이야기를 늘어놓지 말고, 이 사무실 내 어떤 여성에게도 성행위를 제안하지 마라). "이 접근법은 우리 여성들이 모이면 강해진다는 사실을 보여준다.

5. 가능하다면 대화를 녹음해라

"성희롱을 당하는 대화를 녹음해도 됩니까?" 수도 없이 들은
질문이다. 녹음본이 있으면 더할 나위 없는 증거가 되겠지만, 녹
음기 사용은 특히 법적으로 문제가 될 소지가 있기에 자칫하면
상황이 더 까다로워질 수도 있다. 일방적으로 녹취할 법적 권한
을 알고 싶다면 주법을 확인하는 것이 최선이다. 주마다 법이
다르다. 현재 미국 열한 개 주에서 대화에 참여한 모든 사람의
허가 없이 대화를 녹취하는 행위는 불법이다. 때로는 일방 녹취
가 합법이긴 해도 법정 증거로는 채택되지 못한다. 본인이 참여
하지 않았거나 한 사람이라도 참여자의 허가를 받지 못한 대화
를 녹음하는 행위는 거의 모든 경우에 불법이다(예를 들어 본인이 없
을 때 남들이 나누는 대화를 들으려고 녹음기를 켜놓는 행위).

일방 녹취가 합법인 주에 살고 있다 해도, 사내 규정상 비밀
녹취는 해고 요건에 해당되는 행위일 수도 있다. 녹취를 고려하
기 전에 반드시 법과 사내 규정을 확인해야 한다. 대화를 녹음
하기로 했다면, 녹취본을 수정 없이 원본 상태로 보관해야 한다
는 걸 기억하자. 녹취본은 안전한 장소에 보관해두자.

한마디 덧붙이자면, 일방 녹취를 불법으로 규정하는 것은 소
송에서 자신의 주장을 입증해야 하는 여성들의 힘겨운 전투에
서 큰 걸림돌이다. 서로 말이 엇갈릴 경우 녹취본은 불신의 벽
을 깰 유일한 증거가 될 수 있기 때문이다.

나는 더 이상 침묵하지 않기로 했다

6. 정책을 알아라

사내 항의 규정을 지키지 않으면 불이익을 받게 된다. 항의 규정은 기업 중 98퍼센트에 존재한다. 규정을 문자 그대로 준수해라. 여기엔 중요한 이유가 있다. 대법원에서는 기업에 성희롱 신고 절차가 있을 경우, 직원이 신고해야만 기업에 상황을 해결할 의무가 있다고 판결한 바 있다. 사측에는 문제를 해결하려 시도할 권리가 있다. 그 권리를 충족시키지 않으면 소송을 걸기 어려울 수 있다.

이런 제약은 여성을 진퇴양난 상황으로 내몬다. 알다시피 공식적으로 항의하면 법적인 여파를 비롯해 심각한 반향이 뒤따른다. 게다가 사내 규정은 종종 사측에서 주장하는 것만큼 공정하지도, 익명을 보장하지도 않는다. 예를 들어 많은 대기업에서 "익명" 성희롱 핫라인을 운영하며 피해자들이 앙갚음을 두려워하지 않고 신고할 수 있다고 홍보한다. 때로는 핫라인에 전화하는 게 신고 절차상 필수 사항이기도 한다. 하지만 핫라인은 꼭 익명도 아닐뿐더러, 사건 조사에는 쓸모가 없다. 내가 대화를 나눈 여성들은 핫라인이 위협적이었다고 말한다. 특히 그 내용이 인사과에 직통으로 전해진다는 점에서 그렇다.

스털링 주얼러스(Sterling Jewelers, 6장 참조) 사례에서 직원들은 회사에서 운영하는 익명 "TIPS" 핫라인에 전화한 뒤 보복을 당했다고 말한다. 핫라인은 문제를 제기하고 싶은 이들에게 힘을 실어주는 안전한 공간이어야 마땅하다. 성희롱 혹은 성차별 피해자에게는 더욱 그렇다. 그러나 스털링 주얼러스의 피해 여성들은 사측에서 핫라인 발신인 신분을 밝혀냈고, 그 정보가 가해자에게 전달돼 보복이 이루어졌다고 주장한다. 이 사례에서는 핫라인이 익명이라는 점이 여성들에게 도리어 불리하게 작용했다. 문제 제기 내용이 기록되지 않았기 때문에 앙갚음을 당했다는 사실을 입증할 수 없었던 것이다.

7. 공식적으로 항의해라

성희롱을 당한 뒤 사측이 어떻게든 행동하길 원한다면, 대부분의 회사에서는 인사과에 정식으로 항의해야 한다. 그러나 앞서 말했듯 정식 고발에는 무서운 결과가 뒤따를 수 있다. 많은 직원이 괜히 말을 꺼냈다가 상황만 악화하는 게 아닐까 겁내고, 그 두려움은 자주 현실이 된다. 돈과 금융과 직장 내 문제를 다루는 웹 사이트 터프니켈(ToughNickel.com)에서 1만 1000명 이상을 대상으로 온라인 설문 조사를 벌인 결과, 응답자의 3퍼센트만이 인사과를 아주 신뢰한다고 답했다. 반대로 아주 불신한다고 답한 응답자는 56퍼센트였다. 가장 큰 염려는 인사과에서 피해자가 처한 상황을 고위 경영자나 법무실 직원, 관리자, 심지어는 가해자에게 시시콜콜한 부분까지 공유할지도 모른다는 것이다. 모르는 새 회사 내에 자기 얘기가 퍼져나간다니, 얼마나 무서운 일인가. 더 나쁘게는 핵심 인사들이 가해자의 친구나 아군이라서, 막후에서 문제 제기를 유야무야 넘기려 할지도 모른다. 애니타 힐은 최근 《워싱턴 포스트(Washington Post)》와의 인터뷰에서 "인사과에서 문제를 해결해줄 거라고 입에 발린 말을 하면서 피해를 고발하고 나선 여성들이 도리어 욕을 먹고 모함당하는 것을 묵인하는 회사들이 여전히 존재한"다고 발언했다.

대놓고 논의되지는 않으나 현실적인 우려 사항도 있다. 가해자가 사내에서 우수한 성과를 내는 직원일 때, 과연 항의가 공정하게 처리될까? 사측에서는 인정하지 않겠지만 금전적 계산은 가해자들이 회사에 남고, 성희롱을 고발한 여성들이 전근되거나 해고되거나 돈을 받고 회사를 떠나야 하는 이유 중 하나임에 틀림없다.

인사과 직원이라 해서 마법처럼 분쟁에서 분리되지는 않는다. 인사과 직원도 사람이다. 남들과 친분도 쌓고, 저 나름의 편견도 가진다. 내게 편지를 쓴 여성이 들려준 한 지독한 사례에서는 성희롱 사건을 담당한 인사과 직원이 가해자와 불륜 관계였다!

기업 문화와 인간의 본성이라는 현실을 감안하면, 큰맘 먹고 인사과에 고발하는 것은 용기와 믿음을 가져야 가능한 행위다. 평등고용기회위원회는 2016년 6월에 발표한 성희롱 보고서에서 회사가 별도의 노력을 기울여 진지한 태도를 보여야 한다고 당부했다. 위원회의 권장 사항은 다음과 같다.

사측의 노력을 감독할 행정감찰관을 임명해라. 내가 생각하기에 는 아주 중요한 사항이다. 공정한 입장에서 문제 제기를 들어줄 회사 밖의 독립 인사가 필요하다. 내가 대화를 나눈 여성 대부 분은 회사 중역을 찾아가기를 꺼렸고, 많은 경우 타당한 이유가 있었다. 성희롱 근절에 착수한 회사라면 이 중요한 첫 번째 단 계를 밟아야 한다.

회사 내 여러 부서의 핵심 직원 수십 명에게 항의를 처리할 권한을 줘 라. 그러면 성희롱 피해자는 이야기를 전달할 창구가 하나뿐이 아니라고 느끼게 된다. 비록 그 창구가 가해자와 친분이 있는 사람일지라도, 창구가 많은 편이 낫다.

직원들에게 예의를 가르쳐라. 무얼 하지 말라고 금지하는 것보 다는 동료에게 예의를 갖추는 방법과 제삼자의 위치에서 방관 하지 않고 목소리를 내는 방법을 가르치는 편이 낫다.

기업 내에서 당당하게 문제를 제기하는 여성(과 남성)들에게 벌을 주는 대신 칭찬을 함으로써 문화를 바꾸는 것이 중요하다. 타인이 부당하게 대우받는 것을 목격했을 때, 자신이 불평꾼이 나 말썽꾼으로 보일 위험을 무릅쓰고 목소리를 내는 제삼자에 게도 상을 주어야 한다. 핵심은 이것이다. 문제에 대해 입을 여 는 것을 긍정적으로 여기는 환경을 만들 수 있다면, 성희롱을 둘러싼 역학 자체가 바뀔 수 있다.

여직원들이 인사과에 대수롭지 않게 항의를 한다는 건 잘못된 믿음이다. 대수롭지 않을 리가 있겠는가. 그들이 항의하겠다는 결심을 내리기까지 얼마나 많은 단계를 밟아야 했을지 생각해보자. 인사과를 찾아가겠다는 결정은 대개 수많은 사건을 겪은 뒤 고통스럽게 내려진다. 많은 여성들이 여러 달, 심지어 여러 해를 꾹 참다가 항의한다는 것은 놀라운 일이 아니다. 그런 그들에게 왜 꾸물거렸느냐고 매서운 비난을 퍼붓는 이들도 있다. "그렇게 싫었으면 왜 지금까지 가만히 있었죠?" 여성들은 말을 해도, 침묵을 지켜도 욕을 먹는다. 그러나 같은 일을 겪어본 사람이라면 인사과에 항의하는 일이 얼마나 외롭고 어려운 결정인지 잘 알 것이다.

나오미는 대형 화학 회사에서 관리자로 일하면서 성희롱을 당했다. 시간이 흐르며 성희롱의 수위가 차츰 높아졌고, 그녀는 거대한 조수에 삼켜지는 악몽을 되풀이해 꾸기 시작했다. 사소한 성희롱은 이미 일과의 일부가 된 지 오래였다. 나오미가 처음 입사했을 때 실험실 관리자의 목표가 실험실 내 모든 여성과 자는 것이라는 소문이 공공연히 돌았다. 나오미가 때때로 실험실을 청소하고 있으면 관리자는 "나오미, 설거지는 다 했어?"라고 묻곤 했고, 나오미는 망설이지 않고 "당신 딸이 그런 말을 들으면 기분이 어떻겠어요?"라고 반문했다. 나오미는 업무 능력만 쌓으면 무엇이든 극복할 수 있다고 굳게 믿었다. 하지만 승진해서 다른 사업부로 이동한 나오미는 상사에게서 이런 말을 들었다. "우리 부서에도 드디어 끝내주는 이쁜이가 왔군." 어디서나 이런 식의 논평이 들렸다. 나오미는 내게 담담한 어조로 말했다. "시시때때로 누가 수작을 거는 업무 환경에서는 집중하기가 어려워요."

어느 날, 회사 중역이 정규 근무 시간 이후 그녀의 사무실로 찾아와 립글로스가 예쁘다고 칭찬했다. 그는 문간에 서서 물었다. "엉덩이 좀 두드려줘도 돼?"

나오미는 폭발했다. "어떻게 그렇게 부적절한 말을 할 수 있죠?"

그녀는 내게 말했다. "그 전까진 참고 넘겼는데, 갑자기 분통이 터졌어요. 마음속에서 분노가 끓어올랐죠. 그래서 저는 즉시 인사 과장과 면담하기로 했어요."

인사과 직원과 얼굴을 맞대고 면담을 하더라도, 편지에 자세한 고발 내용을 적는 편이 좋다. 일지에 적은 모든 사건을 구체적으로 기술하고 증거 자료도 덧붙여라. 아무리 꼼꼼히 준비해도 지나치지 않다. 완전한 그림을 그리기 위해서는 모든 세부 사항이 중요하다. 편지에는 있는 그대로 "성희롱 고발"이라는 제목을 붙여라. 직설적이고 구체적으로 적어라. 모호한 표현을 쓸 자리가 아니다. 고발의 속성에 의심의 여지를 남겨서는 안 된다. 인사과에서 여성이 성희롱을 당했다고 정확히 말하지 않았다고 주장하는 사례들도 보았다. 표현은 중요하다. 다음은 허

나는 더 이상 침묵하지 않기로 했다

구의 회사에 문제를 제기하는 효과적인 편지의 한 예다.

2016년 8월 12일

수신: XYZ 회사 인사과

성희롱에 대한 공식 고발 건

저는 XYZ 회사 내에서 상사 조 스미스에게 성희롱을 당했음을 공식적으로 고발하고자 합니다.

저는 2012년 10월 5일부터 준법감시팀에서 엔지니어로 일했습니다. 그동안 저는 두 차례 승진했고, 근속 기간 내내 우수한 평가를 받았습니다.

2015년 12월 15일 오후 4시 45분, 직속 상사 조 스미스가 저를 사무실로 불렀습니다. 그는 연휴 직전인 다음 날 저녁에 같이 저녁식사를 하자고 초대하며 이렇게 말했습니다. "올해 열심히 일했으니 우리는 즐길 자격이 있어." 저는 연휴 계획이 있어서 아이들과 집에 머물러야 한다는 평계를 대고 정중하게 그의 제안을 거절했습니다.

그는 대답했습니다. "그러면 술이나 한잔하러 가지."

저는 스미스 씨에게 제가 기혼이며, 우리 두 사람의 관계를 업무적인 것으로 제한하고 싶다고 말했습니다. 그는 "자꾸 빼지 말고. 우리 사이에 뭔가가 있다는 건 당신도 잘 알잖아"라고 대꾸했습니다.

저는 무척 불편했고, 당혹스러웠습니다. 스미스 씨를 모욕하거나 그를 화나게 할 생각은 없었습니다. 저는 그의 부하로 일하는 게 즐겁지만 관계는 업무적인 것으로 제한하고 싶다고 거듭 말했습니다. 그에게 여지를 주는 말이나 행동을 한 적이 없었기 때문에 스미스 씨의 제안에 충격을 받았습니다. 제가 사무실을 떠나기 직전 그가 장난스럽게 말했습니다. "남자가 한번쯤 찔러볼 수도 있지. 이게 우리 이야기의 끝이 아니길 바라네."

저는 이 면담 직후 대단히 심란해졌고, 과연 이 일자리를 지킬 수 있을지 걱정되었습니다. 저는 제 일을 사랑하고 XYZ에서 만족스럽게 일해왔지만, 이제 일하는 게 불편하게 느껴질까 봐 염려되었습니다. 그날 저녁, 저희 회사에서 근무하지 않는 친구 데버러 테일러(첨부 참조)와 같은 부서 내 동료이자 친구 제인 존스 두 사람에게 낮에 있었던 일을 이야기했습니다. 또한 앞으로 일어날 일을 기록할 일지를 작성하기 시작했습니다(첨부 참조).

2016년 2월 12일 저희 부서에서는 지역 컨벤션센터에서 일일 연수를 진행했습니다. 일과를 마친 뒤에는 연회와 저녁식사가 준비되어 있었습니다. 연회 중, 스미스 씨는 술에 취해 저를 구석으로 데려가서 제 몸에 팔을 두르고는 낮은 목소리로 자신의 제안을 생각해보았느냐고 물었습니다. 저는 그의 손을 떨쳐내고 제가 기혼이며 개인적 관계를 원치 않

나는 더 이상 침묵하지 않기로 했다

는다고 이미 말했음을 환기시켰습니다. 그랬더니 그는 이렇게 대답했습니다. "날 이렇게 거부하는 당신을 매일 보기가 힘들군." 저는 다시 한 번 데버러 테일러에게 이날의 사건을 이메일로 이야기했습니다(첨부 참조). 그날 밤 11시, 스미스 씨는 제게 불쾌했다면 미안하다면서, 저에 대한 감정을 추스르려 노력 중이라는 음성 메시지(첨부 참조)를 보냈습니다.

그 사건 이후 직장 분위기가 싹 달라졌습니다. 전에는 스미스 씨가 제게 중요한 프로젝트를 맡기곤 했는데, 이후에는 제가 아닌 동료들에게 똑같은 프로젝트가 맡겨졌습니다. 2016년 4월 9일 저는 딸의 연주회에 참석해야 해서 다음 주에 하루 반차를 쓰고 싶다고 스미스 씨에게 허락을 구했습니다. 과거에는 문제없이 허가가 났지만 이번에는 이런 대답이 돌아왔습니다. "당신에게는 눈곱만큼도 편의를 베풀고 싶지 않아."

저뿐 아니라 다른 직원들도 스미스 씨의 태도 변화를 감지했습니다. 5월 2일 오전 9시 30분, 동료 벤 화이트가 제게 "뭘 잘못했기에 상사가 저렇게 화가 났어요?"라고 물었습니다. 5월 18일 오후 4시 50분, 또 다른 동료 조지 켄트는 스미스 씨가 제 업무 능력에 대한 신뢰를 잃고 있다고 말했다고 제게 전했습니다. 혹시 스미스 씨가 그 이유도 말했느냐고 묻자 그는 "당신이 팀 플레이어가 아니라고 말하던데요"라고 대답했습니다.

5월 20일에 저는 스미스 씨에게 면담을 요청했고, 그날 오후 5시 정각 그의 사무실에서 만났습니다. 저는 그에게 제 업무의 어떤 부분이 불만인지 묻고 상황을 개선시키고 싶다고 말했습니다. 그는 차디찬 목소리로 답했습니다. "당신은 이미 기회를 놓쳤어."

7월 9일 오전 10시 45분 저는 인사 고과 평가 사본을 받았습니다. XYZ에서 일한 이래 처음으로 좋지 않은 평가였습니다. 스미스 씨는 팀워크 부문에서 제게 낮은 점수를 줬고 제가 명령에 따르지 않는다는 평을 남겼습니다. 정기 연봉 인상에서 저를 제외할 것을 권하기도 했습니다.

저는 이 평가를 보고 대단히 마음이 상했고, 심한 불안감을 느꼈으며, 일자리 걱정으로 불면에 시달렸습니다. 회사 내에서의 제 직위가 위험하다고 느껴졌습니다. 제가 지금 성희롱에 대해 고발하는 것은 현재 제가 겪고 있는 문제가 스미스 씨의 데이트 제안을 거절한 직접적인 결과이기 때문입니다. 제가 꾸준히 보복을 당했다는 증거가 여럿 있습니다. 이 고발서에 첨부된 문서들은 성희롱과 보복이 거의 1년 동안 지속되고 있음을 보여줍니다.

인사과에 스미스 씨에 대한 저의 고발 내용을 조사해달라고 요청합니다.

시간을 내주셔서 감사합니다.

메리 헬러

첨부: 일지, 음성 메시지, 이메일 여러 통

신중하게 진행해라. 앞서 말했듯 인사과가 꼭 당신의 친구이지는 않다. 인사과는 회사의 대변자고, 고발을 하면 자칫 당신이 의도하지 않은 방향으로 사건이 진행될 수 있다. 레스토랑 관리자였던 브리아나가 마침내 인사과에 항의했을 때 처음 돌아온 반응은 격려였다. 인사 과장은 그녀에게 따뜻하게 말했다. "당신에 대해선 좋은 말밖에 듣지 못했어요." 하지만 며칠 후에 본사에서는 남들이 기피하는 다른 지점으로 브리아나를 이동시켰고, 종국에는 브리아나가 느끼기에 조작된 것이 분명한 잘못을 들어 그녀를 해고시켰다.

인사과 직원은 면담을 할 때 사측에서 가능한 한 비밀을 지켜줄 거라고 말한다. 하지만 이는 현실적으로 가능하지 않은데, 조사 절차가 진행되는 동안 신원이 드러날 수밖에 없기 때문이다. 그러니 항의를 하겠다고 확실히 마음먹은 게 아니라면 인사과를 찾아가지 마라. 인사과는 상황에 대해 일반적인 조언을 듣거나, 힘든 경험을 털어놓고 격려를 받거나, 그냥 분풀이를 하러 가는 곳이 아니다. 성희롱 사실을 인지하면 사측에는 당신이 원하든 원치 않든 조사할 의무가 있다.

성희롱을 신고할지 말지 고민할 때 여성의 머릿속을 잠식하는 두려움은 이것이다. 정석대로 신고했다가 괜히 일자리만 위태로워지고, 가해자에겐 아무 조치가 취해지지 않으면 어쩌지? 그 두려움이 어떤 건지 나도 안다. 밤에 잠도 오지 않는다. 다음 행동을 결정하는 일은 세상에서 가장 무서운 번지점프와 같다. 죽을지도, 적어도 커리어와 인간관계 면에서는 생매장을 당할지도 모른다. 그럴 만한 가치가 있는지, 전사가 될지 그냥 돌아설지 스스로 결정해야 한다. 전사가 된다는 것은 단지 숭고한 포부를 안고 미래로 행군해나가는 것만을 뜻하지는 않는다. 더러운 꼴을 봐야 하고, 힘겹다. 사람들에게 미움을 받는다. 네 탓이라는 말을 듣는다. 나와 대화한 여성들 가운데는 아주 인기 있는 사람이나 권력자를 성희롱으로 신고했다가 동료들에게 멸시당한 사람도 있다. 만일 사건이 바깥에 알려지면 언론에서 마녀재판을 당할 수도 있다. 사람들은 상상도 못할 끔찍한 말들을 퍼부을 것이다. 부모님이, 무엇보다도 자녀들이 그런 고약한 말들에 노출될 것이다.

교사였던 로빈은 교장에게 몇 차례 음담패설을 듣고 추행까지 당한 뒤 학교 이사회에 신고했다. 이사회에서는 자체 조사를 실시했고, 로빈은 모두가 좁은 연맹에 속해 있는 가운데 자신만 외부인인 듯한 기분을 느꼈다. 이사회의 한 임원이 로빈에게 말했다. "왜 교장을 싫어하는지 모르겠네요. 그 사람 진국이에요." 로빈은 그 뒤로 이사회의 적이 되었다. 아무 일도 일어나지 않았고, 일상은 예전과 다름없었다. 교장은 징계 하나 받지 않았다. 깊이 상심한 로빈은 결국 퇴직했다.

나는 더 이상 침묵하지 않기로 했다

좀 더 긍정적인 시나리오에서는 적법한 조사가 이루어질 것이다. 기회를 봐서 당신이 원하는 해법을 직설적으로 요구해라. 예를 들면 다음과 같은 방책들이 있다.

- 가해자를 전근시킨다.
- 가해자를 정직시킨다.
- 가해자의 인사 파일에 공식적인 질책 문구를 삽입한다.
- 가해자가 사과토록 한다.
- 가해자가 교육이나 상담을 받도록 한다.
- 피해자가 성희롱과 관련해 불공정하게 받은 부정적 평가를 인사 파일에서 삭제한다.
- 피해자가 전배 혹은 강등을 당했다면 직위를 복귀시킨다.
- 피해자가 성희롱으로 인해 병가를 내는 등의 손실이 있었다면 보상받는다.
- 사내 성희롱 예방 교육을 개선시킨다.

인사과를 찾아가거나 관리자 혹은 사내 변호사에게 이야기하기 전에 계획을 확실히 세워라(변호사에게 자문을 받는 것에 대한 내용은 171~174쪽에 자세히 적었다). 여성들은 종종 참고 참고 또 참다가 마침내 폭발해서, 주도면밀한 계획을 세우지 않은 상태로 인사과를 찾아간다. 일단 성희롱 사실을 밝힌 뒤에는 시간을 되돌려 증거를 모으고 계획을 세우기가 불가능하다. 만일 계약서에 중재 조항이 있다면, 항의를 한 순간 사측에서 즉시 모든 것을 덮기 위해 당신을 최대한 빨리 중재 절차로 내몰 것이다.

8. 함정을 피해라

젊은 중학교 체육 교사 조이는 여자 팀 코치를 맡고 있었다. 조이는 자기 일을 사랑했고 아이들도 좋아했지만, 나이 많은 남성 체육 부장의 행동이 불편했다. 그는 조이를 이름 대신 "자기", "이쁜이", "애기"라고 불렀다. 조이는 그게 끔찍이 싫었지만 그저 그가 나이가 들어서 그러려니 생각하고 참았다. 하지만 시간이 흐르자 그는 점점 더 소름 끼치는 행동을 시작했는데, 한번은 아파서 목소리가 쉰 조이의 몸에 팔을 두르고 아이에게 말하듯 "애기야, 얼른 나아야겠다"라고 속삭였다.

마침내 교장에게 항의하자 교장은 조이의 신고 내용에 당황했고, 조이를 두둔했다. 하지만 그러고선 조이에게 대단히 불리한 행동을 했다. "상황을 개선하기 위해" 조이와 체육 부장을 한자리에 모으는 화해의 장을 계획한 것이다.

사측에서 가해자와 피해자를 한자리에 대면시키는 일은 골치 아픈 문제를 낳는다. 업무에 대한 의견 차이로 논쟁이 생겼다면 적절한 방법이겠지만, 성희롱의 경우는 2차 가해에 해당한다. 특히 가해자가 피해자에게 권력을 휘두를 수 있는 직위라면 더욱 그렇다. 이런 상황에서 위협은 매우 현실적인 문제다. 피

나는 더 이상 침묵하지 않기로 했다

해자는 가해자에게 신체적 혹은 감정적 두려움을 느낄 수 있고, 사건을 좋게 넘기지 않으면 일자리를 잃지 않을까 걱정할 수도 있다. 게다가 가해자와 피해자를 대면시키는 일은 성희롱이 명확히 한 사람의 잘못으로 일어난 게 아니라 양쪽에서 똑같이 노력해서 풀어야 하는 문제라는 잘못된 메시지를 전달한다.

대기업에서도 피해자를 함정에 빠뜨리는 잘못된 대응이 일어나곤 한다. 서문에서 언급한 승무원 관리자 카르멘은 다른 두 여성을 대동해 상사의 거듭되는 성차별적 발언과 행동에 대해 인사과에 항의했다. 그런데 인사과에선 기묘한 반응을 내놓았다. "저희는 인사과 부팀장과 면담을 잡아 이야기했고, 면담이 잘 풀렸다고 생각했어요. 하지만 그건 착각이었습니다. 저희 세 사람과 다른 직원들은 직장 내 성희롱 교육에 여러 차례 참여해야 했어요. 문제의 상사는 단 한 번도 참여하지 않았고요. 상황은 점점 악화되었고, 마침내 상사의 행동을 고발한 저희 셋이 회사 간부에게 불려 갔습니다. 알고 보니 저희가 희롱을 한 것으로 되어 있더군요." 카르멘은 회사가 상황을 역전시켜, 분란을 일으킨 성희롱 피해자들이 오히려 가해자라는 믿을 수 없는 말을 했다고 한다. 21세기에 일어난 일이다!

9. 보복을 당했다면 전부 기록해라

어떤 여성이 내게 보낸 편지에는 이런 문장이 적혀 있었다.

"이 글을 쓰는 지금도 눈물이 멈추지 않습니다. 13년이 지났지만 극복할 수 없었습니다." 그녀가 직장에서 겪은 성희롱은 그 자체로도 나빴지만, 뒤따른 보복은 더욱 고통스러웠다. "가해자가 해고되자 최악의 고문이 시작되었어요. 저는 나병 환자처럼 배척당했습니다. 친하게 지내던 사람들마저 저를 무시했어요." 그게 끝이 아니었다. 가해자는 업계 지인들을 이용해 그녀에게 오명을 씌워나갔다.

나는 비슷한 시나리오를 수없이 들었다. 보복에는 직접 보복과 환경적 보복 두 종류가 있다. 직접 보복은 권력 있는 가해자가 부적절한 접근을 거부하거나 고발한 피해자에게 부정적 행동을 하는 것을 말한다. 인사 고과를 나쁘게 주는 행위, 직위를 강등시키거나 좌천시키는 행위, 신체적 혹은 언어적 학대를 가하는 행위, 요청을 이유 없이 거절하는 행위, 정해진 보너스를 주지 않는 행위, 위협하는 행위, 직장 내에서 따돌리는 행위, 거짓 소문을 퍼뜨리는 행위, 해고 등이 여기 해당된다.

고발을 한 뒤 업무 조건이 나빠진다면, 근거가 될 만한 사례들을 기록해둬라. 보복은 불법이다. 예를 들어 인사 고과가 항상 우수하다가 갑자기 바닥으로 떨어졌다면 보복일 수 있다. 강등, 나쁜 인사 고과, 회의에서 제외되기 등 지독한 보복을 당한 여성들이 얼마나 많은지 이야기를 듣고 있자면 당황스러울 지경이다. 가해자는 그런 행동들이 낱낱이 기록될 거란 생각을 못하는 걸까? 어떤 권력자들은 아무도 자기를 건드리지 못하며, 무

　　　　　　　　나는 더 이상 침묵하지 않기로 했다

엇이든 자기 마음대로 할 수 있다고 자만하는 것 같다. 자기가 회사의 핵심 인재라는 과장된 믿음을 품은 경우도 많다. 한번 위력에 힘입은 성희롱을 해본 사람들은 자신에게 그럴 권리가 있다는 착각에 빠져 성희롱을 계속한다.

그러니 정신을 똑바로 차리고, 보복당한 내용을 신고해야 한다. 스스로를 위해 나서라. 보이는 대로 기록해라. 변죽을 울리거나 모호한 표현을 사용해선 안 된다.

"언제나 뛰어난 인사 고과 평가를 받았습니다. 제게 이렇게 형편없는 평가는 부당합니다. 제가 성희롱을 고발했기 때문에 보복 당했다고 생각합니다."

"저는 승진할 자격이 충분합니다. 제가 성희롱을 고발했기 때문에 승진에서 제외되었다고 생각합니다."

"성희롱을 고발하기 전에는 관리자급 회의에 항상 참석했습니다. 지금은 회의에서 제외되고 있습니다. 이건 보복입니다."

"조 K.가 고발한 걸 후회하게 만들어주겠다고 말했습니다. 그건 협박이고 보복입니다."

"여기 고객과의 중요한 컨퍼런스 콜 시간을 제게만 다르게 알려주었다는 이메일 증거가 있습니다. 고의적인 보복이었다고 생각합니다."

환경적 보복은 입증하기가 더 어렵고 멈추기도 힘들다. 동료들이 당신을 따돌려야 일자리를 지키기 쉬워진다고 생각한다면, 그들과 대화를 나누거나 환심을 사기가 어려워진다. 사적으로는 당신에게 연민을 느끼고 지지를 보내더라도 대부분은 얌전히 모른 척하기를 택할 것이다. 부서 내에 아군이 있다면 냉랭한 분위기를 깨달라고 도움을 요청해라.

가해자가 회사 내 인기인인 경우 다른 직원의 반발을 살 위험은 더욱 높아진다. 업계의 전설적 인물을 상사로 두었던 제이다의 경우를 보자. 제이다는 대학을 졸업하고 그의 어시스턴트로 취직했을 때 뛸 듯이 기뻤다. "그때는 제가 능력이 있어서 채용되었다고 생각했어요. 알고 보니 그는 제게서 더 많은 걸 바라고 있었습니다." 제이다는 말했다. 그녀는 상사의 접근을 번번이 거부했지만 상사는 멈추지 않았다. 제이다는 마침내 인사과에 상사의 행동을 보고했고, 그는 회사를 떠나라는 처분을 받았다. 그러자 동료들의 거센 반발이 이어졌다. 제이다는 성희롱보다 훨씬 심한 수준의 증오를 견뎌야 했다. "그는 사람들의 영웅이었어요. 그래서 그를 무너뜨린 제가 증오의 대상이 되었죠." 아이러니는 그에게 비슷한 성희롱을 당한 여성들도 그의 편을 들고 나섰다는 점이다.

보복이 얼마나 심하게 이루어지고 얼마나 흔한지에 대해선 아무리 강조해도 부족하지 않다. 한 여성이 보낸 편지가 내 마음을 울렸다. "보복은 정말 끔찍합니다. 우리 딸들이 이런 일을 당한다면 어떻겠어요? 저는 아이들을 무척 사랑하고, 아이들이 살기 더 좋은 세상을 만들고 싶습니다. 저는 커리어를 지키기 위해 문제를 제기했지만 후환을 감내해야 했어요. 사람들은

나는 더 이상 침묵하지 않기로 했다

가해자를 위해, 혹은 단지 자신의 생각이 옳다는 걸 입증하거나 스스로가 더 좋은 사람이라고 느끼고 싶어서 보복을 가합니다. 너무나 잘못됐지요."

리사 블룸은 가해자가 권력자일 경우 특히 악랄한 보복이 뒤따른다고 말한다. "권력자들은 '네가 적으로 돌아선다면 널 망가뜨리겠어'라고 말합니다. 그들은 그래요. 정도를 모르죠. 다른 사람에게 추궁당하지 않고 살다 보니 그게 성격으로 굳어진 거예요."

10. 법적으로 대응해라

내가 자문을 구한 변호사 대부분은 성희롱을 고발하기 전에 먼저 변호사를 선임하라고 조언했다. 성희롱 사건을 맡아본 경험이 많은 노련한 변호사를 선임하면 홀로 회사에 맞설 때 빠질 수 있는 여러 함정을 피할 수 있음은 분명하다. 하지만 변호사 선임에는 돈이 들고, 나와 대화를 나눈 많은 여성은 소송을 걸어 변호사가 승소액의 일정 비율을 성사 사례금으로 가져가는 조건으로 계약하는 게 아닌 경우에는 변호사를 선임할 여건이 되지 않았다.

근로기준법은 워낙 광범위하고 복잡하므로, 장기적으로 볼 때 좋은 변호사의 가치는 이루 말할 수 없다. 게다가 경험상 이쪽 분야에서 일하는 변호사는 불의에 분노할 줄 아는 열정적인 사람이 많았다. 반드시 아군으로 삼고 싶은 그런 사람 말이다! 변호사와 면담할 때는 다음 사항들을 확인하도록 하자.

- 성희롱이 전문인가?
- 규모나 업계 면에서 비슷한 회사에 소송을 건 고소인을 변호해본 경험이 있는가?
- 이와 비슷한 소송에서 승소한 경험에는 어떤 것들이 있는가?
- 주법원과 연방법원 모두에서 변호해본 경험이 있는가? 평등고용기회위원회와 관련된 사건을 맡은 적이 있는가?
- 소송을 걸면 승산이 있다고 생각하는가?
- 로펌의 내부 구조상 이 사건이 우선순위가 될 수 있는가? 변호사와 휴대전화나 이메일로 쉽게 연락이 닿는가?
- 선임료 구조는 어떻게 되는가? 성사 사례금을 받는가, 정률로 받는가, 혼합하여 받는가? 인사과 고발, 평등고용기회위원회 고발, 중재, 소송, 합의, 재판까지 각 단계에서 예상되는 비용은 얼마인가?
- 합의와 재판이라는 선택지에 대한 변호사의 철학은 어떠한가?
- 근로계약서 조항에 따라 중재를 해야 하는 경우, 가능한 한 공정한 대우를 받을 수 있는 전략이 있는가?
- 금전적인 것을 제외하고 어떤 해결책을 추구하는가? 가

나는 더 이상 침묵하지 않기로 했다

령 해고당했을 경우, 복직하거나 미지급된 급여 및 복지
를 받을 수 있겠는가?

또한 스스로에게 확인해보자.

- 변호사와 개인적 유대를 느끼는가? 마음이 통하는가? 이
  사람에게 아주 개인적인 경험과 이력을 편안하게 공유할
  수 있겠는가?
- 변호사가 앞으로 겪게 될 일을 충분히 설명하고, 각 단계
  로를 밟을 때의 장단점을 균형 있게 알려주는가?

좋은 변호사라면 어떤 마음의 준비를 해야 하는지 솔직하게
알려줄 것이다. 승소하거나 합의함으로써 "만회"할 수 있겠는
가? 일자리나 커리어를 잃을 수도 있는데, 보상금이 그만한 가
치가 있겠는가? 많은 경우 실망스러운 대답이 나올 것이다. 시
카고 법원에서 이루어진 성희롱 합의 50건을 연구해보니 합의
금은 평균 5만 3000달러, 중앙값이 3만 달러였다. 사건을 법정
으로 끌고 가 승소한 이들은 더 많은 보상금을 받았지만(20만 달
러 이상) 커리어를 잃는 것에 대한 보상이라기엔 여전히 부족하
다. 고소나 합의를 하기 전에 확실히 알아보자. 특히 중소기업에
서 일할 경우에는 연방법의 제한에 의해 5만 달러 이상 지급받
을 수 없다.

변호사를 선임하고 소송을 건다는 결정은 냉혹한 현실을 깨닫는 계기가 될 수도 있다. 한 여성은 사내 파티에서 동료에게 신체적인 위해를 당했다. 그 자리에 많은 목격자가 있었지만 증언하겠다고 나서는 사람은 없었다. "아무도 제 편에 서지 않았어요!" 그녀는 몇 년이 지난 지금도 그 일만 생각하면 눈물이 날 정도로 속상하다고 말한다. 회사 간부들은 그녀가 아마 과음을 했을 거라고 말했다. 사람들이 사건을 그녀 탓으로 떠넘기려 하는 게 눈에 보일 정도였다. 목격 증언이 없으면 소송을 걸 만한 증거가 충분하지 않다는 변호사의 말이 그녀에게 최후의 일격이었다. 이건 드문 일이 아니다.

11. 고소할 권리를 지켜라

넘어야 할 장애물이 하나 더 있다. 연방법에 의거하여 차별 혹은 성희롱에 대한 소송을 걸려면 우선 연방 평등고용기회위원회나 유사 국가기관에 행정심판을 청구해야 한다. 이는 법적 요구사항으로, (법적 용어로 행정적 구제책을 "소진"한다고 부르는) 이 단계를 건너뛰고 바로 소송을 걸면 소송은 각하된다. 성희롱을 당한 시점부터 평등고용기회위원회에 행정심판을 청구할 수 있는 기간은 주에 따라 180일에서 300일 이내로 제한되어 있다. 그러니 소송을 걸 의사가 없다 해도 시간의 흐름에 촉각을 곤두세워야 한다.

나는 더 이상 침묵하지 않기로 했다

평등고용기회위원회에서는 회사에 행정심판이 청구된 사실을 인지시키고 조사를 시행할 것이다. 하지만 사건이 워낙 많아서 조사가 겉핥기식으로 이루어질 수 있다는 사실을 명심하자. 평등고용기회위원회에서 피해자를 대신해 소송을 걸리란 기대는 접는 편이 좋다. 그런 구제책이 채택되는 사건은 몇 되지 않는다. 그보다 중요한 건 평등고용기회위원회에서 "소송을 걸 권리"가 있다고 판결한 서류를 받는 것이다. 소송을 걸기 위해서는 이 서류가 필요하다. 소송을 결심했다면 서류를 받고 90일 안에 소송을 걸어야 한다.

평등고용기회위원회에 행정심판을 청구하거나 소송을 걸 때 반드시 기억해야 할 것은, 회사 직원들이 당신을 위협하거나 보복하는 것이 불법이라는 사실이다. 위협이나 보복을 당했다면 잊지 말고 기록해라. 회사에서 성희롱에 대한 아무런 배상을 받지 못하고 평등고용기회위원회에 행정심판을 청구한 리베카는 곧바로 중역에게서 이런 협박을 받았다. "이만한 대기업을 고소하고도 일자리를 지킬 수 있을 것 같아?" 이 책을 쓰는 지금 그녀는 아직 회사에 재직 중이지만, 결국은 소송을 걸거나 회사를 떠나는 것 외에 다른 방법이 없을지도 모른다. 정당한 절차를 밟아서 이용할 수 있는 구제책이 대부분 무력하다는 사실은 지극히 실망스러운 일이다.

연방법이 아닌 주법이나 지역법에도 성희롱 피해자에게 구제책을 제공하는 조항이 있을 수 있다. 공소 시효는 주마다 다르다. 예를 들어 뉴욕시 인권법에서 소송 기한은 3년이고, 뉴저지주 차별금지법에서는 2년이다. 두 법에서 피해자는 행정기관 조사를 먼저 받을 수도 있고, 그러지 않기로 선택할 수도 있다. 어떤 주법과 지역 법에서는 먼저 행정심판을 청구하는 것이 필수다. 소송할 권리를 잃지 않으려면 가능한 한 빨리 지역 법을 잘 아는 변호사와 상의해야 한다.

12. 변화를 주도해라

성희롱은 여성 인권을 소중하게 여기지 않는 분위기에서 더욱 빈번하게 일어난다. 많은 대기업이 모든 직원을 존중하고, 다양성을 인정하며, 성희롱에 대해 무관용 정책을 펼치고 있다고 주장한다. 그러나 이건 입에 발린 소리에 지나지 않을지도 모른다. 회사 정체성에 두른 예쁘장한 포장지는 사무실 내에서 실제로 일어나는 일과 다를 수 있다.

일례로, 사내 성희롱 정책의 존재만으로는 충분하지 않다. 직원들이 그 정책을 이해했는지 확인하는 것까지가 회사의 임무다. 내 눈길을 사로잡은 연구가 하나 있다. 미주리대학교 연구원들은 미국 내 전체 기관의 98퍼센트에 성희롱 정책이 있는데 어째서 여전히 성추행이 횡행하는지 의문을 품었다. 좋은 문제 제기다. 연구 결과, 정책에서 사용된 단어들이 행동 자체에 초점을 맞추고 있음에도 직원들은 대부분 이를 행동이 어떻게 '인식'되는가로 생각한다는 사실이 밝혀졌다. 연구의 한 저자인 데비 S. 도허티(Debbie S. Dougherty)는 그런 착각이 혼란을 낳고, 나아가 남성들의 피해 의식으로 이어졌다고 말한다. "결국 (대부분 이성애자 남성인) '무고한' 직원들이 단순히 여직원의 팔을 툭 건드리거나 ('헤어스타일이 멋지군요'처럼) 외모에 대해 성적 함의가 없는 발언을 건넸다가 이 정책의 규정에 따라 박해받게 된다는 식의, 다소 편집증적인 시나리오가 등장합니다." 결과적으로 기관의 성희롱 정책은 매우 비이성적인 동시에 이성애자 남성을 겨냥한 것으로 인식되었다. 연구에서는 이런 인식으로 인해 직원들이 "성희롱을 당한 여성이 가해자고, 남성 가해자가 무고한 피해자라는" 관점을 취하게 된다고 밝혔다. 만일 이것이 사실이라면, 직장에서 동료들이 다른 동료를 두둔하고 나서지 않는 이유가 설명된다. 그들은 남성이 가혹한 대우를 받고 있다고 믿도록 세뇌된 것이다.

성희롱 교육은 기업의 약 70퍼센트가 변화의 한 수단으로 채택하고 있다. 하지만 교육의 효과가 얼마나 될까? 대부분은 소송이 걸릴 수 있으니 문제를 일으키지 말라고 채근하는 내용이고, 더 나쁘게는 성희롱 가해자를 가볍게 질책하는 내용일 뿐이다. 성희롱 교육 프로그램에도 최소한의 기준이 있어야 한다고 생각한다.

2016년 평등고용기회위원회에서 발표한 직장 내 성희롱에 관한 보고서는 대부분의 성희롱 교육 접근법을 비판하면서 메시지를 효과적으로 전달할 다른 방식들을 제안했다. 일례로 직원들을 몇 명씩 모아서 대화를 나누며 성희롱에 대해 무엇을 알고 무엇을 모르는지 확인해, 어떤 영역에 대한 교육이나 관심이 필요한지 우선 알아내는 방법이 있다. 성희롱을 당하는 직원만이 아니라 제삼자를 대상으로 한 교육 프로그램을 만드는 것도 권장되었다.

진정한 변화는 평등과 긍정적인 직장 문화를 만들려는 상부의 노력으로부터 시작된다. 《하버드 비즈니스 리뷰》에서는 성희롱을 당한 직원 1인당 생산성 저하로 기업에 연간 2만 2500달러의 손실이 발생한다고 발표했다. 계산기를 두드려보면 기업에서 성희롱 문제를 심각하게 받아들이는 것이, 도덕적 의무일 뿐 아니라 금전적으로도 이득이라는 사실을 확인할 수 있다.

성희롱에서 상대적으로 안전한 회사를 찾고 싶다면, 온라인에서 여성이 일하기 좋고 여성을 잘 승진시킨다고 손꼽히는 회사가 있는지 찾아보라. 이런 온라인 평가는 실제 그 회사에서 일한 여성들의 평에 의거해 이뤄지므로, 그들의 의견에 귀 기울이면 직장 생활에서 무얼 기대해도 되는지 소중한 단서를 얻을 수 있다.

기업 내에서 성희롱이 비일비재해지기 시작하면 이미 다른 면에서도 문제가 발생하고 있다는 증표가 여럿 드러날 것이다. 문제 상황에서 스스로를 보호하기 위해 할 수 있는 일을 찾는 것도 중요하지만, 그 전에 애초에 그런 상황을 막기 위해 회사

나는 더 이상 침묵하지 않기로 했다

에서 무엇을 할 수 있는지 이야기해보자. 만일 회장이 전 직원을 모아놓고 성희롱에 대해 직설적으로 이렇게 말하면 어떨지 생각해보자. "오늘 저는 우리 회사에 아주 중요한 문제를 이야기하고자 합니다. 바로 우리가 서로를 대하는 방식입니다. '성희롱'이라는 단어는 전부 들어보셨을 테고, 그것이 용납되지 않는 행위라는 사실도 잘 아실 겁니다. 하지만 성희롱의 의미는 무엇일까요? 오늘 저는 그 의미를 이야기하고, 여러분들이 느낄 수 있는 혼란을 명쾌하게 해결하고자 합니다. 저는 직원들이 행복하게 일할 수 있는 환경에 큰 가치를 둡니다. 그게 어떤 환경인지 이야기해봅시다." 여기에 필수 성희롱 교육까지 추가된다면 긍정적인 근무 환경을 만드는 데 큰 보탬이 될 것이다.

성희롱에 대해 이야기하는 것도 도움이 된다. 그러나 사측에서는 대부분의 직원에게 성희롱은 편히 이야기할 수 있는 주제가 아니라는 점을 알아야 한다. 상부에서 시키지 않는 한 성희롱에 대해 자발적으로 이야기할 사람은 많지 않다.

평생을 바쳐 차별과 성희롱을 비롯한 근로자 인권을 위해 싸워온 샌프란시스코의 저명한 근로기준법 변호사 클리프 팔레프스키(Cliff Palefsky)는 내게 말했다. "필수 성희롱 교육은 효과가 있습니다. 제재에 초점을 맞추어 '이렇게 하면 고소를 당하거나 해고된다'라고 말하는 하나의 방식이거든요. 이는 특히 남성들에게 악의 없이도 부적절하거나 불공평한 행동을 할 수 있다고 설명하는 효과적인 수단입니다. 예를 들어 부하에게 데이트 신청을 하는 행동 같은 것요. 여성들이 후환을 두려워하는 입장에 놓여서는 안 됩니다. 직장 내에서 부하들은 상사에게 친절하고 마음이 통하는 사람으로 여겨지길 원하는데, 그게 오해를 부를 수 있습니다. 남성들은 여성이 보내는 신호를 읽는 방법을 배워야 해요."

젠더 전략가 겸 여성 리더십 컨설팅 회사 와이위민(Y Women)의 회장 제프리 토비아스 홀터(Jeffery Tobias Halter)는 성희롱을 근절하려는 기업의 노력을 거칠게 표현했다. "요약하자면 이렇습니다. 회사는 딱 최악의 관리자만큼의 선의를 베풉니다." 그렇기 때문에 고위 경영진들은 확실하게 무관용이라는 선을 그어야 한다. 그러려면 성희롱에 정면으로 맞서야 한다. 홀터는 말한다. "제가 일을 시작할 때는 성, 종교, 정치에 대해 말하지 말라고 교육받았어요. 하지만 좋든 싫든 사람들은 이야기를 하게 됩니다. 경영진들이 한발 먼저 나서 문명인다운 환경, 즉 안전한 환경을 만들어야 합니다."

홀터는 대화가 방법이라고 생각한다. "남성들은 직장에서 인종과 젠더에 대해 이야기하기를 죽도록 두려워합니다." 그게 홀터가 성희롱 교육을 할 때 사람들에게 일부러 차이에 대한 대화를 나누도록 하는 이유다. "선의를 전제하고, 진정에서 우러나온 방식을 택한다면 누구에게나 어떤 질문이든 할 수 있습니다."

홀터는 경영진들이 여직원이 실제로 무슨 일을 겪는지 알아낼 수 있는 방법 하나를 소개해주었다. "여직원과 점심 식사를

나는 더 이상 침묵하지 않기로 했다

하며 '우리 회사에서 일하는 여성으로서 어떤 경험을 하고 있는지' 말해달라고 묻는 겁니다. 처음에 여직원은 침묵할 겁니다. 10분을 기다리고 다시 물어보세요. '여기서 일하는 여성으로서, 내가 모르는 어떤 경험을 하고 있다면 말해주세요.' 그러면 이야기를 조금 끌어낼 수 있을 겁니다. 10분을 또 기다리고 다시 한 번 물어보세요. 그러면 이전에는 상상도 못했던 여성들의 경험을 들을 수 있을 겁니다."

그는 교육 중에도 이 간단한 방법을 사용하고 효과를 느낀다. 여성들은 자기 문제에 대해 말해도 된다는 허락을 받지 못했기 때문에 이야기를 꺼리는 경향이 있다. 회사 경영진들이 적절한 훈련을 받는다면 적극적으로 대화를 이끌어낼 수 있다.

성희롱이 일어나기 전에 사측에서 과단성 있게 행동하는 일이 가장 시급하다. 팔레프스키의 표현을 빌리자면, 안타깝게도 성희롱이 일단 일어나면 멈추기란 "깨진 달걀 껍데기를 다시 붙이는 것만큼이나 어렵기" 때문이다.

뛰어난 여성 인재를 구하고자 하는 21세기 기업이라면, 여성에게 충분한 기회를 준다는 목표를 세우자. 그들이 받을 자격이 있는 보수를 주고, 유망한 커리어를 닦아주고, 최선의 모습으로 일할 수 있도록 격려하고, 탁월한 성과를 발휘했을 때 상을 주자. 여직원들은 성과를 무시당하거나 건강과 안전에 위협을 느끼지 않고, 셰릴 샌드버그(Sheryl Sandberg)가 "린 인(lean in)"하라고 강조했듯 적극적으로 달려들어야 한다.

5장
당해도
싸다고?

Be
Fierce

미스 아메리카 활동의 일환으로 여러 사람들을 만나던 시절, 나는 외설적인 시선을 받는 데 익숙해져야 했다. 내가 이뤄낸 성과가 아니라 "신체 사이즈"로 남들에게 소개되는 게 어찌나 싫던지! 게다가 나는 일생 바이올린 실력으로 평가받아왔기 때문에, 내 가치가 순전히 외모에 달려 있다는 사고방식이 무척 불편했다. 완벽함을 요구하는 대중의 눈에 나는 부족한 사람이었다. 많은 이들이 "이상적인 미국 여자"라면 더 훤칠하고, 호리호리하고, 예쁘고, 착해야 한다고 말했다. 그런 말을 들으면 보통은 어깨를 으쓱하고 마음에 담아두지 않았다. 상처를 입거나 환멸이 날 때도 있었지만, 이 분야에서 일하는 이상 어쩔 수 없다고 생각했다. 미스 아메리카 주최 측으로부터 좀 더 미소를 띠고 "친근하게" 굴라는 조언을 받고 얼굴이 화끈거렸던 기억이 생생하다. 나는 샅샅이 살펴보고 마음껏 평가해도 되는, 벽에 걸린 그림과 다를 바 없었다. 미스 아메리카 시절 내가 경험한 일들은 잘못된 믿음에 뿌리를 두고 있다. 남들 앞에 나서는 여성들 중 일부는 기꺼이 성희롱을 당하고 싶어 한다는 믿음, 여성들은 성적인 대상으로 취급받길 원하므로 성희롱을 하는 사람들에겐 잘못이 없다는 믿음 말이다.

여성이 성희롱을 당했다고 밝히면 제일 먼저 가장 흔하게 일어나는 일은, 가해자로 지목된 사람이 피해자 여성의 신빙성을 깎아내릴 방법을 찾아 나서는 것이다. 회사가 이 일에 발 벗고 나서기도 한다. 성희롱을 당한 여성에게도 잘못이 있다고 주장하거나, 무엇이든 미심쩍은 건수를 잡을 때까지 잔인하게 과거를 헤집는다. 여성에게 기대되는 흠결 없이 순수한 처녀성은 이상적으로 포장된 여성성의 한 형태인 동시에, 아이러니하게도 성희롱으로 가는 문을 활짝 열어준다. 나는 미스 아메리카로서 모두가 떠받드는 이상이 되는 경험을 해보았다. 그런데 이상화는 그 자체로 여성에게서 힘을 빼앗는 행위다. 이상으로 떠받들어지던 시기에 나는 종종 자주적이지 못하고 존중받을 가치도 없는 사람으로 취급받곤 했다.

미스 아메리카 활동 기간이 거의 끝나가던 어느 날, 방송 업계의 중역이 내게 만나고 싶다는 뜻을 비쳤다. 나는 내 재능과 잠재력이 그의 눈길을 끈 모양이라고 짐작하고 약속 장소인 뉴욕으로 갔다. 그는 최고의 시청률을 자랑하는 TV 프로그램 제작자들이 모인 자리에서 내가 뛰어난 재능을 가졌다며 추켜세웠고, 나는 기분이 들떴다. 내 가능성을 믿어주는 사람이 있어서 참 행운이라고 생각했다. 일과를 마무리한 뒤 저녁 식사 자리에서 그는 아버지처럼 여러 조언을 건네주었다.

식사를 마친 뒤 그는 내가 머물고 있던 친구의 아파트까지 데려다주겠다고 제안했고, 우리는 운전사가 모는 그의 차 뒷자리에 나란히 탔다. 그에게 나쁜 뜻이 있으리라고는 상상도 못했다. 하지만 목적지에 거의 도착했을 때, 그가 갑자기 나를 덮치더니 억지로 입을 맞추고 혀를 목구멍까지 집어넣었다. 나는 충격에 휩싸였고, 겁에 질려 그의 손아귀에서 벗어나고자 몸부림쳤다. 숨을 헐떡거리면서 운전사에게 차를 멈춰달라고 가까스로 부탁하고서, 구르듯이 차에서 내려 아파트로 달려갔다. 건물에 들어섰을 때 나는 울고 있었다. 바보가 된 기분이었다. 불안하기도 했다. 대체 그가 왜 그런 짓을 했을까? 나는 또 왜 그렇게 멍청했을까? 그가 정말로 내 재능에만 관심을 보일 거라고 믿다니, 바보 아닌가?

오늘 나는 비슷한 상황에 처한 적이 있는 젊은 여성들과 대화를 나눈 덕분에 이 질문의 답을 안다. 자신감 넘치고 포부가 큰 젊은 여성이 타인의 표리부동한 태도를 감지하기란 어렵다. 여성들은 호의적으로 느껴지는 상황에서는 경계를 누그러뜨리고, 또 스스로를 가치 있는 사람으로 보는 만큼 남들에게도 당연히 그렇게 여겨지리라고 생각한다.

뉴욕에서 사건을 겪고 얼마 지나지 않아 나는 또 다른 사람을 만나게 되었다. 로스앤젤레스에 기반을 둔 홍보 업계의 핵심 인사였다. 그는 내가 미스 아메리카로서 활동한 경험이 미디어 업계에서 커리어를 시작하는 데 얼마나 도움이 되는지 열변을 토했고, 나는 기쁜 마음으로 경청했다. 나는 미스 아메리카로서 대중 앞에 나서는 일을 즐겼다. 특히 강연과 발표가 재미있었다. 미디어 업계에 내 천직이 있지 않을까 생각하던 참에 기회가 온 것이다. 회의는 더없이 좋은 분위기에서 마무리되었고, 나는 저녁 식사를 하러 가자는 제안에 별 생각 없이 응했다. 그런데 차에 타자마자 그가 내 뒤통수를 붙잡더니, 거칠게 내 얼굴을 자기 사타구니로 파묻는 게 아닌가. 숨도 못 쉴 지경이었다. 나는 애써 그를 밀쳐내고 차에서 내려 있는 힘껏 달아났다. 속이 메슥거렸다. 나는 다시 한 번 자문했다. 왜 이런 일이 일어났을까?

회고록 《현실 직시(Getting Real)》를 쓴 2015년까지 나는 두 사건에 대해 아무에게도 말하지 않았다. 왜냐고? 내게 불평할 권리가 없다고 생각했기 때문이다. 원치 않는 관심을 자초했다고 생각했기 때문이다. 두 사건은 내게 당혹감과 수치심까지 안겨주었다. 누가 내 말을 믿겠는가? 나는 어떤 통계에 속하고 싶지 않았고, 스스로 극복해낼 수 있을 거라고 생각했다. 내가 단지 포식자에게 당했을 뿐이며 가해자의 행동이 내 책임이 아니라는 사실을 당시에는 몰랐다. 솔직히 말하자면, 내가 당한 일을 뭐라고 불러야 할지도 감이 오지 않았다. 친구가 "네가 당한 건 성폭력이야!"라고 선언하는 걸 듣고서야 뒤늦게 깜짝 놀랐다. 지금 생각하면, 처음에 내가 그 사건을 있는 그대로 성폭력이라고 부르지 못한 것이 의아하다. 여성들은 어째서 끔찍한 경험을 다른 것으로 위장하려고 할까? 우리 여성들은 당당하게 문제 제기를 할 수 없으면, 아무 일도 일어나지 않은 척하기를 택한다. 눈에 보이지 않으면 머리에서도 지워진다, 살다 보면 다 잊힌다, 그런 말을 믿으면서.

조금 더 나이를 먹고 현명해진 지금이라면 아마도 그 남자들이 좋지 않은 의도를 가졌음을 눈치챌 수 있을 것이다. 그러길 바란다. 하지만 상대방의 의도가 항상 분명히 드러나지는 않는다. 분명한 것은, 일터에서 만난 권력자에게 성폭력을 당하면 눈 깜짝할 사이에 자신감이 썰물처럼 빠져나간다는 사실이다. 자신이 누구인지 의문을 품게 되고, 상처 입은 상태에서 모든 것을 다시 쌓아올려야 한다고 느낀다.

상처는 시간이 흘러도 말끔히 사라지지 않는다. 성폭력을 당한 여성들은 일종의 PTSD에 시달린다. 내가 두 번째 사건을 겪고 20년이 흐른 뒤의 일이다. 성숙하고 당당한 여성이자 성공한 방송인으로서 방송국에서 일하고 있던 나는 20년 전 내 머리를 자기 사타구니에 처박았던 그 남자가 내 사무실 문 앞을 지나가는 모습을 목격했다. 우리 회사 사람을 만나러 온 것이다. 나는 즉시 공황 상태에 빠져서 문을 쾅 닫고, 그가 떠난 게 확실해질 때까지 사무실에 숨어 있었다. 땀이 삘삘 흘렀고, 제정신을 차릴 수 없었다. 마치 사건이 일어난 바로 그 순간으로 돌아간 듯했다. 20년이나 지난 뒤에도 나는 그 남자 앞에서 여전히 무력했다. PTSD는 힘이 세다.

미스 아메리카 활동 기간이 끝나고 나는 다시 스탠포드대학교로 돌아가 학업을 재개했다. 편한 옷을 입고 화장을 하지 않은 익명의 학생으로 살 수 있다는 사실이 어찌나 위안이 되었는지 모른다. 유명세와 모든 상황에서 "완벽"해야 한다는 압박을 가뿐히 털어버린 나는 시나브로 내가 남들 앞에 전시되면서 느낀 불편함에 대해 숙고하기 시작했다. 이 세상에서 여성으로 산다는 것의 진짜 의미를 알고 싶어서 페미니즘 연구 강의를 수강했다. 그 강의에서 나는 미스 아메리카로 살면서 생각하게 된 것들을 표현했다. 수강 중 제출한 이 리포트에서 내 관점이 드러난다.

나는 지난 1년간 매우 가치 있는 시간을 보냈다. 하지만 이 리포트에서는 그 시기를 돌이켜보며 내가 잃었다고 느낀 것들에 초점을 맞추고자 한다. 미스 아메리카로 살면서 나는 남성들의 세계에서 여성이 매일같이 느끼는 열등감을 극심하게 느꼈다. 보통 여성들은 자신의 감정을 통제하고, 여성이 하도록 정해진 일을 고수하고, 감정 노동을 하고, 남성들을 섬겨야 한다는 기대를 받는다. 미스 아메리카는 이 기대를 정말로 실현시키라고 요구받는다. 미스 아메리카는 존중받지 않아도 괜찮은 사람으로 여겨진다. 모르는 사이에, 나는 여성에 대한 남성의 진짜 인식을 투사할 수 있는 대상이 되어 있었다.

미스 아메리카 이전에 나는 한 번도 스스로를 "백치 미인"이라고 생각하지 않았다. 남들에게 그렇게 보일 거라는 상상도 하지 않았다. 하지만 미스 아메리카로 산다는 건 이따금 백치 미인으로 산다는 것과 동의어로 느껴졌다. 좀 더 구체적으로 말하겠다. 솔직히 말해 나는 미스 아메리카로 뽑힌 덕분에 대단히 많은 기회를 얻었고, 미스 아메리카 제도 자체를 비난할 의도는 없다. 하지만 미스 아메리카로 활동하면서 나는 우리 문화를 직시하게 되었다. 내가 미스 아메리카 대회에 나갔다는 사실이 어떤 사람들에겐 내가 스스로를 대상화하는 데 동의하고, 심지어는 성폭력을 당하는 데에도 동의했다는 뜻으로 해석된다는 현실과 맞닥뜨렸다. 그들은 내가 모든 걸 자초했다고 말한다. 그런 상황에서, 내가 권력자들에게 성폭력을 당했다고 공론화했다면 어떻게 되었을까? 내가 먼저 꼬리를 쳤다고 누명을 덮어썼을 게 분명하다. 어떤 옷을 입고 있었습니까? 무슨 말을 했죠? 방송계에서 일자리를 얻기 위해 무엇까지 할 수 있습니까? 아니면 사람들은 내가 수영복을 입고 무대에 선 적이 있기 때문에 그런 일을 당해도 싸다고 생각할지도 모른다. 그러나 그건 진실이 아니다. 작가 마지 피어시(Marge Piercy)가 〈회색 플란넬 성희롱 정장(The Grey Flannel Sexual Harassment Suit)〉이라는 제목의 시에서 생생하게 묘사했듯 현대 여성은 누구나 비난의 대상이 될 수 있다.

성희롱을 당한 여성은

정장을 입은 처녀여야 하며

자동차 주행거리는 고작 1만 마일

매주 일요일에 교회를 오간 거리가 전부다

먼지 한 점 없는 그녀의 집은

염소 눈물로 표백되어 있다.

유명세를 노릴까, 피해자일까?

미국 대선 선거 운동 기간이었던 2016년 10월 7일, 2005년에 〈액세스 할리우드(Access Hollywood)〉 녹화를 위해 방송국을 찾은 도널드 트럼프가 아주 천박한 말투로 여자에게 접근하는 방식을 이야기하며 으스대는 영상이 공개되었다. 자신이 유명인이라서 마음대로 "보지를 움켜쥘" 수 있다는 그의 발언은 모든 사람의 뇌리에 깊게 새겨졌다. 이 영상을 계기로, 지금껏 트럼프에게 성희롱이나 성폭력을 당한 여성들이 침묵을 깼다. 많은 피해자가 용감하게 나섰다. 그가 허락을 구하지 않고 두 차례 키스한 미스 USA 대회 참가자, 비행기에서 몸을 더듬은 여자, 트럼프 타워 엘리베이터 안에서 키스한 접수원, 미스 틴 USA 대회 중 갑자기 문을 열고 들어와 옷 갈아입는 모습을 지켜본 참가자, 거부 의사를 밝혔는데도 키스하고 몸을 더듬은 〈어프렌티스 (Apprentice)〉 참가자 등등. 주간지 《피플(People)》의 기고자는 트럼프 부부를 인터뷰하러 마러라고 리조트에 갔다가 성폭력을 당했다고 밝혔다. 트럼프는 이 치열한 고발들을 유명세를 노린 거짓말이라며 철저히 묵살했다. 영상에 찍힌 트럼프의 발언도, 피해자들의 증언도 선거에 영향을 미치지 못했다. 정치는 그렇다 쳐도, 대답 없는 질문이 여럿 남았다. 트럼프에게 성폭력을 당했다고 주장한 여성들이 믿음직스럽지 못했는가? 대중은 여성들이 거짓말을 하고 있다는 트럼프의 주장을 믿었는가? 아니면 이도저도 아니고 그냥 무관심했는가?

여성들이 단지 유명세에 눈이 멀어 거짓말한다고 믿는다면, 노이즈 마케팅을 원하는 사람과는 거리가 먼 전직 작가 나타샤 스토이노프(Natasha Stoynoff)를 소개하고 싶다. 나타샤는 저널리스트로서 성실한 커리어를 쌓았고, 베스트셀러 책과 극본을 쓴 작가이기도 하다. 2016년, 그녀는 성희롱을 당하고 11년이 지났음에도 고심 끝에 대중 앞에 나서겠다고 결정했다. 내가 나타샤를 만난 2017년 대선 선거 운동 기간에 그녀는 다시 삶의 중심이 된 그 사건으로 인해 녹초가 되어 있었다.

나타샤의 설명에 따르면 자초지종은 이러하다. 나타샤는 《피플》소속으로 몇 년 동안 트럼프 취재를 담당했고, 심지어 도널드 트럼프와 멜라니아 트럼프 부부의 결혼식에도 참석했다. 2005년 12월, 나타샤는 두 사람의 결혼 1주년 인터뷰를 하기 위해 마러라고 리조트로 향했다. 당시 멜라니아는 임신 7개월이었다. 나타샤의 눈에 두 사람은 상당히 행복해 보였다. 트럼프는 뿌듯한 얼굴로 아내에게 애정을 표현했다.

멜라니아가 사진 촬영을 위해 옷을 갈아입느라 인터뷰가 잠깐 중단된 사이에 일이 벌어졌다. 트럼프, 멜라니아, 나타샤 세 사람이 함께 자주 만났으며, 친구까지는 아니었을지언정 우호적인 관계였음을 기억하자. 세 사람은 어느 정도 편안한 사이였다. 그래서 나타샤는 맨션을 구경시켜주겠다는 트럼프의 제안을 별생각 없이 받아들였다. 트럼프는 특히 어떤 방이 "대단하다"면서 꼭 보여주고 싶다고 우겼다. 트럼프를 따라 그 방에 들어가면서 나타샤는 무언가 잘못될 거라고는 상상도 못했다. 하지만 트럼프는 방문을 닫자마자 나타샤를 벽으로 밀어붙이고 강제로 키스했다.

나타샤는 11년 후 《피플》에 기고한 글에서 그 상황을 묘사했다. "나는 키가 크고 건장한 여자이며, 거구의 두 형제와 몸싸움을 하면서 자랐다. 권투 선수 마이크 타이슨과 스파링을 한 적도 있다. 날 제압하는 일은 쉽지 않다. 하지만 트럼프는 나보다 덩치가 훨씬 크다. 무시무시할 정도다. 무방비 상태에서 기습을 당한 나는 놀라서 몸의 균형을 잃었다. 정말이지 충격적인 일이었다. 내가 그에게서 벗어나려고 버둥거리던 중, 다행히 트럼프가에서 오래 일한 집사가 방 안으로 들어왔다." 집사는 곧 멜라니아가 내려올 테니 인터뷰를 다시 시작할 수 있다고 알렸다.

인터뷰가 이루어진 수영장 옆 테라스로 돌아갔을 때, 나타샤는 극심한 충격에 시달리고 있었다. 오랜 세월이 지나 그녀는

나는 더 이상 침묵하지 않기로 했다

내게 털어놓았다. "역겨웠어요. 저는 그곳에 직업인으로서 가 있었습니다. 그도 저를 프로로 볼 거라고 생각했어요. 능력 있는 기자라는 인상을 주고 싶었죠. 하지만 그 순간 트럼프는 저를 성적 대상 이상이 될 수 없는 존재로 격하시켰어요. 그것이 저에게 가장 큰 상처였습니다. 가치 없는 사람이 된 기분이었어요."

트럼프는 아내가 돌아오기 전에 마지막 한 방을 날렸다. 나타샤가 떨리는 손으로 마이크를 점검하고 있는데, 트럼프가 그녀 쪽으로 상체를 기울이며 말했다. "우린 곧 애인 사이가 될 거야. 안 그래?" 트럼프는 확신에 찬 말투로 나타샤를 농락했다. "피터 러거스 레스토랑에서 스테이크 먹어본 적 있어? 내가 데려가줄게. 분명히 말하는데, 나랑 자게 될 거야."

나타샤는 프로답게 인터뷰를 끝마쳤다. 억지로 미소 짓고 평소처럼 행동했다. 그리고 호텔 방에 돌아가자마자 울음을 터뜨렸다. "마치 슬픔의 다섯 단계 같았어요. 충격 받고, 눈물을 쏟고, 제 힘을 빼앗은 그에게 분노하고, 내가 뭘 잘못했나 자책하고, 마지막으로 공포에 빠졌죠. 그에게 앙갚음을 당하면 어쩌나 하는 걱정이 들었습니다. 제가 이 일을 문제 삼으면 일자리를 보전하기 어려울 것 같았어요."

그날 밤, 그녀는 대학 시절 가르침을 받은 교수와 통화를 하다가 모든 이야기를 털어놓았다. 교수는 침묵을 지키라고 조언했다. 트럼프는 대단한 권력자고, 그의 잘못을 까발렸다가는 심각한 문제에 휩쓸릴 수 있었다.

뉴욕의 집으로 돌아온 나타샤는 어떻게 하면 좋을지 깊이 숙고했고, 답을 찾고자 가까운 친구와 동료 몇몇에게 조언을 구했다. 스캔들의 한복판에 서고 싶지는 않았다. 애초에 대중에게 공개하고 싶지가 않았다. 트럼프의 아내를 보호하고 싶었다. 나타샤는 말했다. "저는 멜라니아에게 매우 신경이 쓰였어요. 그녀의 삶에 상처를 입히고 싶지 않았죠."

트럼프의 행복한 결혼 생활을 취재한 《피플》이 발매되었고, 트럼프는 나타샤에게 아주 멋진 기사이며 매우 훌륭하다고 칭찬하는 내용의 음성 메세지를 남겼다. 나타샤는 대중에게 트럼프의 행동을 알렸을 경우 그의 반응이 어떻게 달라졌을지 통감했다.

나타샤는 트럼프 취재 팀에서 빠졌다. 결국 커리어가 희생된 것이다. 몇 달 뒤, 나타샤는 맨해튼 길거리에서 멜라니아와 마주쳤다. 멜라니아는 아기 배런을 안고 있었고, 나타샤를 반기며 포옹했다. "나타샤, 왜 요즘은 통 볼 수가 없어요?" 멜라니아의 질문에 나타샤는 답할 말이 없었다.

삶은 계속되었지만 나타샤는 그날의 사건을 잊지 못했다. 은근하게 타들어가다가 가끔 불길이 치솟는 잉걸불처럼 그 사건은 나타샤를 괴롭혔다. 2016년 즈음에는 이제 과거를 마음속에 묻었다고 생각했다. 그때 〈액세스 할리우드〉 동영상이 전파를 탄 것이다. 나타샤는 분노에 몸을 덜덜 떨면서 트럼프가 빌리

나는 더 이상 침묵하지 않기로 했다

부시에게 으스대는 꼴을 보았다. "일단 키스로 시작해. 자석 같지. 그냥 키스만 하면 돼. 기다릴 필요도 없어. 나는 스타니까 여자들이 내 멋대로 하게 놔둔다고. 뭐든 할 수 있어." 영상을 보는 나타샤의 눈에 눈물이 고였다. PTSD의 한 증상처럼 여겨졌다고 그녀는 말했다. 나타샤는 트럼프의 말을 들은 그 순간, 벽에 밀쳐져 트럼프의 혀가 입안에 들어오던 때로 돌아간 것만 같았다. 이후 대선 토론에서 트럼프는 어떤 여성에게도 허락받지 않고 키스한 적이 없다며 혐의를 부인했다. 나타샤는 속이 메스껍고 분노가 치밀었다. 바로 내가 당한 일인데!

그게 결정적 순간이었다. 나타샤는 입을 열기로 결심했고, 《피플》도 동의했다. 퇴사한 뒤였지만 전 동료들의 지지가 뒤따랐다. 나타샤는 2016년 10월 《피플》에 한 편의 에세이를 실어, 2005년 마러라고 리조트에서 어떤 일이 있었는지 폭로했다. 트럼프 지지자들은 나타샤가 선거 기간을 틈타 유명세를 노리고 거짓말한다고 헐뜯었지만, 적잖은 친구와 동료 들이 나타샤가 사건 직후 자신들에게 조언을 구했다며 편을 들고 나섰다. 트럼프의 반응을 보면 진실이 무엇인지 느껴질 것이다. 나타샤의 폭로 이후 웨스트팜비치에서 열린 유세에서 트럼프는 나타샤를 폄하하며 그녀의 주장을 묵살했다. "그 여자가 어떻게 생겼나 한번 보세요……. 말이 됩니까?"

나타샤는 《영혼을 위한 닭고기 수프》시리즈 중 신체에 대해 수치를 주는 문화를 다룬 권의 공동 집필을 막 마무리한 참이었으므로, 트럼프의 대응에 충격을 받지는 않았다. 그녀를 놀라게 한 건 멜라니아의 반응이었다. 멜라니아는 나타샤를 거리에서 본 적이 없다고 주장하며, 변호사를 통해《피플》에 "기사 철회와 사과에 대한 요구장"을 보냈다. 멜라니아는 또한 트위터에 "진실은 이렇습니다. 트럼프 부인은 거리에서 스토이노프 씨와 마주친 적이 없고, 대화를 나누지도 않았습니다. 두 사람은 현재 친구가 아니며 과거에도 친구였던 적이 없습니다. 친밀한 사이로 지내지도 않았습니다. 문제의 시기에 트럼프 부인이 만일 스토이노프 씨를 거리에서 봤더라도 알아보지 못했을 겁니다"라는 글을 올렸다. 나타샤는 멜라니아가 딱했지만, 〈액세스 할리우드〉 영상에 포착된 남편의 말을 남자들이 의미 없이 나누는 '라커룸' 대화일 뿐이라고 두둔하는 데에는 깊이 실망했다. 나타샤는 말했다. "제가 있던 곳은 라커룸이 아니라 일터였어요."

나타샤가 유명세를 노리고 사건을 터뜨렸다는 비난은 사실과 거리가 멀다. 그녀가 원한 것은 존엄성 회복이었다. 많은 여성들처럼 나타샤도 마지못해 이 경기장에 전사로서 나섰다. 그녀는 내게 고백했다. "저는 아직도 그날의 사건을 그냥 없었던 일로 넘기고만 싶어요. 하지만 다른 여성들에게 우리가 목소리를 낼 수 있다는 걸 알려주고 싶기도 합니다."

〈액세스 할리우드〉 영상이 퍼져나가고, 나타샤와 같은 피해자 여성들이 목소리를 내기 시작하자 사람들은 눈길을 다른 데로 돌렸다. 나는 그러지 않았다. 물론 내가 직업상 이 이슈와 가

나는 더 이상 침묵하지 않기로 했다

깞기도 했지만, 부모로서 아이들에게 무언가를 가르치고 싶었기 때문이다. 다른 수백만 명의 부모들이 나처럼 느꼈기를 바란다. 우리 아이들에게 눈과 귀가 있다는 사실을 언제까지나 모른 척할 수는 없다. 아이들도 화제가 되는 사건에 대해선 다 안다. 이야기를 풀어나가기가 쉽지는 않았다. 하지만 나는 아이들에게 분명히 말했다. "다른 사람을 그렇게 대해선 안 된단다." 그리고 우리는 어째서 그런 행동이 용인되지 않는가에 관하여 대화를 나누었다. 그나저나 우리 대화는 정치와는 전혀 관련이 없었다! 나는 단지 아이들에게 타인을 존중하고 타인에게 존중받아야 한다는 올바른 교훈을 전하고자 애썼다.

"당신에게 그럴 권리가 있나요?"

스탠드업 코미디언 헤더 맥도널드(Heather McDonald)는 거친 위트와 할 말은 해야 직성이 풀리는 신랄한 성격으로 잘 알려져 있다. 이 사실을 언급하는 까닭은 헤더 본인이 내게 이렇게 말했기 때문이다. "저는 19금 유머로 성공한 코미디언입니다. 그런 제가 어떻게 성희롱을 당하냐고요? 그건 창녀가 어떻게 강간당하냐는 질문과 똑같아요." 우리 사회에는 누구에겐 말할 권리가 있고 누구에겐 없다는 고정 관념이 있다. 그게 우리가 헤더의 이야기에 귀를 기울여야 할 이유다.

헤더의 이야기는 그녀가 코트사이드 엔터테인먼트그룹 산

하 채널 팟캐스트원에서 〈쥬시 스쿱(Juicy Scoop)〉이라는 제목의 방송을 하게 되면서 시작되었다. 73세의 회장 놈 파티즈(Norm Pattiz)가 주기적으로 스튜디오를 찾았다.

헤더가 말했다. "스튜디오 분위기는 누가 봐도 수상했어요."

파티즈는 한번은 회의에 총을 가져와서 자기가 로스앤젤레스 명예 보안관이라며 으스댔다. 하지만 그보다 불편했던 건 성적인 접근이었다. 그는 자주 음담패설을 던졌고, 헤더를 만날 때마다 자신을 꼭 껴안아달라고 요구했다. 처음에 헤더는 그런 불편한 행동들이 나이 든 사람의 특징이라고 생각하고 넘겼다. 짜증나지만 기본적으로는 무해한 사람이겠거니 생각했다. 물론 헤더는 자기도 모르는 사이에 파티즈의 행동에 상당한 스트레스를 받고 있었다. 팟캐스트원을 떠난 뒤에야 그곳 분위기가 얼마나 끔찍했는지, 벗어나서 얼마나 기쁜지 실감했다고 그녀는 말한다.

참을 만큼 참은 헤더의 인내심은 메모리폼 브라 광고를 찍던 날 무너졌다. 촬영 중간에 파티즈가 스튜디오 문을 두드리더니 헤더의 팟캐스트 방송이 요즘 인기라며 칭찬을 건넸다. 헤더는 광고를 마저 찍어야 한다고 말했으나, 파티즈는 개의치 않고 스튜디오에 들어와 어슬렁거렸다. 헤더는 안절부절못했고, 심지어는 겁이 났다. 헤더는 더듬거리며 말했다. "회장님 때문에 불편하네요. 저는 촬영을 더 해야 하거든요."

파티즈가 말했다. "잠시만. 내가 자네 가슴을 한번 받쳐봐도

나는 더 이상 침묵하지 않기로 했다

되겠나?"

헤더가 외쳤다. "아니요!"

파티즈는 자기 손이 "메모리폼으로 되어 있다"면서 두 손을 내밀었다.

"저는 그를 밀쳐냈습니다. 너무 당황해서 헛웃음이 나왔어요. 그렇지만 동시에 겁에 질려 있었죠."

그날 오후 헤더는 파티즈에게 전화해서 팟캐스트를 그만두겠다고 말했다. 수익이 충분히 나지 않아서라고 이유를 둘러댔다. 파티즈는 헤더의 결정을 쉽게 받아들이지 않았다. 팟캐스트원 채널은 헤더의 팟캐스트 제작에 책임이 있었고, 파티즈는 쉽게 헤더의 계약을 해지해줄 의향이 없었다.

파티즈의 계속되는 괴롭힘에도 불구하고 헤더는 사람들에게 팟캐스트원을 떠나는 진짜 이유를 말하지 않았다. "아는 사람들은 그러더군요. '아무 말도 하지 마. 그 사람, 널 망가뜨릴 거야.' 그래서 그 일을 비밀로 했습니다."

파티즈는 마침내 다른 회사에서 팟캐스트를 재개해도 된다고 허락했고, 일은 그렇게 마무리되는 듯이 보였다. 그렇지만 나를 비롯해 많은 여성들이 성폭력을 고발하는 모습을 본 헤더는 자신에게도 일어서서 진실을 말할 기회가 있다고 느꼈다. 그녀에게는 무기가 있었다. 바로 그날 스튜디오에서 벌어진 대화를 녹음한 테이프였다. 그래서 헤더는 대담하게 팟캐스트 방송 중에 녹음본을 틀었다. "메모리폼으로 되어 있"는 손 운운하는 파티즈의 발언을 청취자들에게 직접 들려준 것이다. 팟캐스트를 들은 사람들은 헤더가 파티즈에게 지극히 불편한 감정을 내비쳤음을 느낄 수 있었다. 헤더가 들고 있는 증거는 강력했다.

그날 파티즈에게서 이메일이 왔다. "그냥 농담이었어. 기분 나빴다면 미안해."

헤더의 과감한 행동에는 여파가 따랐다. 공연 몇 개가 취소되었고, 팟캐스트원 방송에는 영영 출연하지 못하게 되었다. 헤더는 말했다. "어떤 사람들은 '파티즈가 했다고 추정되는' 말을 방송에 내보냈다며 저를 비판하더군요. 표현이 참 우습지 않아요? 그 사람이 하는 말을 녹음했는데 추정이라니!" 하지만 대부분의 반응은 긍정적이었다. 헤더에게서 용기를 얻어 피해 사실을 밝히는 사람들이 나타났다. "진실을 말한다는 선택은 인기가 있었어요." 헤더가 말했다. 홍보 담당자는 헤더에게 그날의 사건을 남들 앞에서 밝히지 않는 편이 좋겠다고 조언했다. "이 사건으로 이름을 알리는 건 당신의 커리어에 좋지 않아요." 하지만 헤더의 생각은 다르다. "저는 소녀들에게 그렇게 알려지는 게 기뻐요."

아까 질문을 하나 던졌다. "19금 유머를 일삼는 코미디언도 성희롱을 당할 수 있는가?" 대답은 "물론이다."

나는 헤더의 태도가 멋지다고 생각하며, 그녀를 100퍼센트 지지한다. 헤더의 말이 맞다. 여성이 스스로 잘못했다고 느끼거나 숨어버릴 이유가 있는가? 진실을 말하고 문제를 제기하는 행

나는 더 이상 침묵하지 않기로 했다

동은 부정적으로 여겨질 것이 아니라, 존경받아 마땅하다. 나도 그런 일을 당했다. 나도 그런 일로 이름을 알렸다. 그 결과 내가 어떻게 되었냐면, 젊은 세대의 역할 모델로 등극했다. 정정당당하게 항의하는 전사들에게 존경을 보내자! 나는 젊은이들에게 큰 영향력을 발휘하고 있는 인기 영화감독 리나 더넘(Lena Dunham)에게서 감동적인 메시지를 받았다. "당신의 용기에 놀랐습니다. 당신이 이 흐름을 일으켜줘서 정말 고맙습니다. 기운이 나지 않을 때면, 당신이 얼마나 많은 여성을 이끌고 있는지 생각해주세요. 그들 모두가 당신을 지지합니다. 항상 당신의 편인 리나로부터."

양쪽 입장을 들어봐야지

성희롱 사건이 벌어지면 꼭 "그건 그 여자 말이고, 남자는 다르게 말하던데"라며 중립적인 척하는 사람들이 있다. 나는 그런 작태를 경멸하기에 이르렀다. 이 편리한 공식에서 피해자는 가해자와 동등하게 취급된다. "양쪽 입장"이라는 말은 직장 내 성희롱을 사소한 문제로 만든다. "양쪽 입장"이라는 말은 "어차피 아무도 안 믿을 테니까 괜한 짓 하지 말아요"라는 말과 동의어나 다름없다. 이 말은 여성을 믿음직스럽지 못한 사람으로 취급한다. 가장 나쁜 건, 많은 경우에 사람들이 정말로 가해자의 말을 믿는다는 사실이다. 충성심 때문에, 일자리를 잃을 두려움 때문에, 분노 때문에 사람들은 현실을 부정한다. 구체적인 증거가 없으면 사건은 그렇게 흐지부지된다.

캘리포니아의 유망한 광고 회사에서 제작 감독 보조로 일하며 꿈을 펼치고 있던 젊은 여성 탐라의 이야기를 들어보자. 그녀에게는 실력이 있었고, 업계에서 성공할 수 있다고 굳게 믿었으며, 언젠가 감독이 될 날을 꿈꿨다. 상사는 좋은 멘토였다. 입사 1년 차까지는 모든 것이 순조로웠다. 어느 날 사내 파티가 끝나고 상사가 집까지 차를 태워주겠다고 하기 전까지는. 차까지 걸어가던 중 상사가 그녀에게 잠자리를 제안했다. 탐라의 머릿속을 처음 스친 생각은 '망할, 지금까지 해온 노력이 이렇게 물거품이 되는구나'였다. 그 직감은 무섭도록 들어맞았다.

탐라는 상사에게 무척 정중하게 거부 의사를 밝혔지만, 그는 계속해서 성적인 행위를 제안했다. 탐라는 말했다. "언젠가는 끝나겠지 했지만 아니었어요. 보다 못해 저 스스로에게 꽃다발을 보내서 남자 친구가 있는 척을 했는데도 변함없더군요." 상사에게는 어떤 수단도 통하지 않았다. 결국 탐라는 상사에게 직접적으로 불편을 호소했다. 그날 이후 상사는 그녀에게서 등을 돌렸다. "모두에게 제가 정신 나간 거짓말쟁이라고 헐뜯고 다녔어요." 상사는 탐라의 평판을 망치려고 작정한 사람 같았다. 다른 직원들도 그의 체계적인 거짓말에 넘어가 탐라를 전염병 환자처럼 배척했다. 탐라는 "못돼먹은 년 같으니"라는 말까지 들었다.

나는 더 이상 침묵하지 않기로 했다

이 이야기에는 반전이 있다. 탐라가 마침내 인사과에 상사를 신고하자, 인사과에서는 탐라의 말을 믿고 상사를 해고했다. 하지만 상황은 오히려 악화되었다. 동료들이 여전히 탐라를 믿지 않았던 것이다. 탐라는 모두의 존경을 받는 남자를 무너뜨린 거짓말쟁이 취급을 받았다. 하지만 인사과에서는 다른 직원들이 탐라를 괴롭히는 상황에 무관심했다. 법적 의무를 행했으니 탐라와는 더 볼일이 없다는 태도였다.

해고당한 상사의 빈자리에 채용된 새 제작 감독은 전 상사의 친구였다. 그는 탐라를 완전히 무시했고, 결국 탐라는 그에게 가서 물었다. "제가 그 일로 얼마나 힘들었는지 아세요?" 탐라가 고통에 찬 목소리로 묻자 그가 빈정댔다. "그 친구가 얼마나 힘들었지는 알아요?" 탐라는 적대적인 근무 환경을 버티지 못하고 결국 퇴사했다. 그리고 업계 내 다른 회사에서도 자신의 평판이 엉망이 되었음을 알고 결국 광고계를 떠났다.

하지만 인기인이 연루된 사건은 다르게 풀릴 수도 있다. 아누차 브라운 샌더스(Anucha Browne Sanders)가 전 스타 농구 선수를 상대로 건 소송이 그 예다. 뉴욕 닉스의 영업·마케팅 부문 수석 부회장이었던 브라운 샌더스는 전직 NBA 선수이자 닉스 회장인 아이제이아 토머스(Isaiah Thomas)를 상대로 소송을 걸었고, 사람들은 "양쪽 입장" 운운하며 그녀를 믿지 않았다. 브라운 샌더스는 2004년 토머스가 이사회에 들어간 후 근무 환경이 달라졌다고 주장했다. 브라운 샌더스는 토머스의 접근에 거부 의사를 밝혔지만, 토머스의 행동은 바뀌지 않았다. 그는 브라운 샌더스의 몸을 만지고 천박한 말을 건네며 그녀를 괴롭혔다. 브라운 샌더스를 "년"이라고 불렀고 심지어 창녀라고도 불렀다. 브라운 샌더스는 오랫동안 참았다. 토머스의 행동도 일하면서 극복해야 할 난관의 하나로 생각한 것이다. 거의 일생을 스포츠 업계에서 일한 그녀에게 낯선 경험은 아니었다. 하지만 결국 브라운 샌더스는 토머스가 자신과 함께 일하고 싶지 않아서 그렇게 행동한다고 결론 내렸다. 토머스의 행동은 분명히 그런 메시지를 전하고 있었다. 이제 다른 선택지가 없어진 브라운 샌더스는 닉스의 홈구장인 매디슨 스퀘어 가든의 경영부와 닉스의 소유주에게 성희롱 사실을 고발했다. 그러나 돌아온 답은 둘의 성격 차이로 인해 생긴 문제니 브라운 샌더스가 더 노력해야 한다는 것이었다. 사측에서 아무런 행동을 취하지 않았기에, 브라운 샌더스는 변호사를 선임해 성희롱과 적대적 근무 환경에 대한 소송을 걸었다.

2006년 1월 소송 이후 브라운 샌더스는 해고당했다. 그녀는 토머스와 매디슨 스퀘어 가든에 1000만 달러의 소송을 걸었다. 그녀는 계약서에 강제 중재 조항이 없었기 때문에 배심원 앞에서 정식 심리를 받을 수 있었다. 배심원은 브라운 샌더스의 손을 들어주었다. 2007년 10월 2일 배심원은 브라운 샌더스가 징벌적 손해 배상금으로 1160만 달러를 받아야 한다고 판결했다. 재판 후 브라운 샌더스는 많은 피해자들과 달리 직장을 떠나지

나는 더 이상 침묵하지 않기로 했다

않고 성공 가도를 걸었다. 지금 그녀는 전미대학체육협회 산하 여성농구선수권 대회의 부회장이다.

토머스는 닉스가 끔찍한 연패를 겪은 2008년에 퇴임했고, 2015년에 아이러니하게도 매디슨 스퀘어 가든으로 돌아왔다. 미국 여자프로농구의 뉴욕 연고팀인 뉴욕 리버티의 회장이자 일부 소유주가 된 것이다. 소유권 입찰은 유예되었지만 이 책을 쓰는 지금 그는 여전히 회장직에 있다. 토머스, 매디슨 스퀘어 가든, 그리고 가든의 소유주인 케이블비전 모두 성희롱 잘못을 인정하지 않은 셈이다.

강간 사건에서는 "양쪽 입장" 딜레마가 흔하다. 이따금 대중에 무고 사건이 알려지면 이 딜레마는 더욱 심해진다. 잡지《롤링 스톤(Rolling Stone)》에 실린 버지니아대학교 사건이 그 예다. (2014년 11월《롤링 스톤》에 버지니아대학교 남학생 사교 클럽에서 열린 파티에서 집단 강간을 당했다고 주장하는 허위의 글이 실린 사건—옮긴이) 하지만 사회과학자들에 따르면 강간 신고 가운데 무고일 가능성이 있는 건은 2~8퍼센트에 지나지 않는다(성희롱의 경우는 통계가 없다). 법정에서는 합리적으로 의심의 여지가 없는 증거만 채택되므로, 구체적 물증이 없는 강간 사건은 기소가 어려울 수 있다. 특히 피고가 코미디언 빌 코스비(Bill Cosby)처럼 사랑받는 인물일 경우 이런 현실을 통감할 수 있다. 50명 이상의 여성들이 빌 코스비에게 성희롱을 당했다고 고발했으나, 2017년에 이루어진 성폭력 재판에 나온 이는 앤드리아 콘스탠드(Andrea Constand) 한 사람뿐이었다. 단 한 명의 여성이 그녀의 편에서 증언했다. 펜실베이니아 주법에 따르면 더 많은 증인들이 증언할 수 있지만, 판사는 다른 여성들에게 이야기할 기회를 주지 않았다. 이 법정에서 여성들은 입을 다물어야 했다.

빌 코스비는 매일 법정에 출두할 때 〈코스비 가족(The Cosby Show)〉에서 그의 막내딸 루디 헉스터블 역으로 분했던 배우 케시아 나이트 풀리엄을 대동했다. 피고 측에서는 이렇듯 여성에게 지지받는 모습을 보이는 것으로 자기가 나쁜 사람이 아니라고 주장하는 전략을 택하곤 한다. 방송에는 풀리엄의 인터뷰도 나갔다. "제가 겪은 코스비 씨는 그런 사람이 아닙니다." 그 말이 이해는 간다. 나 역시 젊은 여성이던 미스 아메리카 시절 코스비를 만났고, 그를 더없이 좋은 사람으로 기억한다. 하지만 요점은 풀리엄이나 내가 경험한 바가 기소 내용과는 무관하다는 사실이다. 성희롱과 성폭력을 저지르는 자들이 만나는 모든 사람을 똑같이 대하지는 않는다. 성희롱도 아무한테나 하지 않으며, 때로는 신중하게 대상을 정한다. 우리는 피고가 유죄 판결을 받기 전까지는 무죄를 추정하는 나라에 살고 있지만, 나는 여성에게서 오는 이런 종류의 "응원"이 다른 여성뿐 아니라 남성에게도 잘못된 메시지를 전한다고 생각한다. 불행히도 배심원단은 공소 사실에 대해 의견이 엇갈렸고, 심리 무효가 선언되었다. 그때 나는 여성이 (적어도 일부 배심원에게는) 신뢰받지 못한다는 끔찍한 현실을 다시 한 번 실감했다. 검사는 2017년 11월에 새로 재판하겠다고 고지했다. 다음 재판에서 더 많은 피해자들이 법정에 서서 자기 이야기를 들려줄 수 있을지, 그렇게 되면 재판 결과가 바뀔지 귀추가 주목된다. (2018년 4월 26일 빌 코스비는 다섯 명의 여성이 증언한 재판을 통해 세 건의 성폭력 혐의에 대해 유죄 판결을 받았다—옮긴이)

성스러움의 이름으로

성희롱은 부도덕한 행위다. 그러니 이제 도덕에 대해 이야기해보자. 나는 기독교인이고 신앙의 중요성에 대해 자주 이야기해왔다. 그렇다고 해서 내가 완벽한 교인이라는 뜻은 아니다. 살면서 얼마나 많은 실수를 했는지 모른다. 그리고 성희롱에 연관되면, 꽤 많은 기독교인이 실수를 저지른다. 2008년 기독교인을 대상으로 한 설문 조사 사이트 내셔널 크리스천 폴(NationalChristianPoll.com)에서 공개한 조사에 따르면 기독교인 여성의 4분의 1 이상이 성희롱을 경험했으며, 교회 안에서나 목사에게 당한 경우도 꽤 많았다. 종교 환경이니만큼 실제 성희롱 건수는 이보다 더 많을 것이 확실하다. 10년 전 조사이긴 하지만, 응답 면면을 살펴보면 기독교인 여성이 성희롱에 어떻게 대응하는지 가늠할 수 있다.

성희롱을 경험한 사람 중 50퍼센트는 그 뒤로 가해자를 피했으며, 45퍼센트는 성희롱을 무시했다. 38퍼센트는 대수롭지 않게 넘겼고 31퍼센트는 기도를 했다. 한 여성 목사에 의하면 기독교인 여성들은 남성 교인들의 반감을 살까 봐 부적절한 행동을 당해도 참기 일쑤다.

내가 성희롱 사실을 공개하는 모습을 보고 용기를 얻었다는 한 여성은 내게 보낸 편지에서, 목사이자 상사인 남자에게서 몇 년 동안 성희롱을 당했다고 털어놓았다. 그가 성적인 농담, 원치 않는 포옹, 불편한 시선, 모호한 추파를 반복하며 조성한 분위기가 그녀의 일상이 되었다. 그녀는 이 일을 공론화해야 하는지 망설였다. "종교인이라는 사실 때문에 상황이 이렇게 복잡해질지 몰랐어요. 저는 가능한 한 품위 있게, 가해자에게 연민하는 태도로 대응하고 싶었어요. 그는 그냥 일터에서 그렇게 행동하는 게 부적절하다는 걸 몰랐을지도 모르니까요. (어쨌든 목사이니만큼 같이 일하는 사람들과 가깝게 지내는 데 익숙했을 거예요, 그렇죠?) 하지만 저는 그가 저처럼 '착한 사람'의 품위 있는 태도를 이용하고 있다는 사실을 깨닫지 못했어요. 저는 그가 잘못을 했더라도 공정하게 대해야 한다는 생각에 사로잡혀 있었고, 그의 행동이 성희롱이라는 걸 인식한 뒤에도 신고를 원하지 않았어요. 그와 교회가 입게 될 피해가 턱없이 크다고 생각했거든요."

2016년, 베스트셀러 작가로서 공화당 정치인 세라 페일린(Sarah Palin)의 회고록을 공저한 보수 기독교인 낸시 프렌치(Nancy French)가 10대 시절 목사에게 성폭력을 당했다고 폭로했다. 그녀는 이렇게 적었다. "나는 목사와 단순히 연애를 하는 거라고

나는 더 이상 침묵하지 않기로 했다

스스로에게 일렀다. '아동 성애'라는 단어는 몰랐다. 성폭력은 내게서 올바른 때에 올바른 감정을 느끼는 능력을 앗아갔고, 내가 알아서는 안 되는 것들을 가르쳤다. 위안의 장소여야 할 나의 집은 학대의 현장이 되었다. 옮길 수도 없는 거대한 기둥처럼 수치심이 내 영혼에 굳게 박혔다." 그녀는 내내 그 경험에 대해 함구했다. 자라면서 그녀는 공화당이 자신의 가치를 표현할 수 있는 공간이라고 믿게 되었다. 민주당이 빌 클린턴과 테드 케네디 같은 남성들의 행동을 용인한 반면, 공화당의 도덕적 나침반은 비교적 믿음직스러워 보였기 때문이다.

2016년, 이야기가 달라졌다. "트럼프 동영상이 보도되었을 때, 나는 뉴스와 저명한 기독교인들의 트위터를 주시하며 정의 구현을 기다렸다. 그러나 전개는 지지부진했다. 충격이었다. 사람들은 트럼프를 옹호했다. '남자들은 원래 이런 식으로 말해.' '죄 없는 자만이 그에게 돌을 던지라지.' 강단에서 설교한 가치가 현실에서 무시되는 모습을 보고 나는 혼란에 빠졌다. 한 정당이 최근까지도 지키고 있던 가치를 버리고 트럼프 제국의 한 지부로 거듭나는 광경을 보고 있노라니 기분이 퍽 이상했다."

테네시 시골 마을에서 남편과 아이들과 지내고 있는 낸시를 찾아가 대화를 나누었을 때, 나는 그녀의 강인함과 결의에 감동받았다. 낸시가 홀로 진실을 말했다는 이유로, 특히 트럼프를 지지하지 않는다는 이유로 성인이 되고 대부분의 시간 동안 속해 있던 기독교 보수주의자 공동체로부터 공격받았다는 사실이 슬프기도 했다. "저는 여전히 보수주의자예요. 그런데 공화당이 저를 떠났다고 느낍니다. 둥지에서 쫓겨나, 이제 가족도 거처도 없어진 기분이에요." 그녀는 내게 털어놓았다.

낸시는 현실을 자각하는 순간 깊은 고통을 느꼈다. "저희 당 (공화당)이 성희롱과 성적 학대에 대해 하는 말은 입 발린 소리일 뿐입니다. 우리는 공화당이 하나님을 믿는 당이라고 말하고, 국가라는 강단에서 하나님을 내쫓은 민주당원들을 조롱하죠. 쾌락주의자라며 그들을 비웃고요. 그런데 그 말은 죄다 엉터리예요. 가짜라고요. 저도 거기 넘어갔습니다. 말짱 바보가 된 기분이에요. 이제 제가 속았다는 걸 잘 알았습니다."

낸시는 성폭력을 당하던 시기에 자신이 어떤 일을 당하고 있는지 인식할 개념이나 언어를 배우지 못했다고 말한다. 1980년대 미국 남부 시골 마을 사람들은 여성과 건강에 관련된 문제에 둔감했다. 낸시는 회상한다. "처음 '성희롱'이라는 단어를 들었던 때가 기억나요. 고등학교 때의 일이었습니다. 저희는 미국 촌뜨기였어요. 중학교 1학년 때는 과학 과목이 아예 없는 대신 '수렵 안전'을 배웠죠. 총을 들고 쏘는 법 말이에요. 제가 1학년 중 총을 제일 잘 쐈습니다. 과장이 불가능할 정도로 깡촌이었어요. 그런데 웬 여자가 와서 성희롱이 어떻고 그게 왜 부적절하고 운운하는 이야기를 늘어놓는 거예요. 배꼽이 빠지게 웃었죠. 그런 게 있다는 말도, 그게 잘못됐단 말도 들어본 적 없었으니까요. 그래서 저는 제게 일어난 일을 묘사할 정확한 단어를 알지 못했

나는 더 이상 침묵하지 않기로 했다

습니다."

　　낸시와 대화한 뒤 나는 우리가 처한 불편한 문화적 상황에 대해 숙고해보았다. 편을 정하고 "우리 편"의 행동이 틀렸을 때조차 편을 지키는 것. 나는 강연을 할 때 종종 성희롱이 공화당의 문제가 아니라고 말한다. 성희롱은 공화당의 문제도, 민주당의 문제도 아니다. 가해자가 성희롱을 하기 전에 피해자에게 어느 정당을 지지하느냐고 묻던가? 성희롱은 인간의 문제, 여성의 문제, 남성의 문제다. 모두의 문제다. 그래서 나는 개인적으로 큰 대가를 치를 위험을 무릅쓰고 용기를 낸 낸시 같은 사람들을 마음 깊이 존경한다.

·

6장
강제로
입을 다물다

Be
Fierce

입사하는 순간부터 분쟁에 휘말릴 걸 예상하는 사람은 없다. 대다수는 일자리를 구하고, 월급을 받고, 커리어를 쌓는 장밋빛 미래를 꿈꾸기 바쁘다. 혹시라도 무언가 잘못되면 공정한 환경에서 피해 사실을 밝힐 수 있을까 하는 의문이 머릿속 한 모퉁이에 똬리를 틀고 있을지도 모르지만, 일을 처음 시작할 때는 간과되기 일쑤다. 자, 그렇게 설레는 마음으로 일을 하던 당신이 성희롱이나 성차별을 당했다고 상상해보자. 애써 용기를 내서 신고했지만 심리는 법정이 아닌 곳에서 비밀리에 열리고, 당신의 사건에 대해선 아무도 알지 못한다. 그건 당신이 처음 듣는 단어 때문이다. "강제 중재."

그때 당신은 알게 된다. 고용 계약서의 후미진 구석 어딘가에는, 직장 내에서 분쟁이 처리되는 방식을 이미 정해놓은 조항이 있다. 강제 중재 절차에 따를 경우, 사건을 공개 법정으로 가져가는 경우보다 피해자가 일자리를 잃을 가능성이 더 높고 배상금도 적어진다(조금이라도 받을 수 있다면 말이다). 많은 경우 가해자는 회사 내 직위를 유지할 수 있고, 그가 무슨 짓을 했는지는 아무도 모른다. 강제 중재 조항에서 대개 사건의 세부 사항을 영영 비밀에 부칠 것을 요구하기 때문이다. 정말 불공평하다.

강제 중재라는 이름부터가 꽤나 위협적이지 않은가? 처음엔 누구나 '내게 그런 일이 일어날 리 없어'라고 생각한다. 하지만 나는 강제 중재 조항이 직장에서 벌어질 수 있는 아주 큰 싸움의 핵심이라는 사실을 안다. 오늘날 수정헌법 제1조와 제2조에 대해서는 많이들 이야기한다(종교·언론·출판·집회의 자유와 무기 휴대의 권리에 관한 조항—옮긴이). 그런데 중재 조항에 서명함으로써 수정헌법 제7조에서 보장하는 배심원에 의한 재판을 받을 권리를 포기하게 된다는 사실을 알고 있는가? 내가 이 이야기를 꺼내는 이유는, 우리가 최선의 결정을 내리기 위해 필요한 모든 정보를 알아야 한다고 생각해서다. 작년에 몇몇 의원들이 법 개정을 강력히 요구했고, 나 역시 그들의 편에 섰다.

2017년 3월 7일, 나는 워싱턴 D.C.에 가서 앨 프랭큰(Al Franken) 상원의원이 주최한 기자 회견에 참석했다. 고용 계약과 소비자 계약에서 강제 중재 조항의 불공정한 사용을 막고자 하는 법안인 2017년 중재 공정법을 소개하는 기자 회견이었다. 그 자리에서 나는 사내 강제 중재 조항의 절대 옹호할 수 없는 면모를 증언했다. 강제 중재 조항은 지독한 성차별과 성희롱 분쟁을 잠재우는 데 사용되며, 여성들에게서 법정에서 정의롭게 재

나는 더 이상 침묵하지 않기로 했다

판 받을 권리를 앗아간다.

그 자리에 참석해 중재 조항 폐지를 외친 이들은 프랭큰 상원의원과 버몬트주의 패트릭 레이히(Patrick Leahy) 상원의원, 코네티컷주의 리처드 블루먼솔(Richard Blumenthal) 상원의원, 조지아주의 행크 존슨(Hank Johnson) 하원의원이었다. 이게 그들의 첫 시도는 아니었다. 2015년에도 유사 법안이 도입되었지만 상원에서 기각된 바 있다.

많은 사람이 포퓰리즘적이라고 이름 붙인 정권 아래에서는 이 법안도 포퓰리즘적으로 여겨졌을 것이다. 그게 내가 중재공정법을 당을 초월해 모든 정치인이 힘 쏟는 법안으로 만들고자 애쓰는 이유다. 역사적으로 공화당에서는 중재 조항을 폐지하는 데 우호적이지 않았다. 그러나 이 책을 쓰는 현 시점에 내가 만나본 공화당 상원의원들은 공화당의 힘을 끌어오고자 노력하고 있었다.

자, 지금부터 이 수수께끼의 중재 조항과 그것이 직원에게 미치는 영향에 대해 얘기해보자. 고용 계약서를 살펴보면 대부분의 경우 중재 조항이 있다. 기업에서는 분쟁 상황에서 사측의 책임을 최소화하기 위해 이 조항을 점점 많이 넣는 추세고, 우리는 요양원 계약서와 휴대전화 약정 계약서 등 수많은 계약서에 무감각하게 서명하는 게 습관이 되어 고용 계약서를 샅샅이 읽어볼 생각을 하지 못한다. 알고 보면 중재 조항은 거의 모든 고용 계약서에 존재한다. 중재 조항의 목적은 직원과의 분쟁을 공정하게 조정하기보다는 회사를 보호하는 데에 있다. 계약서에 서명할 때 중재 조항이 존재한다는 걸 눈치채지 못했을지도 모른다. 알아챘더라도 크게 신경 쓰지 않았을지도 모른다. 새로 일자리를 구해 마음이 한껏 부풀어 있을 때, 언젠가 분쟁에 휘말릴 것을 걱정하는 사람이 얼마나 있겠는가?

중재 조항은 계약서에 별 의미 없이 들어가 있는 표준 문안으로 여겨지기도 한다. 회사 안에서 벌어진 일은 회사 안에서 처리해, 이미 포화 상태인 법원의 부담을 덜어주라는 정부 지침 아니겠는가? 표면상으로는 문제될 것 없어 보인다. 소송을 밥 먹듯 하는 우리 사회에서 법원이 얼마나 과중한 업무를 맡고 있는지는 모두 알고 있으니까. 그러나 법적 분쟁에서 최우선 가치가 효율성이어선 안 된다. 최우선 가치는 정의인데, 중재 재판에서는 정의롭지 않은 판결이 내려지는 경우가 태반이다. 그게 강제 중재 조항 폐지를 위한 싸움이 우리 시대의 민권 투쟁에 비견될 수 있는 이유다.

강제 중재 조항에 대한 오해

강제 중재에 대한 오해 몇 가지를 살펴보자.

#1. 중재는 자발적이다

성희롱 피해자가 헌법으로 보장된 권리를 포기하는 데 "동의"했다는 주장은 사실이 아니다. 피해자는 중재 조항이 있는 고용 계약서에 서명하기를 요구받았을 뿐이다. 고용주들은 계약서에 강제 중재 조항을 넣고선, 직원들이 채용의 대가로 권리를 포기했다고 주장한다.

동의서에 서명하지 않으면 해고당하거나 채용이 취소된다는 말을 들은 직원의 선택을 과연 자발적이라고 할 수 있을까? 제니퍼 펄츠에게 물어보자. 펄츠는 일리노이주 록퍼드에 위치한 익스퍼트 글로벌 솔루션즈의 콜센터에서 JP모건체이스 전화 상담 서비스를 담당했다. 2016년 6월, 익스퍼트 글로벌 솔루션즈는 대형 아웃소싱 회사 알로리카에 인수되었다. 펄츠는 인사과 관리자에게 호출되어 "중재 동의"라는 이름의 서류에 서명하라고 지시받았다.

펄츠는 망설였다. 정확히 무엇을 하기 위한 서명인지 잘 이해가 가지 않은 그녀는 인사과 관리자에게 변호사와 먼저 상의해도 되겠느냐고 물었다. 책임감 있는 태도에서 우러나온 합리적인 요청이었지만 인사과 관리자는 퉁명스럽게 30분 안에 서명해야 하며, 만일 서명하지 않을 경우에는 자발적으로 사직하는 것으로 간주하겠다고 을렀다.

어떻게 해야 할지 판단이 서지 않은 펄츠는 다급히 아버지에게 전화를 걸어 조언을 구했다. "어떻게 해야 좋을까요?" 작은 회사를 소유하고 있지만 항상 직원의 권리를 편들어 온 아버지는 펄츠에게 옳다고 생각하는 대로 행동하라고 격려했다. 전화를 끊고 몇 분 뒤 아버지에게서 문자 메시지가 왔다. "서명하지 마라."

펄츠는 동의서에 서명을 거부했고, 인사과에 경찰을 불러달라고 요구했다. 자발적 퇴사가 아니라는 기록을 남기고 싶었던 것이다. 경찰관이 펄츠를 바깥으로 안내했다. 회사에서는 펄츠를 다시 부르지 않았다.

싱글맘으로서 일자리가 절실했던 펄츠로서는 용감한 선택이었다. 펄츠는 전미노동관계위원회에 불공정 노동 관례를 고발했고, 위원회에서는 익스퍼트 글로벌 솔루션즈와 알로리카에 소송을 걸었다. 미디어에 사건이 알려지자 펄츠는 원치 않게 강제 중재를 둘러싼 논란의 얼굴이 되었다. 그녀가 원한 건 일자리와 강제 중재 조항을 계약서에서 빼겠다는 알로리카의 약속뿐이었다. 책을 쓰고 있는 지금, 펄츠의 고용주는 소송에 대해 아직 공식 입장을 내놓지 않고 있다.

권리를 포기한다는 것이 정확히 어떤 뜻인지도 모르는 직원이 권리를 "자발적으로" 포기할 수 있다고 말하는 건 표리부동한 일이다. 일반적인 법적 상황에서 어떤 권리를 포기하는 선택은 귀결이 확실한, 구체적인 사건의 맥락에서 이루어진다. 낸시 에리카 스미스는 이렇게 지적한다. "일자리를 얻는 대가로 헌법에 보장된 권리를 포기하는 데 동의했다고요? 과거에는 이렇게 말하곤 했죠. '아동들이 노동에 동의했습니다.' '직원들이 주 100시간 노동에 동의했습니다.' '이 사람은 시급 25센트를 받는

나는 더 이상 침묵하지 않기로 했다

것에 동의했습니다. 그런데 당신이 무슨 자격으로 최저 임금 얘기를 꺼내는 거죠?' 이런 주장은 항상 있어 왔지만, 우리는 그런 종류의 사회를 원하지 않기에 그 주장들을 넘어섰습니다."

스미스는 또한 강제 중재 조항이 차별방지법의 발전을 막는다고 지적한다. 기록이 남지 않기 때문이다. "차별방지법은 새로 도입된 법이라서 앞으로 더 발전해야 합니다. 그러려면 판례가 필요하죠. 중재는 법정 재판을 막습니다. 전례로 삼을 만한 의견이나 판결이 기록에 남지 않는 거예요. 중재 재판에서는 어떤 임의적인 판결도 가능합니다. 무법 지대와 같아요."

#2. 비밀은 좋은 거다

강제 중재의 가장 큰 문제점 중 한 가지는 전혀 투명하지 않다는 것이다. 앞서 말했듯 절차와 결과 모두 비밀에 싸여 있어서, 누가 누구에게 무엇을 하고 있는지 알 수 없다. 자연히 연쇄적으로 성희롱을 저지르는 사람에게 여성들이 집단으로 맞서거나 해고를 요구하기도 어려워진다. 공적 재판이 막후에서 벌어지는 일들을 훤히 공개하는 것과 정반대다.

성희롱 가해자들은 종종 중재 재판과 비밀 유지 조항 뒤로 숨어버린다. 대중들은 얼마나 많은 고발이 비밀리에 무마되었는지 결코 알지 못한다. 피해자는 푼돈을 얻는 대가로 일자리를 잃거나 때로는 커리어를 송두리째 망치기도 한다.

이 책을 쓰기 위해 여성들과 인터뷰를 하면서 나는 강제 중재 절차의 절망스러운 얼굴과 자주 마주쳤다. 때로 여성들은 중재를 통해 보상금을 받는 대가로 비밀 서약을 해서 자기 이야기를 들려줄 수 없었다. 그들이 결과에 만족했는지, 불공정한 처분을 받았다고 느끼는지 여부는 알 수 없다. 정의가 구현되었는지, 불의가 판쳤는지도 알 수 없다. 어떤 회사와 개인에 법적 책임이 있는지, 얼마나 많은 배상금이 오갔는지도 알 수 없다. 고발당한 가해자가 피해자와 여전히 같은 직장에서 일하고 있는지 여부조차 알 수 없다. 사내 중재 절차에 들어가면 모든 것이 베일에 덮인다. 동료 직원들은 회사나 개인이 얼마나 여러 차례 고발당했는지 알 수 없다. 이는 분명히 다른 사람의 고발을 단념시키는 효과가 있다. 미국은 특히 법적인 문제에서 투명성에 가치를 두는 국가인데, 이런 비밀스러움은 전혀 미국적이지 않게 느껴진다.

강제 중재를 지지하는 사람들은 일을 비밀에 부치는 편이 피해자에게 좋다고 설득한다. 낸시 에리카 스미스는 여성들이 이 말을 믿는 까닭이 수치심 때문이라고 생각한다. 1990년대 초반에 이루어진 레만 대 토이저러스(Lehmann v. Toys'R'Us) 소송에서 성희롱을 당한 원고 테리사 레만(Theresa Lehmann)은 자기 이름으로 소송을 걸었다. 그런데 항소법정에서는 소송에 대한 의견 발표에서 원고의 이름을 이니셜인 TL로 바꿨다. 한 기자가 스미스에게 이에 대한 의견을 묻자 그녀가 답했다. "항소법정의 세 남자는 피해자가 성희롱을 당했기 때문에 수치심을 느껴 마땅하

나는 더 이상 침묵하지 않기로 했다

다고 결정한 모양이에요." 스미스는 여성들이 대중 앞에서 공개적으로 성희롱 소송을 진행하지 않는 한, 여성에게 수치심을 주는 문화가 계속되리라고 믿는다. 그런 그녀가 보기에 젊은 여성들 사이에서 자기가 강간 피해자라고 당당히 밝히는 운동은 박수 받아 마땅하다. "생각을 바꿔야 해요. 성폭력을 당했다고 수치심을 느끼지 말아야 합니다. 성희롱도 마찬가지고요."

강제 중재에서 비밀 유지는 개인이 아닌 회사를 위한 것임을 명심해야 한다.

#3. 중재 재판은 법정 재판과 똑같다

중재인 앞에서 피해 사실을 이야기하는 것은 법정의 판사 앞에서 증언하는 것과 같지 않다. 우선 같은 공간에 당신을 격려해줄 가족과 친구가 없다. 법률 사무소에서 변호사만 대동하고 심리를 진행해야 하는 것이다. 그뿐 아니라 법적인 차이도 상당하다. 증거 개시가 제한적이고, 절차상 법적인 결함이 있더라도 판결에 대해 항소할 권리가 없다.

클리프 팔레프스키는 말한다. "생각해보세요. 사실 관계나 법에 있어 오류가 있다 해도 법정에선 중재 재판의 판결을 집행해야 합니다. 중재인이 실수를 했더라도요! 이건 사법 체계가 아닙니다. 그냥 분쟁 해결 체계인데 사법 체계로 오용되고 오해받죠. 제대로 된 재판과 정반대라고 하는 편이 오히려 옳습니다." 강제 중재에서 제일 나쁜 점은 중재 재판에 들어간 피해자가 자신과 동등한 시민 배심원들 앞에서 심리를 받을 권리를 박탈당한다는 것이다. 성희롱 피해자는 이등 시민이 아니다. 이급 재판을 받아선 안 된다.

한 여성은 내게 계약서에 중재 조항이 있다는 사실을 전혀 몰랐다고 말했다. 글씨가 깨알만 했기 때문이다. 인사과에 성희롱 사실을 신고한 뒤, 그녀는 같이 일하던 동료들에게서 철저히 무시당했다. 이전에 친구로 지내던 이들조차 그녀를 멀리했다. "아무도 제게 말을 걸지 않았어요." 그녀는 갑자기 가치 없는 인간이 된 기분이었다. 항상 훌륭한 성과를 내온 그녀에게는 새로운 경험이었다. 그녀는 몇 주 동안 싸늘한 분위기를 버티다가 결국엔 회사를 그만두고 변호사를 찾아갔고, 그제야 계약서에 강제 중재 절차가 있다는 사실을 알았다.

이 여성은 평생 동안 중재 재판의 결과를 공공연히 말할 수 없다. 그러나 그녀는 사적인 자리에서 내게 그 경험을 생생하게 들려주며, 하루 종일 성희롱 가해자들의 맞은편에 앉아 성난 눈빛을 받아내는 기분이 어땠는지 알려주었다. 법정에서는 피고와 원고를 나란히 앉혀 위협적인 요소를 줄인다. 피해자가 가해자의 그림자에서 벗어날 수 있게 해주는 것이다. 하지만 이 여성은 중재 심리가 대단히 적대적인 분위기에서 이루어졌다고 말한다. 가해자는 그녀가 함께 일했고, 한때 존경했던 사람들이었다! 그들의 사나운 얼굴을 마주한 채 몇 시간을 버티는 일은 고문과도 같았다.

나는 더 이상 침묵하지 않기로 했다

증거 개시 없이는 공정하고 철저한 심리가 불가능하다. 팔레프스키는 지적했다. "증거를 제시해야 할 부담을 지는 쪽은 원고입니다. 증거 개시 없이는 서류에 접근할 수도 없어요. 고용주는 이렇게 말할 수 있습니다. '고객에게서 해당 직원에 대한 항의가 빗발쳤습니다.' 하지만 증거를 제시할 의무는 없어요. 대부분의 경우 교차 검증도 뒤따르지 않고 진술도 없습니다. 사측에서 모든 서류와 증인을 독점하고 있으며, 원고는 그에 손델 수 없죠."

중재 재판의 경험이 법정 재판과 그토록 다르다면 결과도 다를 것이다. 2011년 코넬대학교의 알렉산더 콜빈(Alexander Colvin)이 주도한 연구에 따르면, 중재 재판에서 개인이 승소할 확률은 연방법원에서보다 낮다. 콜빈의 연구 결과, 법원 재판에서 승소한 개인은 36.4퍼센트였는데 중재 재판에서 승소한 개인은 21.4퍼센트에 그쳤다. 똑같이 승소했다 해도 중재 재판에서 승소한 사람들이 받은 배상액이 훨씬 적었다. 법정 재판의 배상액은 평균 17만 6426달러였던 반면 중재 재판에서는 평균 3만 6500달러였다.

#4. 중재는 양측을 똑같이 보호한다

항상 그렇지는 않다. 회사가 거의 모든 면에서 유리하다. 회사는 집단이고 피해자는 개인이기 때문이다. 회사는 중재 재판을 전에도 치러본 적이 있고, 절차에 익숙하다. 피해자 측에서 아무리 훌륭한 변호사를 선임해도 공정한 싸움을 벌이기엔 부족할 수 있다.

중재 재판은 중재인을 선택하는 것으로 시작된다. 중재인 선택에 있어 피해자가 발언권을 갖는 경우가 있지만, 스미스가 지적하듯 선택할 수 있는 중재인은 거기서 거기다. 대부분이 퇴임 판사, 즉 성희롱이 불법조차 아니던 시기에 성장기를 보낸 노인들이다. 그들이 처음 판사석에 앉은 시대에는 노동 인력 가운데 여성이나 소수 인종의 비율이 지금보다 낮았고, 많은 판사들이 대형 로펌 출신이었다. 오늘날에도 국선 변호인이 판사가 되는 경우는 드물다. 그러니 여기엔 애초부터 편향이 있다. 거기에 더해 반복에서 오는 편향도 있다. 특정 기업과 자주 일하는 중재인의 경우, 회사에 우호적인 판결을 내려주면 일거리를 계속 얻을 수 있다. 관계가 형성되는 거다.

잘 알려지지 않은 나쁜 사실 하나를 짚고 넘어가자면, 피해자가 재판 비용을 지불해야 할 수도 있다. 어떤 계약에서는 직원이 중재 절차에 대한 비용을 지불하도록 하는데, 그 비용이 만만찮다. 회사 본부가 다른 주에 있다면 출장 비용도 든다. 사측에서는 법정에 가는 것보다 중재 절차가 더 쉽다고 꼬드기지만, 사실은 중재 절차가 원고에게 훨씬 가혹한 경우가 잦다.

#5. 중재 절차는 선호받는다

"오늘날, 중재 절차가 법정 재판에 비해 선호된다는 잘못된

나는 더 이상 침묵하지 않기로 했다

상식이 퍼져 있습니다." 스미스는 1925년 통과된 연방중재법이 중재 재판을 가능케 한 것은 사실이나, 중재 재판을 배심원 재판보다 낮게 평가하지는 않는다고 지적한다. "배심원 재판은 미국 독립선언문에 언급되었습니다. 헌법에도 언급되었습니다. 중재 재판이 '선호'된다는 거짓 관념은 퇴임 후 중재인으로 돈을 벌고자 하는 판사들이 키운 겁니다. 법률 저널 맨 뒷면은 하나같이 일자리를 찾는 전직 판사들의 광고로 뒤덮여 있죠."

스미스는 오늘날 중재 재판이 이루어지는 방식이 이 절차가 처음 생긴 1925년 중재법의 원래 의도와는 영 다르다고 말한다. 본디 이 절차는 경험이 많은 당사자끼리(일반적인 사업 계약의 두 당사자를 생각하면 된다) 빠른 법적 절차를 통해 합의에 도달하기 위해 둘 다 재판할 권리를 포기하기로 상호 합의하도록 고안되었다. 차별을 당한 피해자를 일방적으로 "합의"로 몰아붙이기 위해 고안된 것이 아니다.

팔레프스키는 사법 체계의 중요성을 이해하고 존중해야 할 판사들이 강제 중재 절차의 핵심에 서 있다는 사실에 특히 분개한다. 판사들은 강제 중재를 편들며, 매일 법정에서 이루어지는 재판을 폄하하고 있다.

잊을까 봐 다시 말하는데, 우리는 헌법으로 권리를 보장받는다. 어떤 중재 합의도 우리에게 법에 명시된 권리를 포기하라고 지시할 수 없어야 한다. 이는 성희롱을 비롯한 차별 사건에서 특히 중요하다. 우리에게 (예를 들어 직장 내에서 성희롱을 당하지 않을 권리처럼) 법으로 보장받는 권리가 있다면, 회사에서 그 권리를 빼앗고 비밀 중재를 강요할 수는 없다.

한 줄기 빛

좋은 소식이 하나 있다. 2016년 케이·재러드 앤드 제일스 (Kay, Jared, and Zales) 귀금속상의 모기업인 스털링 주얼러스 직원 수천 명이 2016년에 건 대규모 집단 소송 결과다. 이 집단 소송은 2008년 처음 이루어진 중재 재판에서 시작되었다. 당시의 고발 내용은 대중에 알려질 가능성이 희박했다. 한 여성은 관리자에게 이런 말을 들었다고 한다. "스털링은 엄중히 보호받고 있어. 내부 해결 프로그램이 있어서 변호사를 고용할 수도 없지. 당신은 승소할 수 없을 거야." 하지만 이제 집단 소송에 참여한 여성의 수가 6만 9000명을 돌파했다. 원고 측 변호사와 회사의 합의하에, 성희롱으로 고발당한 관리자와 중역들의 이름만 제외한 1300쪽짜리 선서 진술서가 언론에 공개되었다.

고발 내용에 따르면 스털링 주얼러스의 문화는 충격적일 만큼 퇴행적이다. 그 문화는 상부에서부터 시작된다. 진술서에 묘사된 행동은 다음과 같다. "여성을 성적이고 음란한 방식으로 자주 지칭함, 여성의 몸을 더듬고 움켜쥠, 여성에게 성적인 관계를 요구하며 때로는 그 대가로 직원 복지를 제시함, 필수로 참여해야 하는 사내 행사에 참여한 여성들이 공공장소에서 옷을 벗고 성적인 접근에 응하고 그에 대해 항의하지 못하게 하는 분위기를 조성함. 성폭력과 강간마저 일어남."

중재 조항에서 요구하는 비밀 유지 조건은 이 문서의 공개로 이미 깨졌다. 사건이 진행되면서 비밀의 장막이 얼마나 더 벗겨질지 귀추가 주목된다. 폭로로 인해 스털링 주얼러스의 주가는 곤두박질쳤고, 대중은 사건을 주시하며 대답을 요구하고 있다.

중재 재판의 기능이 가장 높은 수준에서 재검토되고 있다는 또 다른 증표가 있다. 평등고용기회위원회에서는 강제 중재 재판의 확산이 직장 내 평등에 유해하다고 우려를 표한 바 있다. 2014년, 버락 오바마 전 대통령은 계약서에 강제 중재 조항이 들어가는 관행을 없애기 위해 연방 정부와 계약하는 업체들이 성희롱이나 다른 차별을 신고한 직원들에게 중재를 강요하지 못하도록 금지했다. 2016년 대선에서 힐러리 클린턴도 이 정책을 지지하겠다고 밝혔다. 그러나 트럼프 대통령 취임 몇 달 만에 그간의 변화가 물거품으로 돌아갔다.

지금까지 강제 중재에 관한 사실들을 알아보았다. 개인에게 있어 나쁜 소식은, 고용주가 요구할 경우 중재 합의서에 서명하는 것 외에는 길이 없을지도 모른다는 사실이다. 하지만 그게 완전히 희망이 없다는 뜻은 아니다. 합의 범위 내에서 협상이 가능할 수도 있다. 가령 회사 측에서 비용을 지불하게 하거나, 중재인 선택권을 달라고 요구하자.

우리 공동체가 발전하기 위해서는 시민권을 공부하고, 적극

적으로 보호하고 나서야 한다. 나는 이 문제가 초당적 안건이
될 수 있다고 굳게 믿는다. 정치권이 힘을 합쳐 헌법에 명시된
우리의 소중한 기본적 자유를 지켜내기를 바란다.

7장
보호하는
남자들

길거리에서 마주치는 뉴요커들은 까칠하기로 유명하다. 항상 목적지를 향해 급히 종종걸음 치는 뉴요커들이 여유 없어 보인다는 말에는 나도 동의하지만, 미네소타의 내 고향 마을과는 전혀 다르게 분주한 뉴욕은 매력적이기도 하다.

내가 성희롱 이슈로 이름을 알리고 난 뒤, 나는 뉴요커들의 또 다른 면모와 마주치게 되었다. 지난해 여름과 가을, 나는 뉴욕에서 많은 시간을 보냈다. 그리고 그곳에서 비슷한 일을 여러 차례 겪었다. 기차역에서 회의 장소까지 걷는 동안 많은 사람들이 나를 멈춰 세우고 격려의 말을 들려줬다. "그레천, 힘내요." "그레천, 발언해줘서 고마워요." "그레천, 당신은 참 용감한 사람이에요."

여기서 가장 놀라운 사실은 내게 접근한 사람 대다수가 남성이었다는 점이다. 여성들도 내게 말을 걸긴 했지만 남성이 더 많았다. 그들은 말했다. "제 딸을 위해 당신이 해준 일에 감사합니다."

보통 그런 식으로 화제가 흘러갔다. 많은 남성들이 "제 딸을 위해"라고 말하면서 내게 악수를 건넸다.

이런 만남 하나하나는 내게 감동을 주었고, 큰 의미로 다가왔다. 나는 항상 눈물을 참느라 애를 먹었다. 남성들의 감사하다는 인사는 내가 한 일이 남성을 포함한 모든 사람에게 중요한 의미를 가짐을 일깨워주었다.

미네소타의 작은 마을에서 성장하는 동안, 운 좋게도 내 곁에는 든든하게 나를 지지해주는 남자들이 있었다. 특히 우리 아버지와 외할아버지가 그랬다. 그들 덕분에 나는 형제들이나 다른 남자애들과 동등하게 자랐다. 내가 그들보다 못하다는 기분은 한 번도 느낀 적이 없었다. 나는 인형 놀이보다 마당에서 미식축구를 더 즐기는 선머슴이었고, 스포츠에 온몸을 내던졌다! 아무도 내게 여자는 그래선 안 된다고 꾸짖지 않았다. 이렇듯 나는 남성들과 어깨를 나란히 하며 자랐다. 그리고 성희롱을 당한 뒤, 변화를 일으키기 위해서는 남성들의 목소리를 이 판에 끌어들이는 일이 몹시 중요하다는 사실을 깨달았다.

앞서 말했듯 나는 직장을 떠나고서 수천 명의 여성들에게서 연락을 받았다. 그들의 격려는 내게 무척 의미 깊었다. 그런데, 또 누구한테서 연락이 왔는지 아는가? 남성들이다. 나는 그들을 '깨우친 남성'이라고 부르고 싶다. 여성을 옹호하고 여성에게 신경 쓰는 남성들. 방송 저널리스트 제이크 태퍼(Jake Tapper)도 그런

나는 더 이상 침묵하지 않기로 했다

남성이다. 우리는 모르는 사이였지만, 성희롱 사건이 터지고 나서 그가 내게 연락을 해 내가 한 일 덕분에 자기 딸이 더 나은 세상에서 자랄 수 있게 되었다며 감사를 표했다. 나는 마음 깊이 감동했다.

　내게 연락한 남성은 그 밖에도 많다. 그들은 나를 격려하고 싶다고, 자신들도 성희롱과 성폭력을 끔찍이 싫어한다고, 문제가 아닌 해법의 일부가 되고 싶다고 말했다. 문자 메시지와 이메일로 아는 사람과 모르는 사람의 말들이 쏟아졌다. 그 말들은 내게 큰 의미가 있었고 많은 용기를 불어넣었다. 그중 몇 개를 소개해보겠다.

　제 딸(그리고 아들!)이 당신을 알아서 정말 기쁩니다. 이건 제가 남에게 할 수 있는 최고의 칭찬입니다. 제 아이들은 이제 모든 여성이 헌법도 못 읽는 얼간이 여성 혐오자들에게 폄하당하거나 기회를 박탈당해선 안 된다는 사실을 알 겁니다.

　제가 모르는 사람에게 편지를 쓰는 일은 거의 없습니다. 하지만 저는 당신에게 꼭 이 편지를 쓰고 싶었어요. 감사하다는 말을 전해야 했거든요. 저는 세 아이의 아빠입니다. 지난 20년 동안 여러 회사에서 일해왔죠. 제 맏딸이 곧 대학에 가고, 조금 있으면 취직도 할 겁니다. 저는 아버지로서 아이들에게 좋은 본보기를 보이려 노력해왔지만 단 하나, 제가 직장에서 목격한 부적절한 행동을 딸이 당한다면 어떻게 대처하라고 해야 할지 모르겠더군요. 제 아들과 딸은 제가 어떤 행동을 기대하는지 대충 알지만, 역할 모델이 없었습니다. 이제는 아이들에게 소개할 역할 모델이 있습니다. 딸 앞에서 당신을 가리키면서 말할 겁니다. "이 여성분이 어떻게 행동했는지 봤지? 너도 이렇게 하면 된단다. 용기가 필요한 일이지."

유튜브에서 당신의 경험을 들었습니다. 저는 군인 출신이지만, 당신이 한 행동에는 제가 한 어떤 일보다도 더 큰 용기가 필요하리라 생각합니다. 당신은 강인하고, 어떤 것에도 물러서지 않는 태도를 가졌습니다. 당신은 온 세상 여성들에게 귀감이 될 겁니다.

저는 제 두 딸에게 당신 같은 직업인을 훌륭한 역할 모델이자 멘토로 소개합니다. 당신은 자부심을 느껴 마땅합니다. 성공을 즐기세요. 당신에겐 그럴 자격이 있습니다.

남성들에게서 이런 메시지를 받으면 마음이 따뜻해진다. 성희롱은 비단 여성만의 문제가 아니라 사회적인 문제다. 여성들만으로는 해결될 수 없다. 남성들도 한배에 타야 한다. 채용 절차와 승진 결정에서 여성을 진지하게 대하고, 여성을 존중하고, 남들도 여성을 존중하도록 만들어야 한다.

이런 관점이 우리 사회에 아직까지 완전히 정착하지 못한 이유는, 남성들이 여성 문제를 자신의 문제로 삼으려면 높은 사회적 장벽을 넘어야 하기 때문이다. 하지만 남성들이 앞장서서 성희롱을 멈추기 위해 자신들이 어떤 역할을 해야 하는지 논하기 시작하자 돌파구가 생겼다. 국제적 사상 지도자이자 젠더 평등 교육자인 잭슨 카츠(Jackson Katz)는 300만 건 이상의 조회 수를 기록한 TED 강연에서 콕 집어 말한다. "여성 문제는 선한 남성 몇몇의 도움으로 해결될 일이 아닙니다. 사실 저는 여성 문제가 무엇보다도 남성들의 문제라고 주장하고 싶습니다."

카츠는 성희롱 문제를 "여성 문제"라고 부르면 남성은 관심을 보이지 않아도 된다는 핑계가 되는 셈이라고 말한다. "많은 남성들이 '여성 문제'라는 용어를 듣고 곧장 무시해버립니다. 이렇게 생각하죠. '난 남자잖아. 여성 문제는 여자들이 해결하겠지.' 결과적으로 남자들은 '난 남자야'라는 생각에 머물러 있게 됩니다. 마치 '여성 문제'라는 표현을 들을 때마다 머릿속 어떤 영역이 비활성화되어서 관심이 수그러드는 것처럼요." 그는 남성들의 머릿속에서 일어나는 이런 내적 대화를 바꾸는 일에 몰두하고 있다.

이 운동의 핵심 목표는 남성들에게 성희롱 문제를 나 몰라라 할 게 아니라 자기 문제로 삼는 게 더 낫다고 설득하는 것이다. 나는 《뉴욕 타임스》에서 스토니브룩대학교의 남성·남성성 연구소장인 사회학자 마이클 키멀(Michael Kimmel)의 인터뷰를 읽고 깜짝 놀랐다. 그는 남성들이 자신에 대해 생각할 때 마주하는 내적 갈등을 무척 간결하게 정의했다. "공화당이든 민주당이

든 그 사이 어딘가에 있든, 남성들에게 '좋은 남자'가 된다는 게 무슨 의미인지 물으면 대답은 같습니다. 그들은 명예, 고결함, 책임에 대해 이야기할 겁니다. 하지만 '진짜 남자'가 된다는 게 무슨 의미인지 물으면 절대 감정을 드러내지 않고, 약한 모습을 보이지 않고, 고통을 견디고, 무슨 대가를 치르더라도 지지 않고, 돈을 많이 벌고, 많은 여성과 잠자리를 하는 거라고 답할 테죠."

어렸을 적부터 시작된 '좋은 남자'와 '진짜 남자' 사이의 갈등은 성인이 될 무렵엔 거의 본능이 된다. 최악의 경우, 우리는 정치 유세나 남성이 대다수인 업계에서 이런 '진짜 남자' 윤리와 마주친다. 트위터에서도 확실히 본 적이 있다! 하지만 '진짜 남자'는 '좋은 남자' 없이 존재할 수 없다. 우리의 존재에 한계를 부여하는 고정 관념을 뛰어넘어 변화를 만들어낼 힘도 '좋은 남자'에 있다.

사회적 지위가 높은 남성들이 목소리를 내면 도움이 된다. 2016년 6월 14일 오바마 대통령은 제1회 미국여성정상회의 개회식에서 5000명 군중을 앞에 두고 말했다. "제가 8년 전보다 흰머리가 조금 늘긴 했지만, 자, 페미니스트는 이렇게 생겼습니다." 8월에 55세 생일을 맞은 그는 잡지 《글래머(Glamour)》에 남성이 여성을 옹호하는 행위가 얼마나 중요한지 힘주어 주장하는 에세이를 실었다. "미셸과 나는 딸들에게 이중 잣대를 마주하거나 젠더 혹은 인종 때문에 불공정한 평가를 받으면, 혹은 타인이 불공정한 평가를 받으면 들고 일어나라고 가르쳤다. 여성이 어떤 분야를 선택하든 높이 올라갈 수 있다는 사실을 보여주는 역할 모델의 존재는 중요하다. 그리고 페미니스트 아버지를 두는 일도 중요하다. 이제 모든 남성은 페미니스트가 되어야 한다는 기대를 받는다. 성차별에 맞서는 싸움은 절대적으로 남성의 책임이다. 우리는 배우자, 동료, 남자 친구로서 진정으로 평등한 관계를 만들기 위해 노력하고 고심해야 한다."

남자답게

제이크 태퍼는 아내 제니퍼의 도움으로 여성의 경험에 대해 눈을 떴다. 태퍼는 내게 말했다. "저는 성차별주의자는 아니었어요. 앵커 다이앤 소여 아래에서 일했고, 그녀를 존경했습니다. 여성 부하 직원들을 승진시키기도 했습니다. 하지만 여성들이 일상적으로 불공평한 대우를 얼마나 많이 겪는지 알려준 이는 아내였습니다. 그 전까지는 전혀 몰랐어요."

제이크는 제니퍼와의 첫 데이트를 생생히 기억한다. 제이크의 미들네임이 폴인 걸 알고 제니퍼는 자신이 존경하는 영웅 중 한 사람이 여성 참정권론자였던 앨리스 폴(Alice Paul)이라고 알려주었다. 세월이 흘러 두 사람 사이에 첫 딸이 태어나자 부부는 아이에게 앨리스 폴 태퍼라는 이름을 붙였다. "제 딸은 그 이름에 부끄럽지 않게 살고 있습니다." 제이크가 말했다. 딸 앨리스 폴과 아들 잭 두 아이의 아빠가 된 지금 제이크는 그 어느 때보다도 "21세기 남성으로서 귀감이 될 행동"을 하고자 신경 쓰고 있다.

CNN의 정치부 기자로서 일일 뉴스 〈리드(The Lead)〉의 앵커이자 일요 프로그램 〈스테이트 오브 더 유니언(State of the Union)〉의 사회를 맡고 있는 제이크는 여성 대상 범죄에 대해 누구보다도 먼저 목소리를 내고 있다. 그는 내게 말했다. "오해는 마세요. 제가 평생을 소년 성가대원처럼 산 건 아니에요. 다트머스대학 시절에는 남학생 사교 클럽 일원이었고 멍청한 말도 많이 했죠. 성차별적인 사고방식이 없었던 것도 아니고요. 하지만 지금은 저의 그런 면이 좋지 않다는 사실을 압니다."

제이크는 트럼프가 나온 〈액세스 할리우드〉 영상을 보고 생각을 단단히 고쳤다고 말한다. 〈스테이트 오브 더 유니언〉에서 그가 전 뉴욕 시장 루디 줄리아니(Rudy Giuliani)를 인터뷰하며 한 말들은 나쁜 행동에 면죄부를 주려는 시도에 맞서는 모범적인 사례다. 인터뷰에서 제이크는 줄리아니에게 트럼프의 언행이 18세 소년이 무심코 던진 말이 아니라, 알 만큼 아는 성인의 발언이었다고 환기시켰다. "최소한의 인간적 수준에서 대단히 불쾌한 발언이었습니다. 누구한테 그런 짓을 한 걸까요?"

줄리아니는 트럼프를 옹호했다. "그건 그냥 말일 뿐입니다. 한번도 죄짓지 않은 자만이 돌을 던질 수 있습니다. 트럼프에 대한 지지를 철회하는 사람들이 있다고 들었는데—"

제이크가 말을 끊었다. "시장님, 기쁜 마음으로 말씀드리고

나는 더 이상 침묵하지 않기로 했다

싶은 게 있는데, 저는 그런 말을 한 적이 없습니다. 그런 행동을 한 적도 없습니다. 저는 기꺼이 그에게 돌을 던지겠습니다. 저도 라커룸에 있어 보았고 남학생 사교 클럽 회원이었지만, 처벌받지 않는다는 이유로 여자를 마음대로 주무를 수 있다고 자랑하는 사람은 한 명도 모릅니다. 단 한 명도요."

줄리아니는 트럼프를 보호하려는 목적에서 남성이 그런 식으로 말하는 것이 보통이라고 주장하며 남성을 비하했다. 제이크는 여기에 넘어가지 않았다. 나는 이 인터뷰를 시청한 대부분의 남성이(트럼프 지지자조차도) 자신은 줄리아니가 말하는 보통 남성과 다르다고 생각했으리라 믿는다. "남자는 원래 그래"라는 평계는 솔직히 민망하다. 하지만 남성들은 자기편을 보호하고자 하는 본능으로 인해 목소리를 내기보다는 침묵을 택한다. 제이크는 내게 말했다. "외면하는 편이 훨씬 쉬워요." 하지만 그는 더 이상 외면하지 않겠다는 원칙을 세웠다.

제이크는 여러 해 동안 불공평하고 부적절한 행동에 대한 감수성을 키웠고, "내가 사는 이 세상의 작은 구석이라도 변화시키겠"다고 결심했다. 대중에 알려지는 사건은 빙산의 일각일 뿐이다. "미디어에 보도되는 사건 한 건마다 똑같은 일을 겪었지만 하루 벌어 하루 먹고 살게 해주는 일자리를 잃을까 두려워서 침묵을 지킨 수십, 수백 명의 여성들이 있습니다." 제이크는 말했다. 문제가 해결되지 않는 이유에 대한 제이크의 이론은 이러하다. "어떤 남성들은 오로지 여성만을 마음 편히 공격합니다.

유대인을 폄하하거나, 인종 차별을 하거나, 다른 면에서 편견이 내비치는 말은 전연 하지 않는데 웬걸 여성 얘기만 나오면 사람이 달라지죠."

제이크는 후세대의 정신을 깨워야만 미래가 달라질 거라는 믿음에서 딸과 아들의 교육에 신경 쓰고 있다. "딸을 키우면서 페미니스트가 되는 아버지들은 훌륭합니다. 하지만 아들도 중요합니다. 남자아이들에게도 여성을 존중해야 한다는 사실을 이해시켜야 하죠."

내게 연락을 취한 또 다른 남성은 영화 〈내 여자 친구의 결혼식(Bridemaids)〉과 〈고스트버스터즈(Ghostbusters)〉 리메이크를 감독한 감독 겸 제작자 겸 각본가 폴 페이그(Paul Feig)였다. "여성이 길을 찾도록 옆에서 도와주는 남성, 즉 깨우친 남성이 이 방정식에서 중요한 부분을 차지합니다." 그는 내게 말했다. 어찌 보면 폴의 인생 궤적이 그러했다. 외아들인 폴은 놀림과 괴롭힘이 일상인, 전형적인 남자아이 집단을 불편하게 느끼는 예민한 소년이었다. (폴의 인기 드라마 〈프릭스 앤 긱스[Freaks and Geeks]〉는 그가 겪은 경험에 상당 부분 기반하고 있다.) 그는 "범생이" 같은 아이들과 어울릴 때 더 편안했고, 여자가 더 많은 연극부에서 물 만난 물고기가 되었다. 어린 시절 폴의 인생에 가장 큰 영향을 준 인물은 연극부를 이끈 여성 교사였다. 폴은 "그냥 남성 세계에 둥지를 트는 대신" 여자들과 친구로 지낸 덕분에 시야가 넓어졌다고 말한다.

폴은 영화계 내에서 평등을 위해 싸우고 있다. 그가 깊은 애

나는 더 이상 침묵하지 않기로 했다

정을 느끼는 1930~1940년대의 위대한 영화들에서는 남녀가 동등한 존재이자 지적 논쟁 상대로 그려졌다. 스펜서 트레이시 (Spencer Tracy)와 캐서린 헵번(Katharine Hepburn) 커플처럼 말이다. 폴은 영화 산업에 "블록버스터 정신"이 도입되면서 모든 게 달라졌다고 생각한다. 블록버스터란 기본적으로 15세 소년들을 위한 영화로 "사내 정신"을 담고 있기 때문이다.

블록버스터가 기준이 된 시대에 폴은 다른 서사를 추구하는 감독으로 각광받고 있다. 기준을 비틀고 젠더를 비트는 것이 폴이 감독한 작품의 특징이다. 처음 〈내 여자 친구의 결혼식〉을 만들겠다고 밝혔을 때 주위 반응은 부정적이었다. "여자가 여섯이나 나오는 영화는 듣도 보도 못했는데." 하지만 영화는 대성공을 거뒀다. 폴은 1984년 작 〈고스트버스터즈〉의 남성 주인공 네 사람을 전부 여성으로 바꾸어 리메이크하면서부터 제대로 논쟁에 휘말렸다. 그는 무려 2년이나 심한 공격을 받았다고 말한다. 많은 남성이 그가 〈고스트버스터즈〉를 망쳤다며 분개했다. "봇물 터지듯 비난이 쏟아졌어요. 제 트위터는 노골적인 여성 혐오가 쇄도하는 흉측한 공간이 되었죠. 하지만 그들은 원작 〈고스트버스터즈〉의 진정한 팬이 아니라 그냥 여성이 그 역할을 맡는 것에 짜증이 난 남자들이었어요. 우리 문화가 생각보다 후진적이라는 사실을 깨달았죠." 폴은 이 사건에서도 긍정적인 면을 본다. 영화를 보고 전율했다는 여러 여성의 메시지가 폴에겐 큰 의미가 있었다. "영화와 코미디가 여성을 묘사하는 방식은 문화에 영향을 주고, 그게 직장 분위기에까지 스며들어요." 폴은 말한다.

폴은 남성 문화가 여전히 성차별적인 언어와 행동의 진창에 빠져 있는 이유를 깊이 생각해보았다(계기는 역시 〈액세스 할리우드〉 영상이었다). "말로 성희롱하는 남자들은 대개 자기가 웃기다고 생각해요. '그냥 농담이야'라고 말하죠. 그리고 누가 지적하면, '정치적으로 올바른 분 납셨네' 하고 역으로 비난해요. 마치 정치적으로 올바른 게 나쁜 것처럼요. 그런데, 정치적 올바름이 존재하는 건 타인에게 상처를 주지 않기 위해서가 아니었던가요?"

폴이 보기에 세상에는 서로 다른 문화적 선로 두 개가 있는데, 둘 다 성희롱으로 향한다. "하나는 '인생을 즐기고, 하고 싶은 말은 거침없이 하자'라는 태도고, 다른 하나는 '내 힘을 이용할 거야'라는 태도입니다." 폴은 이 이론에 '멍청이와 괴물 이론'이라는 이름을 붙였다. 멍청이는 자신이 남에게 불쾌감을 주고 있다는 사실을 모르고, 괴물은 힘으로 여성을 찍어 누른다. 폴은 둘 중 전자가 더 바뀌기 어렵다고 생각한다. 이런 사람들이 바뀌려면 멈추고, 생각하고, 결심하는 단계가 필요하기 때문이다. 권력 남용도 심각한 문제지만, 문화적 변화를 이끌어내기 위해서는 쾌활하고 장난스러운 것으로 여겨지는 보통 사람들의 생각을 변화시키는 일이 더 중요하다.

폴에게 개인적으로 감사를 표하고 싶은 일이 있다. 2017년 뉴욕시에서 열린 매트릭스 시상식에서 수상을 하게 된 나는 그에게 내 소개를 부탁했다. 폴은 나를 "제가 아는 가장 용감한 여자"라고 소개했고 "저는 용감한 여자를 많이 압니다"라고 덧붙였다. 그 말에 나는 곧장 눈물이 났다. 아직 수상 소감을 말하기도 전이었는데! 다사다난했던 그해에 그토록 의미 있는 방식으로 인정받고 존중받을 수 있음에 무척 감사했다. 영영 잊지 못할 것이다.

나는 젊은 남성들이 성희롱 문화를 바꾸는 일의 선두에 서는 것이 특히 중요하다고 믿는다. 그게 내가 작가이자 정치인이자 편견 문제에 대해 논평하는 야샤르 알리(Yashar Ali)의 글을 읽고 그토록 감명 받은 이유다. 몇 년 전 야샤르는 〈한 남자가 여자들에게 보내는 메시지: 당신은 '미치지' 않았다(A Message to Women from a Man: You Are Not 'Crazy')〉라는 제목의 글을 썼는데, 그 글은 요즘까지도 널리 공유되고 있다. 글은 이렇게 시작한다.

넌 너무 예민해. 넌 너무 감정적이야. 넌 방어적이야. 넌 너무 과민반응하고 있어. 진정해. 그만 난리 쳐! 너 제정신이 아니야! 그냥 농담이었는데, 유머 감각이 없구나? 항상 그렇게 호들갑을 떨어야 하니? 그냥 넘기면 될걸!
자주 들어본 말인가?
여성이라면, 그럴 것이다.

야샤르가 이 글(그리고 다음 글들)을 쓰게 된 원동력은 여성들의 경험을 등한시하는 행동이, 여성들의 경험을 있는 그대로 인정하지 않고 자신이 미쳤다고 생각하도록 세뇌하는 가스라이팅의 일종이라는 깨달음이었다. 야샤르는 말했다. "저는 '가스라이팅'을 지금 사람들이 활용할 수 있는 뜻으로 다시 해석하고 싶었습니다. 이 글은 쓰면서부터 사람들에게 중요한 울림을 줄 걸 알았어요. 석 달 동안 서랍 안에 묵혀두었다가 인터넷에 올렸는데, 한 시간 만에 조회 수 14만 회를 돌파했죠. 지금도 일주일에 50만씩 올라가고 있어요."

야샤르는 자신의 글이 그토록 극적인 반향을 불러일으킨 이유 중 하나가 자신이 남성이기 때문임을 알고 있다. 그는 후환을 두려워하지 않고 자신이 옳다고 생각하는 일을 행하며, 트위터에서도 성차별을 당하는 여성들을 옹호한다. 내가 그를 알게 된 곳도 바로 트위터였다.

젊은 이란계 미국인 남성이 여성을 강하게 옹호하게 된 경위를 묻자, 그는 이렇게 답했다. "우리 집에선 여성이 남성과 동등하지 않다는 말을 절대 하지 않는데, 아마 그 덕분일 겁니다. 우리 어머니는 일리노이대학교 공공보건학과장이고, 자신감 넘치는 분이시죠. 부모님은 제 믿음에 어떤 비난도 하지 않으셨어요." 야샤르 남매는 직관을 믿으라고 교육받았다.

"성차별은 성차별이에요. 지카 바이러스와 같죠. 초기에 지카 바이러스는 브라질 아기 여섯 명을 감염시켰지만, 이제는 마이애미와 하와이에서도 감염자가 발생하고 있어요. 막지 않으면 퍼져나가요. 남성들이 여성의 편에서 목소리를 내기를 과도하게 겁낸다고 생각합니다. 제가 여성을 편드는 바람에 친구나 동료를 잃은 적은 한 번도 없어요."

직장 내 성희롱을 멈추기 위한 야샤르의 해법은 단순하고 직접적이다. "공식적으로 사과하고, 가해자를 내쫓으세요. 성차별 문제를 해결하려면 가차 없이 신속하게 행동하며 어떤 여지도 두지 말아야 합니다. '용인할 수 없다'라는 메시지를 줘야 해요."

여성을 존중하고, 여성을 평등한 존재로 보는 태도의 귀감이 되는 남성들은 대개 성장기에 믿음직한 역할 모델을 보고 배웠다. 그건 곧 우리가 자녀를 교육시킬 때 중요한 역할을 할 수 있다는 뜻이다. 정치 컨설턴트이자 작가이자 논평가인 매슈 다우드(Matthew Dowd)는 디트로이트의 아일랜드계 가톨릭 가정에서 여섯 명의 남자와 네 명의 여자 형제와 자랐다. 그의 어머니는 디트로이트대학교를 최우등으로 졸업하고 아이를 낳기 전까지 교사로 일한 "강한 엄마"였다. 매슈는 내게 말했다. "어머니께 배운 교훈을 오늘날까지 실천하고 있습니다. 특히 '누구도 너보다 낫지 않고, 너도 누구보다 낫지 않다'라는 교훈을요. 저희 남매는 서로를 존중하는 습관을 들였고, 다른 사람들을 대할 때도 같은 태도를 취합니다."

매슈는 아이들의 행동 습관을 만드는 데 아버지의 역할이 더없이 중요하다고 강조한다. "딸들은 저희의 행동을 보고 세상에서 어떤 대우를 기대해야 하는지 배웁니다. 존중받아야 한다고 가르치지 않으면, 딸들은 자라서 남성들의 나쁜 행동을 용인하게 됩니다."

성차별적이거나 여성을 폄하하는 행동을 목격했을 때 문제를 제기하는 것도 부모가 자녀에게 보일 수 있는 본보기다. 매슈는 말한다. "누군가가 남을 옹호하고 나서면 상황이 즉시 바뀌는 모습을 여러 번 봤습니다. 사람들은 지도자를 따르기 마련이에요. 지레 포기하고 변화가 불가능하다고 말할 필요는 없습니다. 문명은 변합니다. 우리가 변화의 일부가 될 수 있어요." 매슈는 변화를 일으키려면 남성들이 남성성이라는 상자를 깨고 나와야 한다고 믿는다. "우리에겐 문화적으로 가짜 선택지가 주어집니다. '상남자'가 되거나 여성을 존중하거나, 둘 중 하나가 되라고요. 꼭 양자택일인 것처럼 선택지가 주어지더라고요. 강한 남자도 여성을 존중할 수 있는데 말이에요."

여기서도 중요한 건 행동 습관이다. 매슈는 아들에게나 딸에게나 습관을 보이는 게 중요하다고 말한다. "저는 딸에게 눈물흘리는 모습도 보여줍니다. 누군가가 부적절한 행동을 하면 제일 먼저 항의하고요. 제 맏아들 대니얼은 대단히 너그럽고, 아주 민감한 사람으로 자랐습니다. 하지만 이라크에서 M16 소총을 들고 두 번 복무한 강인한 남자기도 하죠."

일어나라!

래리 윌모어(Larry Wilmore)는 당당한 태도로 양성 평등과 여성에 대한 존중을 주장하는 남성으로서, 코미디를 적극 활용해 메시지를 전달하고 있다. 2016년에 안타깝게 폐지된 그의 코미디 프로그램 〈나이틀리 쇼(The Nightly Show)〉는 심야 방송시간대에 보기 드물게 여성들에게 영향을 주는 문제를 다룬 오아시스 같은 프로그램이었다.

래리는 자기 프로그램에서 빌 코스비의 강간 혐의를 끊임없이 거론했다. 래리는 처음에는 빌 코스비를 직접적으로 지적하기가 어려웠다고 말한다. "사람들은 그를 숭배했어요. 하지만 그에게 강간당했다는 피해자가 여러 해 동안 속출했습니다. 강간 사실을 고발하고서 그대로 묵살당하는 여성의 수가 그토록 많은 것에 깜짝 놀랐어요. 사람들은 눈 하나 깜빡 안 하더군요. 그래서 행동하기로 결심했습니다. 권력 있는 남성을 보호하는 행위는 그 여성들을 시야에서 지우는 것과 같습니다."

래리는 방송에서 빌 코스비를 위해 강간의 의미를 정의하기도 했다. 그는 강간범을 "완력을 사용하든 혹은 사용하지 않든, 상대의 동의가 없는 상태에서 불법적인 성행위를 저지르는 사람"이라고 정의하며 "신체적·정신적으로 온전하지 못한 상태, 즉 술이나 약에 취했거나 잠이 든 경우에는 성관계에 동의할 수 없다"고 말했다.

그는 이렇게 덧붙였다. "강간범은 피해자의 성적 선택권을 부정함으로써 왜곡된 자기 가치감을 키웁니다. 자신은 영 딴판으로 행동해놓고서는, 다른 사람들에게 '아랫도리 간수 잘하라'고 훈계하죠." 이는 빌 코스비가 젊은 흑인 남성들과 그들의 옷차림을 자주 비난한 것을 겨냥한 발언이었다.

래리는 홀어머니 아래에서 자라면서 "자신이 이해하지 못하는 세상"에 입문했다고 말한다. "어머니를 보면서 세상살이가 얼마나 힘든지 알았죠." 훗날 어머니에게서 아동 학대를 당했었다는 고백을 듣고, 그는 여성들의 현실을 깨달았다. 그리고 그들의 경험을 이해하려는 노력을 시작했다. 어느 날은 연극 〈버자이너 모놀로그(Vagina Monologues)〉의 "남성을 위한 밤" 행사에 참여했는데, 진행자가 관객들을 향해 이런 질문을 던졌다. "직접 성적 학대를 당했거나, 당한 사람을 아는 분이 여기 얼마나 계시죠?" 주위를 둘러보니 거의 모두가 손을 들고 있었다. "그때 울컥 눈물이 났습니다. 바깥세상에서는 아무도 손을 들지 않으니까요."

래리의 심야 프로그램에는 이런 경험들이 고스란히 배어난다. "저는 〈나이틀리 쇼〉라는 플랫폼을 이용해 사람들에게 입장을 정하라고 압력을 넣고 싶었습니다. 성폭력과 성희롱이 어느 한 당의 의제거나 흑백 논리로 여겨질 문제라고 생각한 적은 없어요. 성폭력은 100퍼센트 인간의 문제입니다. 제겐 딸이 있지만, 딸이 없더라도 저는 인간이므로 침묵하지 않았을 겁니다."

나는 더 이상 침묵하지 않기로 했다

〈액세스 할리우드〉 영상은 여성이 분명히 경험하지만 콕 집어 지적하거나 입증할 수 없는, 남성들의 숨겨진 의도를 부각시켰다. 트럼프와 빌리 부시 사이의 대화는 그 자체로도 추했으나, 래리는 특히 두 사람이 도마에 올린 여성들을 논란 후에 대우한 방식에 충격 받았다. 그는 여성들이 "충분한 증거는 없더라도 무언가가 잘못되었다는 것은 안다"고 말했다. "여성들은 무슨 일이 일어나는지 말로 콕 집어 표현하지 못할지언정, 느낄 수는 있습니다. 저는 작가로서 사람들의 의도를 봅니다." 성희롱범들은 문제가 생길 만큼 대놓고 못된 발언을 하지는 않지만 의도는 명확하게 드러낸다. "그게 많은 성희롱 사건이 신고 없이 넘어가는 이유죠."

래리는 직장 내에서 남성이 할 수 있는 역할에 대해서도 소리 높여 말했다. "이건 듣기의 문제입니다. 여성들의 말은 아무도 듣지 않아요. 젊은 남성들에게 여성을 존중하는 법을 가르쳐야 합니다. '젊은 여성들에게 남성을 존중하는 법을 가르쳐야 한다'라고는 말하지 마세요. 이건 등가 교환이 아닙니다. 지금 문제는 남성이 여성을 대하는 방식입니다. 변해야 할 것도 그쪽이고요."

피트 도미닉(Pete Dominick)은 여성의 편에 선 또 다른 코미디언이다. 그는 내가 진행하던 프로그램의 금요일 "매널(Man-el)", 즉 남성 패널(male panel)이었다. 나는 "맨스플레인" 없이 남성의 관점을 제시하는 그가 마음에 들었다. 스탠드업 코미디언인 피트는 날카롭고 재미있으며, 사회적 양심을 가지고 있었다. 지금 피트는 매일 시리우스 라디오에서 〈피트 도미닉과 일어서라!(Stand Up! with Pete Dominick)〉라는 제목의 세 시간짜리 프로그램을 진행한다. 과거엔 그가 내 프로그램에 초대받았는데, 최근엔 반대로 내가 그의 프로그램에 초대받았다. 피트는 남성의 관점에서 젠더 문제를 이해하려고 진실로 노력하며, 여성 인권을 힘주어 옹호한다. 그는 두 딸을 자기 꿈을 온전히 추구할 수 있는 세상에서 독립적이고 자신감 있고 강인한 여성으로 키우고자 노력을 기울이고 있다고 입버릇처럼 말한다.

그는 성희롱과 성폭력을 "과거에서 비롯해 현재까지 살아남은 질병"으로 간주한다. "변화가 일어나려면 남성들이 ① 여성이 무엇과 싸우고 있는지를 이해하고, ② 자신이 어떤 일을 보고도 그냥 지나친다면 곧 그 일을 용인하는 셈이라는 걸 알아야 합니다. 어떤 행동을 허락한다면, 그 행동을 용납하는 것입니다. 우리 모두가 문제의 일부입니다."

문제 해결의 시작은 문제가 진짜로 존재한다는 걸 인정하는 것이다. 피트는 방송 중 이런 경험을 털어놓았다. "여성들과 성폭력과 강간 같은 주제를 놓고 대화하다 보면, 그런 이야기를 허물없이 나눌 정도로 친해진 여성들에게서 너무나 자주(반드시 그런 건 아니라는 점을 짚고 넘어가야겠군요) 이런 반응이 돌아옵니다. '아 그래, 나도 강간당했어. 맞아, 나도 성폭력을 당했어.' 불행히도 여성들은 이 문제를 자신과 아주 밀접하게 느낍니다. 반면 남성

　　　　　　나는 더 이상 침묵하지 않기로 했다

들은 이 문제를, 성폭력이 실제로 그렇게 많이 일어나고 있다는 사실을 믿으려 하지 않아요."

나중에 나는 피트와 개인적인 대화를 나누던 중 이 문제에 그토록 심혈을 기울이는 이유와, 그를 비롯한 남성들이 무슨 일을 할 수 있을지를 물었다. 그의 대답은 이러했다. "저는 매일 라디오에서 똑똑한 여성들에게 중요한 문제를 묻습니다. 만일 제가 한 번이라도 여성이 약하다고 생각한 적이 있다면, 제 아내를 비롯해 걸출한 여성들을 직접 만나면서 수집한 일화적 증거들로 그 생각이 뒤집어졌을 겁니다." 누군가가 여성을 존중하지 않거나 부적절한 행동을 하면 피트는 반드시 지적한다. "어떤 행동과 발언은 용납할 수 없습니다. 그래서 친구를 사귀지 못하는 때도 있지만 아쉽진 않아요. ……… 할 말과 못 할 말을 가리지 못하는 남자들이 많습니다. 저는 그들을 이렇게 꾸짖곤 합니다. '이제 타인과 대화하는 방법을 배울 때도 되지 않았습니까?' 과거에는 불편한 행동을 참던 여성들이 이제는 목소리를 내고 변화를 일으키고 있습니다. 어떻게 행동해야 할지 모르면 배워야죠. 저는 제 딸들이 그렇게 취급받지 않기를 바랍니다."

그러나 말보다 더 중요한 건 행동이다. "바른 말을 하는 것과 직장 내 여성들을 실제로 옹호하고 그들의 권익을 지키는 것은 다릅니다." 피트가 말했다. 그는 자기 직장을 비롯해 그를 불러주는 많은 곳에서 힘껏 노력을 기울이고 있다. "제 딸들을 위해 더 나은 세상을 만들 겁니다."

"그 남자"가 된다는 것

내가 W. 브래드 존슨(W. Brad Johnson) 박사와 데이비드 스미스(David Smith) 박사를 처음 알게 된 건 두 사람의 공저《아테나 라이징: 남성이 여성의 멘토가 되어야 하는 이유와 그 방법(Athena Rising: How and Why Men Should Mentor Women)》덕분이었다. 이 책은 해군 장교이자 심리학자이자 미국 해군사관학교 교수인 두 저자의 흥미로운 관점을 담고 있다. 여성을 남성과 동등한 지위로 끌어올리고자 하는 두 사람은 여성의 승진과 남녀평등에 관심을 가지는 사람이 주로 여성이라는 점을 깨달았다. 그리고 남성들에게 "그 남자"가 되라고, 즉 여성을 위해 일어서는 남자가 되라고 요구하기 시작했다. 그들은 이 책이 남성들에게 "소집령"으로 기능하기를 바란다며 이렇게 적었다. "우리 대부분은 지나치게 오랫동안 문제의 일부였다. …… 여성을 열외로 밀어내고, 핵심적인 지도자의 역할에서 배제시키고, 동일 노동에 대해 더 적은 임금을 지불하는 사회에서 우리는 모두 침묵을 지키는 수혜자였거나, 휘파람을 부는 방관자였다."

브래드와 데이비드는 자신들의 생각과 목표를 내게 공유해주었다. 해군 문화를 넘어 사회 전체의 문화를 바꾸는 것이 그들의 포부다. 데이비드는 말했다. "일의 속성부터가 남성이 하는 것이라고 젠더화되어 있습니다." 특히 군에서 분명히 드러나는 사실이다. 제2차 세계대전 이후 군인이 택할 수 있는 진로가

나는 더 이상 침묵하지 않기로 했다

구조적으로 특정한 유형의 인간에, 정확히 말해 집에 아내를 둔 남성에 맞춰졌다는 것이 공공연한 증거다. 모든 정책과 관습이 기혼 남성을 기준으로 만들어졌고, 그 결과 여군들은 출산을 하면 벌을 받는다. 여성 문제의 탈을 쓰고 있지만 다시 보면 사실은 가족 문제다.

브래드는 말했다. "이건 제게 개인적으로도 의미가 있는 문제입니다. 제 아들과 며느리는 둘 다 해군 대위입니다. 파일럿이죠. 아들 부부는 지금 출산을 계획 중인데, 그러면 둘 중 한 사람은 커리어를 잃게 될 겁니다. 이런 경우 대개는 여성이 희생합니다. 기울어진 운동장을 수평하게 만들려면 많은 노력이 필요합니다. 우리는 여성들에게 '이곳에 당신들이 필요합니다'라고 메시지를 보내지만, 동시에 우리가 어떻게 그들을 문밖으로 밀어내고 있는지는 생각하지 않죠."

2017년 해병대 페이스북 그룹인 마린즈 유나이티드에서 현역 여군의 누드 사진을 유포하는 사건이 터졌다. 브래드와 데이비드는 대중의 관심이 장군들에게 쏠린 것에 실망했다. "다른 남자들은 어떻고요? 알면서 아무 말 하지 않은 방관자들이 있지 않습니까?" 지도자에게만 초점을 맞추면 보다 널리 퍼져 있는 문제를 무시하게 된다. 잘못된 행동을 목격하고도 용기가 없어 가만히 있는 보통 남자들도 문제다.

브래드와 데이비드는 해군사관학교 내에 '성희롱 및 성폭력 방지와 교육'이라는 이름의 독특한 프로그램을 만들었다. 몇

몇 학생을 80시간 동안 교육시키고, 그 학생들이 4년 동안 동기들을 교육시키게끔 하는 이 프로그램에서는 다양한 주제를 다룬다. 가장 중요한 목적은 학생들을 더 사려 깊고 단호한 사람으로 키워내는 것이다. 데이비드는 말했다. "우리는 일상적으로 사용하는 언어와 단어 선택을 통해 우리보다 '못한' 사람들에게 특권 의식을 느낄 수 있다는 사실을 학생들에게 가르칩니다. 남녀가 섞여 있는 방에 들어가면서 일반적으로 남성을 지칭하는 '녀석들'이라는 말로 인사를 건네면 남성을 우선시한다는 신호를 보내는 셈입니다. 한편 여성 집단을 '아가씨들'이라고 부르면 여성을 폄하하는 셈이죠. 이게 뭐 대순가 싶겠지만, 언어는 문화 내에서 차이를 만듭니다."

운동장 안팎에서

남성의 역할에 대해 말하려면 스포츠 문화를 빼놓을 수 없다. 나는 어렸을 적부터 스포츠에 열광했다. 어린 시절 가장 짜릿했던 사건이 미식축구 팀 미네소타 바이킹스의 쿼터백 프랜 타켄튼(Fran Tarkenton)을 만나 사인을 받은 일이라면 말 다했지 않은가. 나는 스포츠 에이전트와 결혼했고, 아들과 딸 둘 다 스포츠를 한다. 경험상 스포츠 문화가 부정적인 남성 행동을 퍼뜨리는 온상이라는 데에는 의심의 여지가 없다. 그러나 스포츠 문화는 앞으로 변화할 가능성이 가장 높은 공간이기도 하다. 성희

나는 더 이상 침묵하지 않기로 했다

롱 관련 저서 두 권을 쓰고, 그중 한 권에서 자신의 경험을 속속들이 밝힌 캐슬린 네빌(Kathleen Neville)은 성희롱에 대항하는 운동을 이끌고 있다. 그녀는 2010년부터 미국 프로미식축구리그에서 일했고, 리그 내 최초 성희롱 정책을 만들기도 했다. 그녀에겐 아군이 있다. 마이애미 돌핀스, 필라델피아 이글스, 버펄로빌스, 워싱턴 레드스킨스에서 코너백으로 활약했으며 현재 프로미식축구리그 운영부 부사장인 트로이 빈센트(Troy Vincent)다.

빈센트는 남성들에게 성희롱과 성폭력을 허락해온 스포츠 문화를 바꾸고자 발 벗고 나섰다. 그가 지도자를 맡은 이래 프로미식축구리그에서는 행동 규칙을 강화시켰고, 개인 행동과 가정 폭력에 대한 의식화 교육을 제도화시켰고, 성폭력에 맞서 싸우는 기관들과 동맹을 맺었다. 빈센트는 또한 스포츠와 생활 면에서 건강한 남성의 모범을 홍보하는 단체 '콜 투 멘(A Call to Men)'에서도 활발하게 활동하고 있다. (이 단체의 2017년 컨퍼런스 기조 연설은 글로리아 스타이넘[Gloria Steinem]이 맡았다.)

빈센트는 남성이 제 역할을 하지 않으면 여성에 대한 폭력 문제를 절대 해결할 수 없다고 믿는다. 그는 2017년 3월 가정 폭력·성폭력 근절 운동의 일환인 '더는 안 된다(No More)' 주간에 명확하고 강력한 주장이 담긴 사설을 기고했다. "우리 사회에서 남성들이 공고히 하고 있는 폭력 문화를 바꾸기 위해 더 많은 노력을 기울여야 한다는 사실은 누구나 알고 있다. 프로미식축구리그에서는 이 문제를 우선시하고자 꾸준히 노력하고 있다.

기업과 대학, 공동체와 가족도 폭력 문화 해결에 힘써야 마땅하다. 무고한 방관자란 없다. 우리 모두 한몫을 보태고 있다. 우리는 남성으로서 목소리를 내야 한다. 우리 집, 우리 이웃, 우리 대학, 우리 팀, 우리 직장, 우리 가족이나 친구들 사이에서는 가정폭력이 일어나지 않을 거라고 단호하게 말해야 한다."

빈센트는 남성들에게 변화를 불러올 구체적인 행동을 요구한다. 여성의 아군을 자청하고, 젊은 남성들에게 건강하고 존중할 만한 남성의 귀감을 보이고, 여성을 비하하는 농담을 들으면 정색하고, 여성을 폄하하고 학대하는 남성들에게 용기 있게 맞서라고 요구한다.

빈센트는 현재 젊은 남성들에게 주도적으로 문제를 해결하라는 메시지를 전달하는 데 주력하고 있다. 캐슬린 네빌은 최근 학생 운동선수들을 대상으로 한 강연 분위기를 이렇게 회상했다. "굉장히 강렬한 경험이었어요. 객석이 어찌나 조용한지, 핀이 떨어지는 소리조차 들릴 것 같더군요. 거구의 선수들이 연설을 듣다가 눈물을 흘리더라고요."

방관자에서 아군으로

직장에서 여성의 편을 들었다가 대가를 치른 남성들이 있다. 많은 경우, 그들은 여성 피해자처럼 심한 보복을 견뎌야 했다.

뉴저지주 티넥 경찰관 존 슐디스(John Shouldis)는 용기 있는 행동의 고전으로 삼을 만한 사례를 남겼다. 티넥 최초의 여성 경찰관이 성희롱을 당하고 문제를 제기하자, 슐디스는 피해자의 편을 들었다. 그는 피해자를 위해 진술과 증언을 했고 그 결과 심한 보복에 시달렸다. 여성 동료를 지지하고 나선 뒤 거듭 승진을 거부당했고, 초과 근무 수당을 받지 못했고, 매일 출퇴근을 감시당했고, 동료 경찰들로부터 따돌림을 당했다. 지역 순찰경찰관 자선회에서는 제명하겠다는 위협을 받았다. 따돌림이 일상이 되었다. 그는 심야에 순찰차를 타는 업무를 지시받았고, 다른 업무에서는 제외되었다.

결국 슐디스 스스로도 감당할 수 없는 지경에 이르렀다. 신경쇠약에 걸려 병가를 낸 슐디스는, 업무에 복귀하자마자 다시 괴롭힘이 시작되는 걸 보고 소송을 거는 길밖에 없다고 판단했다. 소송은 슐디스에게 트라우마를 남겼다. 정의로운 판결이 내려지고 슐디스가 보복당한 것에 대한 배상금으로 410만 달러를 받기까지 꼬박 10년이 걸렸다. 슐디스는 승소했지만 이 경험으로 그의 일상은 파괴되었고, 건강은 악화되었고, 커리어가 끝장났다. 단지 여성 동료를 위해 진실을 말한다는 올바른 일을 했기 때문에.

다른 사람들이 숨을 곳을 찾아 전전할 때 자리를 박차고 일어나 진실을 말하는 데에는 용기가 필요하다. 내게 깊은 인상을 준 남성이 한 사람 더 있다. 그는 내게 자기 인생을 영영 바꾼 경험을 들려주었다.

그 주인공은 전 미디어 기업 이사이자 지금은 사업가인 마크다. 그는 말했다. "사람들은 직장이 공정하고 좋은 공간이길 바랍니다. 그 기대가 이루어지지 않으면 모두가 고통 받죠."

마크는 아이비리그 명문대를 졸업하고 다국적 기업에 취직했다. 그에게는 도전 정신을 자극하는 업무가 맡겨졌다. 소수 인원으로 이루어진 첨단기술혁신 팀을 이끄는 일이었다. 마크는 승승장구했고, 신나게 일했다. 그의 팀 멤버 중에는 훌륭한 성적으로 경영대를 졸업한 능력 있는 젊은 여성 샤론이 있었다.

마크가 입사한 주에 상사 제프가 그를 호출해서 갑작스러운 지시를 내렸다. "샤론을 팀에서 빼게."

마크는 깜짝 놀랐다. "왜요?" 마크가 보기에는 이유가 없었고, 제프도 구체적인 이유를 설명하지 않았다. 마크는 대답했다. "문제가 있다면 같이 해결해야죠."

제프가 말했다. "해결하는 건 자네 일이 아니야. 샤론을 내쫓는 게 자네 일이라고."

마크는 제프의 사무실을 나설 때만 해도 크게 걱정하지 않았다. "저는 '어떻게든 해결되겠지'라고만 생각했어요." 그 뒤로 잔잔한 일상이 흘러갔고, 마크는 제프가 그날따라 기분이 좋지 않았던 거라고 결론 내렸다. 샤론을 포함한 팀원 전부가 아주 열심히 일하고 있었다. 주당 근무 시간이 60시간, 때로는 80시간을 넘어갔다.

하지만 한 달 뒤 제프는 다시 샤론을 쫓아내려 했다. 마크는

나는 더 이상 침묵하지 않기로 했다

제프를 말렸고, 제프는 마크를 말없이 노려보았다.

절망스러운 부분은 제프의 태도를 도무지 설명할 수 없다는 점이었다. 샤론의 실적은 훌륭했다. 마크는 샤론의 업무 스타일이 제프의 마음에 안 드는 모양이라고 짐작했다. 샤론은 성실했지만 새침한 면이 있었고, 제프는 할 말을 거침없이 하는 문화를 선호했다. 그 즈음 마크의 귀에 제프가 부서 내 여성들을 대하는 태도에 관한 소문이 들어왔다. 마크가 입사하기 직전에 퇴사한 여성이 있다고 했다. "제프가 그녀를 소파로 밀어 넘어뜨렸다고 하더군요." 제프에게 괴롭힘을 당한 그 여성은 적대적인 근무 환경에 적응하기 위해 정신과 의사를 찾아가기까지 했고, 결국은 차라리 퇴사하는 게 낫겠다고 결정했다고 한다. 마크는 말했다. "저희 팀 분위기는 심하게 적대적이었어요. '살아남으려면 제프만큼 거칠어져야 한다'라는 메시지를 전하려는 것 같았죠."

이렇듯 성적이지는 않더라도 젠더에 의거한 괴롭힘이 일어나곤 한다.

막 회사에 들어온 마크는 그런 문화에 익숙지 않았고, 상황을 원만하게 해결하려고 노력했다. 그는 고전적인 문제 해결에 능했고 훌륭한 교육을 받은 경영인이었다. 확고한 원칙이 있는 지도자로서, 사람들이 자기 능력을 한껏 발휘할 수 있는 근무 환경을 만들어야 한다는 굳은 믿음을 품고 있었다. 하지만 그 믿음을 현실로 옮기기가 너무나도 어려웠다. 상사가 선량한 직원에게 이유 없이 적의를 내뿜는 상황이 마크에게는 무척 난감했다.

하루는 샤론이 마크의 사무실을 찾아왔다. "드릴 말씀이 있어요." 마크는 샤론을 반갑게 맞이하고 문을 닫았다. 샤론은 의자에 앉자마자 울음을 터뜨렸다. "제프 아래에서 일하는 게 너무 힘들어요. 상황이 점점 나빠지고 있어요." 샤론은 마크의 위로를 받던 중 폭탄 발언을 했다. 건강에 문제가 생겼지만, 사무실을 비우고 화장실에 가면 제프의 눈 밖에 날까 봐 참고 있다는 것이었다. 제프의 괴롭힘이 샤론의 건강을 해치고 있었다.

이 시점에서 마크의 머릿속에 경보음이 울리기 시작했다. 샤론의 상황은 단지 불편한 직장 내 갈등 수준을 넘어 건강과 안전의 문제로 번져 있었다. 마크는 샤론의 관리자로서 목소리를 내야만 했다.

마크는 마지 못해 입사 전부터 연락을 취했던 인사 과장을 찾아가 샤론의 이야기를 들려주었다. "샤론과 우리 회사 양쪽을 보호하기 위해 무얼 할 수 있을까요?" 마크의 물음에 인사 과장은 자신이 힘써보겠노라며 마크를 안심시켰다.

다음 날, 마크는 제프의 사무실에 불려갔다. 제프는 기분 나쁜 표정으로 책상 위에 두 발을 떡 올려놓고 있다가, 마크를 보자마자 자신을 인사 과장에게 고자질했다고 비난했다. 마크는 제프에게 자신의 행동을 논리적으로 해명하고자 했지만, 제프는 귀를 기울이지 않았다. 면담이 끝날 무렵 마크는 제프가 자

나는 더 이상 침묵하지 않기로 했다

신을 적대시하고 있음을 절감했다.

이어진 몇 달 동안 제프는 대놓고 마크와 일하고 싶지 않다는 태도를 취했다. 심지어 마크에게 "당신은 여기 필요 없어"라고 말하기까지 했다. 마크는 어떻게 행동해야 할지 오랫동안 고심했다. "정말 외로웠어요. 회사에 제 편은 아무도 없었습니다." 그는 결국 더 이상의 손해를 막기 위해 회사를 떠나기로 결정했다. 샤론은 회사엔 남았지만, 그녀도 곧 퇴사했다.

이 경험은 마크에게 트라우마로 남았다. 그는 이 경험을 이해하고, 교훈으로 삼고, 일상을 계속하고자 노력했다. 다행히 그는 이전 업무만큼 도전적이면서 보상은 훨씬 큰 새로운 일을 찾았다. 마크는 말했다. "현대 직장에서 구세계의 객기는 통하지 않아요. 직원들끼리 서로 공감하고 신뢰하는 일이 중요하죠." 다행히 마크는 두 번째 직장에서 긍정적이고 서로 지지하며 모든 직원이 존중받는 문화를 조성할 수 있었다. 하지만 지금도 많은 대기업에 적대적 근무 환경이 남아 있는 것을 잘 알기에, 그것이 어떤 결과를 낳을지 걱정스럽다고 말한다.

마크가 절감했듯 '진짜 남자'가 된다는 건 타인에게 거칠고 잔인하게 구는 것과는 다르다. 그렇다면 '진짜 남자'의 진짜 의미는 무엇인가? 종교와 영성, 불교 과학, 달라이 라마를 연구하는 세계적 권위자 밥 서먼(Bob Thurman)의 말이 흥미롭다. 그는 나와 대화를 나누면서 남성성의 문제를 넓은 시야에서 조망하고, "냉정한 사나움(cool fierceness)"이라는 표현을 고안했다. 사나워지는 게 꼭 분노해야 한다는 뜻은 아니다. 그는 "분노의 연료는 분노가 된 절망"이라고 말한다. "분노한 여성"의 이미지는 비생산적이다. "여성은 예의 바르게 굴어야 한다고 사회화되었습니다. 그래서 좌절을 참고 참다가 마침내 뚜껑이 열리고 말죠." 하지만 "냉정한 사나움"은 분노하기 전에 우선 전략적으로 자신을 옹호하는 것을 의미한다. 서먼은 말했다. "선제적으로 사납고 강인한 태도를 취하는 것이 중요해요. 사나워진다는 건 스스로에 대한 통제력을 잃고 반사적으로 반응하는 게 아니라 무예가처럼 냉정해진다는 뜻입니다."

"남성 행동 강령"을 깨라

앞서 소개한 제프리 토비아스 홀터는 여성에 대한 부당한 대우에 일조하는 "남성 행동 강령"을 이야기한다. "이 강령은 남성의 문화적 기준이 되고, 나아가 기업 규칙의 기본형이 됩니다." 홀터에 따르면, 이 강령의 수칙 하나는 모든 여성스러움을 피하라는 것이다. "여성 문제와 여성의 성취에 대해 이야기하는 것만으로도 여성스러운 취급을 받을 수 있습니다. 남성들은 강해지고, 감정을 숨기고, '남자답게' 굴라는 말을 들어왔습니다. 모든 여성적인 것을 피하라는 요구를 받는 남성들의 눈에 여성은 항상 너무 무르거나 완고해 보이게 되죠. 딜레마예요."

남성 행동 강령의 또 다른 교리는 '남자의 남자'가 되는 것이다. "다른 남성들과 어울리고, 스포츠나 스포츠에 관한 대화, 퇴근 후 술 한잔 등등 여성을 배제시키는 남성들만의 활동에 주로 참여해야 한다는 뜻입니다. 남자들끼리 어울리는 것 자체야 나쁠 것 없지만, 인간적 유대감을 쌓는 경험에서 여성이 계속 배제된다면 직장 내 남성 문화가 강화될 수밖에 없습니다."

홀터는 남성들이 다른 남성의 나쁜 행동을 외면하는 이유가 남성 행동 강령을 지켜야 한다는 압박 때문이라고 생각한다. 성희롱이 일어난 경우, 피해자 여성의 편을 들면 남성 행동 강령을 어기는 거라는 잘못된 생각에 빠지기 쉽다는 거다.

그렇다면 해법은 뭘까? 홀터는 "남성들이 적극적인 역할을 맡아 남성 행동 강령에 문제를 제기해야" 한다고 말한다. 그는 남성들이 모두의 행복과 더 나은 직장 문화를 위해 새로운 강령을 만들어야 한다고 믿는다.

나는 "이 싸움엔 남자들이 필요하다"라고 자주 말해왔다. 직장 내 성희롱 문제와 임금 차별, 여성의 승진 누락 문제를 해결할 책임을 여성들에게서만 찾아서는 안 된다. 《포천(Fortune)》지 선정 500대 기업의 CEO직에서 여성을 보기가 너무나 힘든 지금, 우리에겐 변화를 도울 깨우친 남성들이 필요하다.

8장
참을 만큼
참았어!

직장에서 형편없는 대접을 받고 좌절하는 여성들이 있다. 그들은 절망에 빠져 한동안 입을 꾹 다물고 있다가, 더는 참을 수 없는 지경에 이르면 "참을 만큼 참았어!"라고 외치고는 마침내 행동을 개시한다. 그게 어떤 기분인지 나도 안다. 나도 직장에서 그런 무력감을 여러 번 겪어봤다. 그러나 삶에서 무력감을 떨치는 제일 좋은 방법은 자신이 정확히 무엇을 통제할 수 있는지 알아내는 것이다. 인생은 원래 반전과 굴곡으로 가득한 법이다. 그럴수록 확실히 자신의 손에 달린 일에 집중하는 편이 좋다. 예를 들어 하루하루를 최선의 모습으로 보내기, 자녀와 남편과 부모님과 좋은 관계를 유지하기 등은 내가 선택해서 이룰 수 있는 일이다. 인생의 나머지 부분이 통제 불능 상태가 되었다고 느낀다면 통제할 수 있고 분명한 위안을 주는 것들에 의지하라. "참을 만큼 참았어"는 패배를 시인하는 말이 아니다. 우선 나 자신을 더 잘 알고 힘을 되찾겠다는 선언이다. 참을 만큼 참고 나서 주어지는 보상은, 우리가 진실로 어떤 사람이 되어야 하는지에 대한 깨달음이다.

여자들, 반격하다

2017년 4월 6일 나는 뉴욕시 링컨 센터의 데이비드 H. 코크 극장 무대로 걸어 나갔다. 양옆에 내 변호사 낸시 에리카 스미스와 소방관 퍼트리샤 토마셀로(Patricia Tomasello)를 대동한 채였다. 내가 패널로 참석을 부탁받은 행사는 CBS 프로그램 〈60분(60 minutes)〉의 기자 레슬리 스탈(Lesley Stahl)이 사회를 맡은 성희롱 관련 행사로, 제8회 세계 여성 정상회의의 일환이었다. 전 세계의 강한 여성들과 그들을 지지하는 남성들이 사흘 동안 발표할 예정이었다.

강연장은 발 디딜 틈 없이 가득 찼다. 청중들은 적극적으로 행사에 참여했고, 우리의 열띤 토론에 뜨거운 반응을 보였다. 나는 특히 퍼트리샤가 무대에 올라 기뻤다. 버지니아주 페어팩스 카운티 소방서에서 20년간 복무한 퍼트리샤는 2016년에 자신을 괴롭히고, 성희롱하고, 퇴사시키려고 공모한 동료 열일곱 명에게 소송을 걸었다. 퍼트리샤는 소방서 내에서 최초로 화재조사관 직위로 승진한 아프리카계 미국인 여성이었고, 수년 동안 동료와 상사들에게 부당한 대우를 받았다. 그들은 잠자리를 하자고 끈질기게 괴롭혔고, 거짓 소문을 퍼뜨렸고, 심지어는 퍼트리샤의 차 안에 마리화나를 넣어두기까지 했다. 모두가 그녀를 내쫓으려고 합심한 것만 같았다.

퍼트리샤가 겪은 일은 여성들이 모든 업계에 진출한 오늘날, 아직도 어떤 영역에선 여성이 환대받기 위해 힘겹게 싸워야만 한다는 사실을 보여준다. 무대에 오른 퍼트리샤는 자신이 처했던 것과 같은 환경에서는 문제에 대해 입을 다무는 편이 권장된다고 말했다. "입을 열면 바로 배척당합니다." 그녀는 여성 청중들에게 경고했다. "보복당하는 거예요." 하지만 그걸 다 알면서도 퍼트리샤는 용기 있게 침묵을 깬다는 선택을 했다.

나는 무대에 올라, 전부터 자주 하던 말을 다시 했다. "저는 2017년인 지금도, 여전히 모든 여성이 들려줄 이야기를 하나씩은 가지고 있다는 걸 알게 되었습니다. 그게 변화가 필요한 이유입니다."

객석에서 터져 나오는 커다란 응원과 우렁찬 박수에서 열정과 결의가 느껴졌다. 놀라운 경험이었다. 이 여정을 시작한 뒤, 나는 성희롱 이슈에 더 많은 관심이 쏟아지고 있음을 느꼈다. 이 책을 집필하기로 결정하고 나는 주변 사람들에게 말했다. "이 책은 그냥 한 권의 책에 그치지 않고, 하나의 운동을 시작할 거예요." 그건 나 자신에게 들려주는 말이기도 했다. 강단에 오를 때마다 나는 느낀다. 정치적 흐름이 바뀌거나 다른 뉴스가 터져도 이 운동은 흐지부지되지 않을 것이다.

제8회 세계여성정상회의가 개최되기 약 두 달 전인 2017년

1월 21일, 여성 행진이 열렸다. 남녀 250만 명이 미국 50개 주와 전 세계 32개 국가에서 총 673개의 행진에 참여했다. 그중 가장 규모가 큰 행진은 워싱턴 D.C.에서 열렸는데, 대통령 취임식 바로 다음 날이라는 점에서 특히 기세가 맹렬했다. 여성 행진은 행동하겠다는 약속이자 운동을 만들어내겠다는 맹세였다. 내가 몇 달 전부터 되뇌던 말도 그 일부였다. 이 책을 쓰면서 인터뷰한 한 여성은 내게 큰 소리로 선언했다. "참을 만큼 참았습니다!" 그 말이 내겐 전투 구호처럼 들렸다. 우리 여성들은 이제 들고 일어서기로 결정했다. 우리 여성들은 이제 "참을 만큼 참았다." 당당하게 일어서서 입을 열 것이다.

하지만 갈 길은 여전히 멀다. 진보는 고릿적 진화 차트에서처럼 발전의 연속으로 이루어지지 않는다. 2016년 대선이 끝나고 오바마 대통령이 말했듯, 진보가 걷는 길은 고르지 않다. "우리 미국은 결코 똑바른 길을 걸은 적이 없었습니다. 우리는 갈팡질팡 걷고, 때로는 누군가가 보기에는 전진이고 다른 누군가의 눈에는 후진인 방향으로 움직이기도 합니다." 그런 현실에 좌절할 때도 있다. 그러나 앞을 향한 행진이 이미 시작되었으며 계속되고 있다는 사실은 누구도 부정할 수 없으리라.

나는 하나의 운동이 탄생하는 데 무엇이 필요한지 골똘히 생각해보았다. 다 같이 "참을 만큼 참았다"라고 외치게 만들려면, 뭐가 필요할까? 목소리를 가진다는 건 무슨 뜻일까? 목소리를 낸다는 건 또 무슨 뜻일까?

나는 더 이상 침묵하지 않기로 했다

성희롱과 성폭력을 고발하는 여성들을 거짓말쟁이로 취급하는 현실이 나는 매우 안타깝다. 여성들이 입 열기를 두려워하는 큰 이유 중 하나가 깊이 뿌리내린 불신 풍조다. 어떤 경우에는 피해자 여성을 가장 사랑하는 가족과 친구조차 그녀의 말을 믿지 않는 무서운 일이 벌어진다.

성희롱 이슈에 진영 논리로 접근하는 사람들을 매일같이 본다. 미국인으로서 우리 모두가 토의하고 해결해야 마땅한 문제를, 자신이 지지하는 정당에 따라 다르게 판단하려 드는 것이다. 성희롱 이슈는 그렇게 다뤄져서는 안 된다. 우리 모두에게 우선순위로 여겨져야 한다.

지금 우리 사회에는 테러 위험이 중요 이슈로 부상해 있지만, 사실 테러 발생 건수는 비교적 많지 않다. 그러나 전미 강간·학대·근친상간 네트워크(Rape, Abuse, and Incest National Network, RAINN)에서 제공한 자료에 의하면 매년 성폭력을 당하는 사람의 수는 35만 1500명에 달한다. 한 해에만 이 정도라면, 성폭력은 수백만 명의 인생에 영향을 미치고 있는 셈이다. 그런데 대중들은 왜 분개하지 않는가? 정치인들은 왜 이 문제를 해결하지 않는가?

여성들이 남들에게 자기 이야기를 들려주고 믿게 하려면 갖은 노력을 해야 한다. 그 큰 이유 중 하나는 권력자와 조직의 평판을 보전하고자 하는 본능일 것이다. 하지만 내가 보기에 또 다른 이유는 미국인들의 정신 속 깊은 곳에 도사리고 있다. 민주주의 원칙을 훌륭하게 지키고 있다고 자랑하는 우리 미국에서 그토록 끔찍한 폭력이 비일비재하다는 사실을 인정하기 어려운 것이다. 여성이(특히 자기 어머니, 아내, 딸, 여자 형제가) 그런 식으로 취급받을 수 있다는 현실을 믿고 싶지 않은 것이다. 이상적인 그림에 해를 끼치는 현실을 믿고 싶지 않아서 문제를 무시하고, 가해자들을 옹호하는 핑계를 만들고, 여성을 탓하는 게 차라리 더 쉬운 것이다.

내가 인터뷰한 많은 여성들은 속 시원하게 성희롱 사건을 해결하지 못했다. 한줄기 희망도, 극적인 순간도 없었다. 하지만 그들은 내게 연락을 취했다. 중요하게 생각할 부분이다. 여성들이 이제 참을 만큼 참았다고 말할 준비가 되었다는 뜻이기 때문이다. 많은 이들이 내게 처음으로 자기 경험을 털어놓는다고 말했다. 그들의 고백은 첫걸음이기도 하지만, 그 자체로도 승리다. 지금 우리가 던져야 할 중요한 질문은 이것이다. 그들에게 확성기를 주기 위해 우리가 무얼 할 수 있는가? 그들이 겪은 일을 통해 힘을 얻고 더 패배하지 않으려면, 우리가 어떻게 도울 수 있는가?

여성들은 내게 무력감과 외로움을 누누이 이야기했다. 나 역시 같은 감정을 느껴보았다. 현실에 만연한 성희롱이 너무 압도적으로 느껴진다면 역사를 한번 살펴보자. 여성들은 150년 전에 자신의 권리를 주장하기 시작했고, 그것이 여성 참정권 운동으로 발전했다. 처음 운동에 뛰어든 여성들은 몇 명 안 되었다. 이용할 수 있는 자원도 별로 없었으며 지지도 받지 못했다. 당시엔 여성이 공적인 공간에서 발언한다는 것부터가 신체적인 위협에 내몰리는 일이었다. 그러나 그들은 해냈다. 세상 전체가 등을 돌려도, 그들은 해냈다. 그들은 어떻게, 남들에게는 불가능해 보인 목표를 가능하다고 믿을 수 있었을까? 어떻게 남들에게 기이하게만 여겨졌던 권리를 주장할 용기를 냈을까?

그들에겐 서로가 있었다. 깨지지 않는 유대로 끈끈하게 뭉친 자매들이 있었다. 그들은 함께 전략을 세우고, 겁먹은 자매들을 은신처에서 불러내고, 뜻을 같이하는 남성들을 찾아내고, 운동을 만들었다. 그들은 겁먹지 않았다. 1872년 수전 B. 앤서니(Susan B. Anthony)는 대선 투표를 한 혐의로 구속되자, 대담하게도 법정 심리를 기회 삼아 여성 평등권을 목 놓아 외쳤다. 그녀는 여성에게 참정권이 주어지기 전인 1906년에 사망했지만, 죽기 전에 자신이 얼마나 긴 싸움을 하고 있는지 알았다. "아아, 내가 한 세기를 더 살아서 여성을 위한 이 노력의 결실을 볼 수 있다면 좋으련만!" 그 세기는 지나갔고, 이제 우리가 그녀의 성화를 이어받고 있다.

분명한 사실은, 성희롱은 진공 상태에서 존재하지 않는다는 것이다. 성희롱은 여성을 평등하게 대하지 않고 존중하지 않는 더 넓은 사회 분위기의 한 요소이자 증표다. 지금껏 우리 사회는 대단한 진보를 겪었지만, 이미 단단히 굳은 태도를 바꾸는 데에는 더 오랜 시간이 걸릴 것이다. 2016년 전미경제연구소의 프랜신 D. 블라우(Francine D. Blau)와 로런스 M. 칸(Lawrence M. Kahn)이 연구한 바에 따르면 남녀 사이의 교육 격차는 이미 없어졌고, 경험 격차도 거의 없다고 한다. 그런데 어째서 같은 일을 하는 두 남녀 사이의 임금 격차가 아직도 이렇게 큰 걸까? 사람들은 여성이 아이를 낳으면 커리어가 단절되어서 그렇다고 말한다. (그 현실은 영영 바뀌지 않을 것만 같다!) 상사에게서 아이를 몇 명이나 낳을 계획이냐는 질문을 받아본 여성들도 많다. 그런 질문은 이제 법적으로 허용되지 않는데도 말이다. 여성들은 남성과 달리 여전히 가정에 매인 존재라는 낙인이 찍힌다.

믿을지 모르겠지만, 21세기인 지금까지도 기혼 여성은 경제적으로 의지할 구석이 있으니 커리어가 불필요하다는 믿음이 사회 전반에 깔려 있다. 그런 편견이 표면에 드러날 때도 있다. 몇 년 전 스포츠 에이전트인 내 남편이 스타 선수 한 사람과 신규 계약을 협상한 일이 있었다. 그 선수는 내게 대놓고 말했다. "이제 일 안 하셔도 되겠네요." 세상에, 내 커리어와 꿈은 아무 의미도 없다는 뜻인가? 더 나쁜 건 그게 처음이 아니었다는 사실이다. 방송인 커리어 초기, 클리블랜드의 직장에서 해고당했을 때 한 상사가 내게 말했다. "괜찮아. 결혼도 했잖아." 남성이 그런 말을 들었다는 얘기는 듣도 보도 못했다. 그러니 여성들에게 암묵적인 합의의 존재가 감지되지 않을 리 없다. 월스트리트에서 일했던 캐런은 내게 말했다. "제 남편은 월스트리트에서 큰 성공을 거두고 이름을 떨쳤습니다. 회사에서는 저를 해고

나는 더 이상 침묵하지 않기로 했다

하기 전에 이렇게 생각한 것 같아요, '애는 해고해도 괜찮아. 남편이 돈을 많이 버니까.'" 캐런에게 이런 태도가 더없이 실망스러웠던 까닭은 캐런 역시 몹시 유능했기 때문이다. 그녀는 업계 내에서 전도유망한 인물로 자주 거론되었고, 남성이 지배하는 업계에서 일하는 고충을 능란하게 타파해나가고 있었다. 그녀는 내게 말했다. "저는 항상 남자들과 출장을 가야 합니다. 남자가 너무 많아요. 저 아니면 다 남자죠. 그런데 출장을 가면 한밤중에 꼭 유부남 동료가 제 방문을 두드리더라고요. 제 옷차림에 대한 평가도 지겹게 들었습니다. 저는 그냥 그러려니 했어요. 동료가 문을 두드리면 무시했습니다. 성희롱과 비슷하지만 콕 집어 고발할 수는 없는 행동이 계속되었죠. 우리 여성들은 그저 이 업계가 원래 그런가 보다고 생각할 수밖에 없었어요." 캐런이 임신을 하자 상황이 달라졌다. 캐런은 여전히 능력을 십분 발휘하고 있었음에도 성취를 무시당했고, 한직으로 밀려났다.

로절린드 바넷(Rosalind Barnett)과 캐릴 리버스(Caryl Rivers)는 저서 《여성에 대한 부드러운 신식 전쟁: 여성의 지배력에 대한 잘못된 믿음이 여성과 남성과 우리 경제에 미치고 있는 악영향(The New Soft War on Women: How the Myth of Female Ascendance is Hurting Women, Men, and Our Economy)》에서 직장에서 여성을 밀어내는 보다 은밀하고 교활한 방식을 기술하고, 여기에 "부드러운 전쟁"이라는 이름을 붙였다. 전통적으로 남성 중심으로 간주되는 분야에서도 표면상으로는 여성들에게 기회가 열려 있지만, 기저의 편견으로 인해 여성들은 "적임자"로 여겨지지 않는다. 아직도 갈 길은 요원해 보인다.

어디서부터 시작해야 할까? 과거에 운동을 벌였던 선배 여성들처럼 행동으로 시작하자. 목소리로 시작하자. 사고방식을 바꾸는 데서부터 시작하자. 알면 알수록 우리 이슈는 성희롱과 성폭력에 국한되지 않는다. 문화 전체를 바꾸어야 한다. "참을 만큼 참았다"라고 말할 준비가 되었다면, 이제 목소리를 내야 한다. 변화를 시작할 방법 몇 가지를 소개해보겠다.

공룡을 처치하라

"그 여자가 어떻게 생겼나 한번 보세요……. 말이 됩니까?" 나타샤 스토이노프의 성폭력 고발에 대한 도널드 트럼프의 무례한 대답을 모두 기억할 것이다. 이 대답을 듣고 나는 힘이 쭉 빠졌다. 대놓고 말하는 사람은 별로 없지만, 우리 문화에는 성범죄의 대상이 되려면 "성희롱할 가치가 있어야" 한다는, 즉 예뻐야 한다는 믿음이 뿌리 깊게 박혀 있다. 나 역시 트위터에서 이런 내용을 담은 메시지를 여러 번 받았는데 발신인은 대부분 남성이었다. 나와 대화를 나눈 여성들 일부는 성희롱 사실을 친구나 어머니에게 털어놓자, 상사나 동료에게 그렇게 매력적으로 보였음을 기분 좋게 받아들이라는 대답이 돌아왔다고 말한다.

"요즘은 여자한테 칭찬을 하면 화를 내더라고요." 남성 지인한 사람이 내게 불평했다. 틀린 말이다. 여성들이 싫어하는 건 칭찬이 아니라 대상화다. 남자가 낯선 여성에게 섹시하다고 말하면, 그건 대상화다. 여성을 자신과 동등한 사람이 아니라 하나의 대상으로 보는 것이니까. 내가 아는 여성 중에 동료에게서 "그때 회의에서 낸 아이디어 끝내줬어요"보다 "그 원피스 입으니까 몸매가 끝내주네요"라는 칭찬을 듣길 원하는 이는 단 한 사람도 없다.

여성의 외모를 칭찬하는 문화의 이면에는 외모 기준에 미달했다고 모욕을 주는 문화가 있다. 내가 미스 아메리카로 선발된 해의 심사위원단에는 유명 시나리오 작가 윌리엄 골드먼(William Goldman)이 있었다. 그는 나중에 책을 한 권 썼는데 불행히도 그 책에는 내 얘기가 제법 많이 나와 있다. 책에서 그는 나를 "돼지 아가씨"라는 별명으로 부르며 폄하했고, 내 가장 큰 특징을 "땅딸막함"이라고 적었다. 얼마나 모욕적인지! 게다가 나는 당시 49킬로그램으로 생애 최저 몸무게를 찍고 있었다. 지구상에서 제일 위풍당당한 여성이라도 외모에 대한 공격에는 상처를 입을 수 있다. 힐러리 클린턴과 앙겔라 메르켈도 거듭되는 외모 지적이 지긋지긋할 거라고 상상한다. 여성이 하는 일은 외모와 아무 상관이 없다. 외모 지적은 그저 여성을 대상화하는 비열한 작태일 뿐이다.

여성의 외모에 대한 지적과 나란히 이루어지는 것이 바로 여성의 행동 방식에 대한 지적이다. 특히 말투에 대한 지적이 흔하다. 앞서 소개한 캐런은 내게 회사에서 CEO와 주기적으로 벌인 컨퍼런스 콜 얘기를 해주었다. 직원들은 CEO에게 떠오르는 대로 아무 질문이나 던질 수 있었다. 솔직하고 때로는 거친 대화가 이루어졌다. "CEO에게 질문을 던졌어요. 조금 날카로운 말투였을지도 모르겠는데, 남자들도 항상 날이 선 질문을 던지지 않던가요? 그런데 나중에 CEO가 저를 따로 불러서 이렇게 말하는 거예요. '자네 말투가 정말 마음에 안 드는군.'"

아, 그래, 그놈의 "말투" 말이다. 많은 여성들처럼 나도 평생 말투에 대한 지적을 받았다. 다정하고 친근한 동시에 강인하고 유능한 사람으로 보이고자 어찌나 애를 썼는지 꼭 배배 꼬인 꽈배기가 되는 기분이었다. 고통스러운 경험이었다. 얼마나 많은 여성이 일에 집중하느라 미소 짓는 걸 "잊은" 나머지 "얼음 여왕"이라고 불리게 되었을까?

2016년에 켈로그에서 영국 여성 2000명 이상을 대상으로 가장 경멸적으로 느껴지는 표현을 설문했다. 개중에는 영국 색이 짙은 것도 있지만, 나머지는 미국인에게도 꽤 친숙하다. 일부를 소개해보겠다.

"호들갑을 떪"
"생리하는 날처럼 예민함"
"쌍년"
"유지비가 많이 듦"

"공주병"

"남자의 기를 꺾음"

이런 표현에 대해 불평하면 그건 여성이 해결해야 할 문제라거나, 과민 반응이라는 답이 돌아온다. 바로 그런 태도 때문에 여성과 동성애자를 비롯한 소수자에 대한 모욕적인 표현들이 줄어들지 않는다. 자녀에게 무례한 말을 마음껏 내뱉어도 된다고 가르치는 부모는 아마 없을 것이다. 하지만 오늘날 많은 사람들이 당당하고도 요란하게 무례할 권리를 전시하고 있다. 바이런 클라크(Byron Clark)라는 이름의 한 뉴질랜드 남성이 그런 풍조를 바꾸고자 노력했다. 정치적으로 올바른 게 단순히 "타인을 존중하는 것"이라는 작가 닐 게이먼(Neil Gaiman)의 주장에 착안해, 웹 브라우저상에서 "정치적 올바름"을 전부 "타인을 존중하는 것"으로 치환하여 보여주는 PC2Respect라는 컴퓨터 프로그램을 만든 것이다. 이 프로그램은 "나는 정치적 올바름이 싫어"라는 댓글을 "나는 타인을 존중하는 게 싫어"로 바꾸어 보여준다. 이렇게 사고를 전환해보자. 누군가를 공주병이라고 부르기 전에, 잠깐만 멈춰서 생각해보자.

영향력을 활용해라

"내부 고발자는 하이힐을 신고 있었다." 알리사 버뮤데즈

(Alyssa Bermudez) 사건을 소개한《워싱턴 포스트》기사는 이런 문장으로 시작했다. 읽자마자 나는 생각했다. '전사로군.' 키가 훤칠하고 아름다운 그녀는 하이힐을 신은 채 워싱턴 D.C.의 교통안전청 건물 앞에 서서 피켓을 들었다. 결연한 표정이었다.

알리사의 1인 시위는 자신이 겪은 부당한 처우를 널리 알리기 위해 택한 대담한 방법이었다. 알리사는 교통안전청에 직장 내 성희롱을 당했다고 고발했으나 윗선에서는 근거가 불충분하다고 판결했고, 근신 기간이 끝나기 일주일 전에 알리사를 해고했다. 알리사는 교통안전청에 맞서기로 결정했다. 원하는 대로 조용히 꺼져주는 대신, 상상할 수 있는 가장 극적인 방식으로 자기 자신과 다른 여성들을 위해 들고 일어서기로 결심했다.

미국 전역의 여성들은 성희롱을 당하고, 폄하당하고, 열외로 밀려나는 것에 더 이상 침묵으로 대응하고 있지 않다. 그들은 영향력을 발휘하고자 한다.

생각을 말해라

2016년 TED여성(TEDWomen)에서 배우 애슐리 저드(Ashley Judd)가 강연하는 것을 혹시 보았는지 모르겠다. 그녀는 온라인에서 받은 모욕적인 메시지를 읊으면서 강연을 시작했다. "애슐리 저드, 멍청한 걸레년…… 꺼져라, 창녀야…… 애슐리 저드, 널 보면 왜 여성에게 투표권을 주면 안 되는지 알겠다." 그녀가 내린 결론은 이러했다. "온라인상의 여성 혐오는 젠더 권리에 닥친 전 세계적 비극이다."

저드가 이렇듯 온라인상에서 무지막지한 괴롭힘을 당하게 된 건 단지 그녀가 자신이 응원하는 스포츠 팀을 비판하는 트윗을 올렸기 때문이다. 그녀에게는 강간, 죽음, 수간을 언급하는 위협이 쏟아졌다. 충격을 받은 저드는 참지 않고 사이버 폭력에 맞서기로 결심했다.

이 싸움에 동참한 또 다른 유명 여성은 스스로를 사이버 폭력의 "최초 피해자"라고 일컫는 모니카 르윈스키(Monica Lewinsky)다. 그녀는 "잡년, 화냥년, 창녀, 백치, 그리고 물론 '그년'" 등 온갖 끔찍한 멸칭으로 불려왔다고 말한다. 르윈스키가 다시 공적인 무대에 돌아오기까지 얼마나 많은 용기가 필요했을지 나로서는 차마 상상도 안 간다. 르윈스키는 사이버 폭력에 맞서 싸우는 일을 새 임무로 삼고 자신이 아직도 헤어나지 못한 수치심으로부터 다른 여성들, 특히 젊은 여성들을 보호하고자 최선을 다하고 있다.

사소한 문제가 아니다. 몇몇 전문가들은 사이버 폭력이 신체적 폭력만큼이나 여성에게 피해를 준다고 말한다. 이 사실을 기억한다면 사이버 폭력의 심각성을 과소평가할 수 없다. 괴롭힘이라는 건 보통 아이들 사이에서 일어나지만(다음 장에서 더 이야기하겠다) 어른들 사이에서도 일어난다. 괴롭힘을 당하는 대상은 남성보다 여성이 더 많다. 상대의 합의 없이 온라인에 노골적인 성행위 사진이나 동영상을 게시하는 "리벤지 포르노"에 대해 들어보았을 것이다. 리벤지 포르노는 심각성을 인정받아 현재 미국 36개 주에서 법적으로 금지되어 있다. 여성은 온라인 스토킹에도 남성보다 취약하다. 스토킹 피해를 당해본 적 있는 사람으로서 말하건대, 이는 사람에게 일어날 수 있는 가장 무서운 일 중 하나다.

나를 스토킹한 사람은 커리어 초기에 4년 동안 나를 따라다녔다. 리치먼드에 첫 직장을 얻자 따라왔고, 신시내티로 이직하자 또 따라왔다. 스토킹 피해자가 얼마나 끊임없이 공포에 시달리는지, 경험해보지 않으면 상상하기 어렵다. 두 도시의 경찰은 나의 안전을 보장하기 위해 최선을 다했으며, 내 인생을 망치려드는 범죄자를 잡고자 독창적인 방법을 고안했다. 하지만 이런 도움들과는 별개로 스토킹은 충분히 관심받지 못하고 있다. 스토킹 피해자는 대부분 여성이기 때문이다. 나는 24시간 내내 경보기를 목에 걸고 다니며 혹시 그가 따라오고 있지 않을까 등 뒤를 흘끔거리면서 지옥 같은 몇 년을 보냈다. 경찰에서 마침내 그를 재판에 회부시키기에 충분한 증거를 모았다는 소식을 듣고, 신시내티의 한 탐정 사무소에서 몸을 덜덜 떨고 눈물을 흘리며 전화로 증언하던 내 모습이 마치 어제처럼 생생하다(다행히 재판이 열린 위스콘신에 가서 스토커와 대면할 필요는 없었다). 타인이 정상적으로 생활하지 못하도록 괴롭히는 사람에게는 중한 처벌이 내려져야 한다. 하지만 스토커에게는 고작 보호관찰이 선고되었

나는 더 이상 침묵하지 않기로 했다

다. 그는 보호관찰 기간 중 내게 연락을 시도했고, 그제야 징역이 내려졌다. 그것도 1년뿐이었다. 지금은 그가 죽었기 때문에 평안한 마음으로 이 글을 쓸 수 있다. 하지만 비슷한 상황에 처해본 적이 있는 여성에게 꼭 말하고 싶다. 나는 당신의 공포를 이해한다.

잘못된 믿음을 거부해라

이제 우리는 여성들의 발목을 잡는 문제들에 대해 전보다 더 잘 안다. 무얼 믿고, 무얼 믿지 않을지는 우리에게 달려 있다. 진실을 알고, 스토킹이나 성희롱이나 성폭력에 대한 우리의 편견 중 많은 부분이 잘못되었음을 인정하는 일도 우리에게 달려 있다. 우리는 잘못된 믿음을 너무 많이 품고 있다.

잘못된 믿음 하나: 여성이 자초한 일이다

여성이 옷차림이나 행동으로 일부러 성적 관심을 끌려고 한다는 건 케케묵은 착각이자, 성희롱 가해자와 그의 아군들이 즐겨 이용하는 탈출구다. 테네시주립대학교 마틴 캠퍼스의 심리학자 콜린 키(Colin Key)의 연구에 의하면, 성범죄 피해자를 탓하는 사람일수록 성범죄 가해자가 되는 경향이 높다. 키와 그의 동료들은 18~28세의 대학생 남성들에게 남성이 여성을 성희롱할 확률에 대한 의견을 설문했다. 설문 조사에서는 여성이 섹스를 자신에게 유리하게 이용한다고 생각하는지, 여성이 성적 관심을 즐긴다고 생각하는지 물었다. 이윽고 잠재적 성희롱 상황 여덟 가지를 제시하고 자신이 남성에게 얼마나 공감하는지, 각 상황에서 피해자를 얼마나 탓하고 싶은지 물었다. 앞서 여성이 섹스를 자신에게 유리하게 이용하며 성희롱에 책임이 있을 수 있다고 답한 남성들은 성희롱 상황 속 가해자들과 동질감을 느끼는 경향을 보였다.

우리는 여성의 옷차림과 행동이 성희롱을 부채질한다는 생각을 버리고, 실제로 성희롱을 저지르는 자들에게 초점을 맞추어야 한다. 성희롱은 인과 관계로 일어나지 않는다. 여성이 특정한 화장을 하거나 옷을 입음으로써 일어나는 일이 아니다. 우리가 알다시피 대부분의 성희롱은 매력적인 여성에 대한 어쩔 수 없는 반응이 아니라, 권력을 휘두르는 범죄다. 이 사실을 끊임없이 되새겨야 한다. 성희롱 가해자들은 비뚤어진 논리로 여성을 성적인 존재로 만들어, 스스로에게 여성을 성적 대상으로 대할 허가를 준다.

우리는 성희롱을 당하는 경험에 대한 이해가 부족한 남녀와 터놓고 이야기 나누는 것으로 변화를 시작해야 한다. 겉으론 악의 없어 보이는 행동이 당하는 사람을 위축시키는 이유가 뭘까? 다음 행동을 당한 사람의 기분에 집중해보자.

"동료가 내가 '섹시하다'면서 내가 기혼이라 사귀지 못하는 게 아쉽다고 말했을 때, 나는 재능과 업무 능력을 존중받지 못하는 기분이 들었다."

"동료가 엘리베이터에서 나를 껴안자 나는 옴짝달싹할 수 없었고 겁이 났다. 그에게 잘못된 메시지를 줄 만한 말이나 행동을 한 적은 없었다."

"CEO가 나를 '아름다운 새 부회장'이라고 소개해 당황했다. 사람들이 내가 회사에 기여할 수 있는 능력이 아니라 외모에 관심을 둘 것 같았다."

"조가 내게 자꾸 농담을 던지고 빈정거릴 때마다 동료들은 '조는 원래 그렇잖아, 무시해'라고 말한다. 그 말은 조의 행동을 용인하고, 심지어는 동조하는 것처럼 들려서 몹시 불편하다."

"상사가 우리 부서 여직원들에게 크리스마스 파티 준비를 맡으라고 지시하면서 '이건 원래 여자 일이니까'라고 말했을 때, 마치 남자들에겐 더 중요한 일이 있다는 것처럼 이야기하는 듯이 들렸다."

잘못된 믿음 둘: 여성이 지어낸 일이다

여성들이 성희롱 당한 이야기를 가짜로 지어낸다는 믿음이 퍼져 있지만, 실제로 여성들이 거짓 고발을 하는 경우는 드물다. 오히려 여성들은 성희롱과 성폭력을 잘 신고하지 않는다. 모든 연구 결과에서 여성들은 보복이나 더 큰 피해를 두려워하는 것으로 밝혀졌다. 전미연구위원회에 의하면, 특히 성폭력의 신고율이 심각하게 낮다. 다수의 연구 결과에 의하면 직장 내 성희롱을 당하는 사람의 수는 셋 중 하나 꼴이지만 실제 고발되는 건수는 그에 비해 턱없이 적다. 여성들이 권력을 쥔 남성을 해하기 위해 이야기를 지어낸다는 잘못된 믿음을 이제는 버리자.

회사나 조직에서 어려움을 겪는 전형적인 여성의 모습을 한 번 묘사해보겠다. 그녀는 학교에서 우수한 성적을 거두었을 가능성이 높다. 그럴듯한 대외 활동과 인턴십 경력이 있고, 미래에 대해 큰 포부를 품고 있다. 직장에 들어간 그녀는 자신의 능력을 입증하기 위해 남들의 두 배로 열심히 일한다. 지금껏 노력하고 능력을 발휘하면 보상 받는 삶을 살아왔기 때문에, 회사에서도 잘할 수 있으리라 기대한다. 커리어를 잃을 위험을 무릅쓰고 성희롱을 당했다고 고발하는 여성이 바로 이런 유형이다. 그녀는 "트러블메이커"가 아니다. 사소한 모욕에 과잉 반응하지 않는다. 문제를 제기하느니 차라리 맨발로 불 위를 걸을 사람이다. 그녀는 현재의 괴로움이 아니라 미래의 목표에 시선을 고정한다. 이런 여성이 어째서 자기 평판과 커리어를 망칠 이야기를 지어내겠는가?

이런 상황에서, 여성이 거짓말을 하고 있다는 생각은 사실이 아닐 가능성이 높다. 특히 가해자를 폭로하면 커리어가 위험에 처한다는 점에서 그렇다.

잘못된 믿음 셋: 몸을 만지지 않는 성희롱은 해롭지 않다

나는 더 이상 침묵하지 않기로 했다

꼭 섹스나 성적인 단어가 등장해야만 성희롱은 아니다. 법원에서 분명히 밝히고 있는 사실이다. "성희롱"은 젠더를 근거로 한 희롱에도 적용되고, 법적으로 신체적인 행위에 국한되지 않는다. "말은 해치지 못한다"라는 생각은 잘못되었다. 여기서 중요한 건 맥락과 의도. 여성을 폄하하려는 의도로 한 말과 그런 의도로 조성한 분위기는 성희롱으로 간주된다. 오늘날 이런 행동이 우연에서 나오는 경우는 드물다. 대부분의 회사에서 성희롱 교육을 실시하기 때문이다. 어떤 남성들은 여성 동료에게 성적으로 도발하는 말을 건네거나 자신의 성적 능력을 과시하지 못하는 것에 불만을 표한다. 하지만 상대가 반기지 않는 행동은 성희롱으로 간주될 수 있다.

유해한 환경이 여성에게 실제로 해를 끼치지 않는다는 믿음은 잘못된 것이다.

잘못된 믿음 넷: 돈이나 유명세를 노리고 성희롱을 고발한다

성희롱 고발로 돈깨나 벌었다는 여자에 대해선 누구나 들어봤을 것이다. 그런데 사실 그런 여성은 존재하지 않는다. 우선 성희롱을 고발하는 여성 대부분이 바라는 건 문제 해결, 만일 일자리를 잃었을 경우는 복직이다. 합의금을 받거나 승소하는 경우도 대부분 5만 달러 이하의 돈을 받는데, 커리어를 날리는 대가로는 소소한 금액이다. 유명세에 대해서는 글쎄, 나는 성희롱을 당한 것으로 유명세를 얻고 싶어 하는 여성은 한 사람도

본 적이 없다. 자신의 평판과 커리어를 희생하면서 권력이 있고 잘 알려진 가해자에게 맞선다는 결정은 극심한 고통을 수반한다. 오늘날 대중 앞에 성희롱을 고발하고 나선 여성은 온라인에서 괴롭힘을 당하고, 심지어는 살해 협박을 받는다.

여성이 성희롱을 당함으로써 무언가를 얻는다는 생각은 잘못된 믿음이다.

이제까지 소개한 잘못된 믿음들이 생성된 데에는 가해자와 그 아군뿐 아니라, 나쁜 일을 당한 여성을 당연히 탓하는 문화에도 책임이 있다. 피해자에게 다짜고짜 "너, 거짓말쟁이지?"라고 묻는 대신 "널 믿어"라고 말해준다면 어떤 변화가 일어날까?

베풀어라

일단 힘을 얻고 나면, 새 인생과 내면의 힘을 상징하고 표현할 방법을 찾아라. 나는 힘을 찾는 동시에 다른 여성들을 도울 수 있는 방법을 찾을 수 있어 몹시 뿌듯했다.

내 사건이 대중에 공개된 후 몇 달 동안 나는 옷장 앞에서 오랜 시간을 보내지 않았다. 내 안의 일부는 내가 더 이상 일하지 않는다는 사실을 인정하고 싶지 않았던 것 같다. 그리고 대부분 새것인 총천연색 원피스 수십 벌을 비롯해 어떤 옷들은 "과거의" 나를 상징하는 것 같았다. 다시 일터에 나간다 해도 그런 옷

나는 더 이상 침묵하지 않기로 했다

을 입고 싶지는 않았다. 그런데 이제 내겐 필요 없어진 원피스가 다른 사람에게는 필요할지도 모른다는 데에 생각이 미쳤다. 그래서 나는 원피스 여러 벌을 다른 사람들에게 나눠주겠다고 결정했다. '성공을 위한 원피스(Dress for Success)'는 별로 낡지 않은 중고 의류를 수거해 취업(혹은 재취업)을 위해 옷이 필요한 여성들에게 전달하는 멋진 조직이다. 내 원피스를 기증할 완벽한 조직이기도 했다. 그때 나는 ABC 방송국에서 신년 특집 〈더 뷰(The View)〉의 임시 진행을 맡게 되었는데, 프로그램이 끝날 때 기증품을 깜짝 공개하기로 했다. 제작진이 거대한 옷걸이 두 개에 빼곡히 걸린 원피스를 스튜디오로 밀고 들어왔다. 총 98벌이었다. 세트장에 앉아 그 모습을 지켜보던 나는 감정이 북받치고, 카타르시스를 느꼈다. 내 과거를 벗어던지면서, 동시에 남들에게 새로운 기회를 준다는 것이 얼마나 멋지게 느껴졌는지. 사람들은 여성의 출근 복장을 힘과 결부지어 '파워 슈트(power suit)'라고 부른다. 내가 98명의 여성에게 '힘'을 주었기를, 그 힘으로 난관에 맞서 새로 시작할 용기를 주었기를, 내가 그랬듯 새로운 삶을 찾게 해주었기를 바란다.

스스로를 믿어라

성희롱이 만연한 환경에서 불편한 사실 하나는, 사람들이 성희롱을 '비뚤어진 정상'으로 보기 시작한다는 점이다. 그런 경향은 권력을 거머쥔 단 한 사람에 의해서도 충분히 시작된다. 하지만 미숙한 직원이 맞서 싸우기가 불가능한, 조직이나 회사의 문화 전체가 주범인 경우도 있다. 우리가 문명화된 시대에 살고 있다고 생각해온 사람에겐 이런 현실이 초현실적으로 느껴질지도 모른다. 나는 셰릴의 이야기를 듣고 나서, 이런 때일수록 우리 스스로를 믿는 일이 그 어느 때보다도 중요하다고 생각했다.

"제가 평생 꿈꿔온 일이었어요." 셰릴은 비행기 정비공이라는 자신의 직업을 사랑했다. 몇 년 동안 전업주부로 지낸 뒤 새로운 커리어를 시작한 셰릴은 일에 푹 빠졌다. 셰릴이 속한 정비소에서 그녀는 최초이자 유일한 여성이었다. 셰릴이 입사하기 전에 관리자가 다른 정비공들에게 "정비 라인은 여자가 있을 곳이 아니다"라고 말했다는 이야기를 듣고 그녀는 충격을 받았다. 정비소에 출근한 그녀에게는 "여자가 남자 일을 하려고 든다"는 비난이 쏟아졌다. 한 동료가 말했다. "당신 때문에 얼마나 성가신지 알아요? 화장실까지 하나 더 만들어야 했다니까!" 동료 직원 한 사람은 셰릴에게 데이트 신청을 했고, 거절하자 그녀와 아예 말도 섞지 않았다. 다른 동료들도 셰릴을 따돌리기 시작했다.

셰릴은 기꺼이 배우고자 하는 성격이었지만, 종종 고의로 업무를 방해받거나 실패할 수밖에 없는 일이 주어진다는 느낌을 받았다. 그녀가 실수하면 상사는 고함을 질러댔다. 배운 적 없는 업무를 맡긴 다음 실수했다고 꾸짖는 일이 가장 끔찍했다. 잘

나는 더 이상 침묵하지 않기로 했다

모르는 절차를 가르쳐주는 사람이 주위에 아무도 없었다.

인사과에 문제를 제기하고자 한 셰릴의 노력은 전부 무시되었다. 인사과에서는 대놓고 셰릴을 골칫덩이 취급했고, 결국 셰릴은 해고당했다. 그녀가 규제를 어겼다는 누군가의 거짓 고발이 이유였다.

셰릴과 그녀의 가족은 지금도 그 사건으로 고통 받고 있다. 법적 구제책을 찾고는 있지만, 시간이 오래 걸린다. 그동안은 시간제로 일하면서 정의의 심판이 내려질 날을 기다려야 한다. 셰릴은 아들들에게 사람들이 각자 살아가는 다른 방식들을 존중해야 한다고 가르치고 있다. "여성의 관점이 남성과 다르다는 걸 알려주고 싶어요. 관점의 차이가 무시되어선 안 된다는 것도요. 여성이 질문을 더 많이 던진다는 게, 여성이 덜 똑똑하다는 뜻은 아니거든요." 셰릴은 남성 위주의 분야에서 일하고자 하는 다른 여성들에게 용감하게 손 내밀고, 자신이 겪고 느낀 것들을 기반으로 그들이 더 높이 올라갈 수 있기를 바란다.

셰릴과 같은 여성들에게 나는 스스로를 믿으라고, 남들이 뭐라 하든 개의치 말라고, 실패한다고 해서 초라해질 필요는 없다고 말하고 싶다. 셰릴은 자신이 능력을 발휘하지 못하는 상황에 처한 게 자신 탓이 아님을 안다. 그녀가 직장에서 성공하지 못하도록 방해한 진짜 장애물은 고의적으로 교육을 못 받게 한 상사들이었다. 남성 위주의 분야에서 일하는 다른 여성들도 스스로에 대한 부정적인 생각을 떨쳐야 한다.

용감해져라

지금 여성이 성차별에 대해 그 어느 때보다도 소리 높여 외치고 있는 공간은 할리우드다. 성희롱, 평등한 기회, 동일 임금까지 여러 주제가 거론되고 있다. 넷플릭스 인기 드라마 〈하우스 오브 카드(House of Cards)〉에서 프랭크 언더우드(케빈 스페이시)의 아내 클레어 언더우드 역을 연기한 유명 배우 로빈 라이트(Robin Wright)는 당당하게 동일 임금을 요구한 용감한 여성이다. 2016년, 그녀는 넷플릭스에 케빈 스페이시와 동일한 출연료를 요구했다. 그녀가 맡은 배역이 스페이시의 배역과 대등하게 인기 있고, 주인공급이라는 이유였다. 그녀는 만일 자신의 요구를 거절한다면 문제를 공론화하겠다고 선언했다. 넷플릭스 이사들은 라이트에게 스페이시와 동일한 출연료를 주겠다고 확언했고, 많은 사람이 로빈 라이트가 거둔 승리를 자랑스럽게 여겼다. 나역시 내가 진행하는 프로그램에서 라이트의 솔직 담백한 화법을 칭찬했다. 변화를 일으키려면 여성들이 스스로의 권리를 주장해야 한다. 하지만 최근 라이트는 언론 보도에서 여전히 스페이시와 같은 출연료를 받지 못하고 있다고 밝혔다. "속아 넘어간 기분이 참 별로예요. 여전히 방송계는 남성 위주로 돌아가고 있습니다. 여성들은 길들여지고 있고요. 변화를 일으키려면, 남성을 더욱 대우하는 조건부터 바꿔야 합니다." 앞으로도 여성들에겐 할 말이 많을 것 같다.

나는 더 이상 침묵하지 않기로 했다

할리우드 내 여성의 대우에 관해 진실을 말한 용감한 여배우가 또 있다. 데브라 메싱(Debra Messing)은 2017년 2월, 일부 영화감독이 세트장에서 여배우를 대상화하고 모욕을 준다고 밝혔다. 특히 젊은 여배우들이 피해자가 되기 쉽다고도 덧붙였다.

메싱은 지금까지도 영화에서 처음으로 중요한 배역을 맡았을 때 뛸 듯이 기뻤던 기분을 기억한다. 그런데 계약서 내용과 달리 한 장면을 누드로 촬영해야 한다는 공지가 내려왔다. 에이전트에게 항의하자 이런 대답이 돌아왔다. "싫다고 말하고 잘리거나, 알겠다고 말하고 일자리를 보전하거나 둘 중 하나예요."

메싱에게 가장 악몽이었던 부분은 옷을 벗는 것이 아니라 감독의 성희롱이었다. 그는 메싱이 거의 전신을 노출한 채로 세트장 이곳저곳을 돌아다니게 했으며, 그녀에게 마구 소리를 질러댔다. "아니, 젖꼭지를 가려! 엉덩이를 좀 가리라고!" 이 경험은 메싱에게 트라우마를 남겼다. 젊고 경험이 없던 메싱에게도 그것이 예술이 아니라 학대라는 사실은 자명했다. "모든 게 권력 게임이었어요. 저를 깎아내리고, 힘과 자존심을 빼앗고, 세포 수준에서 감독에게 지배받는다고 느끼게 하는 게 감독의 목표였죠. 저는 강간당한 기분이었습니다."

수년이 흐른 지금 메싱은 왜 사건을 밝히겠다고 결심했을까? 단지 자신이 나쁜 경험을 했다고 불평하기 위해서는 아니다. 그녀는 할리우드에서 여성이 존중받기를 바란다는 사실을 널리 알리고 싶었다.

메싱의 사례에서 알 수 있는 건, 학대와 희롱과 보복을 당한 여성들이 목소리를 되찾고 자신의 이야기를 말함으로써 감정적 트라우마를 치유받을 수 있다는 사실이다. 이 글을 읽으면서 '내 겐 그만한 용기나 힘이 없어'라는 생각이 든다면, 응원을 보내고 싶다. 당신은 혼자가 아니다. 함께 우리가 진짜로 누구인지, 무얼 할 수 있는지 알아내자. 나는 모든 사람이 특별한 재능을 타고난다고 생각한다. 그 재능을 일구기만 하면 된다. 어렵지만 한번 해보자. 당신 자신을 위해서 해보자. 꿈을 포기하지 마라. 당신이라는 사람의 최선을 끄집어내라. 만일 그게 남들과 더 많이 맞서고 더 자주 목소리를 내야 한다는 뜻이라면, 기왕이면 모두에게 들리도록 쩌렁쩌렁한 목소리를 내라. 내 삶의 목표는 내가 될 수 있는 최선의 사람이 되고, 매일을 충만하게 사는 것이다. 내가 아는 모든 사람과 내가 모르는 모든 사람이 그렇게 살 수 있기를 바란다.

아픔을 겪은 여성이 상처를 극복하고 최선을 다해 살아가기로 결정하는 모습은 다른 여성들에게 큰 영감을 준다. 내게 이야기를 들려준 한 여성은 경찰관에게 강간을 당했다. 신체적으로 감정적으로 힘든 시간이 흘러갔다. 그녀는 몇 주 동안 입원했고, 먹거나 자지도 못했다. 그러던 어느 날 병문안을 온 친구가 들려준 말이 그녀의 인생을 바꾸었다. "그가 네게서 빼앗은 건 단 하룻밤이야. 나머지 인생까지 그에게 내주지는 마." 이 말은 처음 들은 이후로 매일 내 머릿속을 맴돈다. 그녀가 아픔에서 회복하고, 인생을 계속 살아가고, 가해자가 "나머지 인생까지" 차지하지 못하도록 두 발로 일어설 수 있었듯 다른 여성들도 그럴 수 있다. 어떤 식으로든 괴롭힘이나 폄하, 희롱, 학대를 겪었다면 오늘 맹세하도록 하자. 나머지 인생까지 그에게 내주지는 않겠다고.

내가 매일 차고 다니는 세 개의 팔찌는 내면의 힘을 상기시켜주는 상징물이다. 팔찌에는 〈겁 없음〉, 〈용기〉, 그리고 내 좌우명 〈카르페 디엠〉이 새겨져 있다. 나는 퇴사 다음 날 이 팔찌를 구입했고, 성희롱에 맞서 싸우는 여정에서 많은 도움을 얻었다. 팔찌에 새겨진 세 단어는 내가 무엇을 위해 싸움을 시작했는지 되새겨주고, 다른 여성들에게 무엇을 말하고 싶은지 상기시킨다. 우리 힘을 모아, 더는 참지 않겠다고 말하자. 오늘을 놓치지 말자. 그리고 이 싸움에서 이기자.

9장
아이들이
보고 있다

Be Fierce

요즘 나는 종종 딸 카야 생각에 밤잠에서 깬다. 열네 살 카야는 이제 곧 아이 티를 벗고 여자라고 불릴 나이다. 활달하고, 재능 있고, 성실한 그 아이 앞에는 긴 인생이 펼쳐져 있다. 카야에게 이 세상에서 여성이 공정하게 대우받지 못할 때도 있다고 말하려면 얼마나 마음이 아플까? 나는 열두 살 난 아들 크리스천도 자주 생각한다. 그 애에게 남자가 되는 법을 가르친다는 게 어떤 의미일까? 나는 아이들을 보호하고 싶다. 그러나 다른 한편으로는 아이들에게 현실 세계를 소개하고, 세계 속으로 항해해 나가는 것을 도와주고 싶기도 하다.

내가 직장을 그만두고 여름 내내 뉴스에 얼굴이 팔린 뒤 학교에 돌아간 카야는 여러 차례 질문을 받았다. "너희 엄마에게 무슨 일이 일어난 거야?" 카야가 어떤 질문들을 받게 될지, 거기에 얼마나 많은 용기가 필요할지를 생각하며 나는 지레 걱정했다. 하지만 놀랍게도 카야는 집에 와서 내게 말했다. "엄마, 애들이 엄마 일을 물어봤어요. 엄마 딸이라서 정말 자랑스러웠어요." 2주 뒤, 카야는 자기를 자꾸 괴롭히던 두 여자아이에게 마침내 용기를 내서 맞섰다면서 내게 말했다. "할 수 있을 줄 알았어요. 엄마가 하는 걸 봤으니까."

결국 중요한 건 그거다. 나라는 개인이 어찌어찌 용기를 끌어모아 중요한 일을 해냈고, 내 딸이 그 한 번의 행동을 보고 좀 더 용감한 인생을 살게 되었다는 것. 딸의 말을 듣자 용기 낼 가치가 있었다는 생각에 눈시울이 붉어졌다. 크나큰 자부심이 느껴졌다. 시련을 겪는 동안, 나는 아이들을 가장 걱정했다. 자녀를 강하고, 남을 존중하고, 배려심 깊고, 용기 있는 사람으로 키워내는 일은 반대 모습이 득실대는 이 세상에서 쉽지 않다. 아이들이 엄연히 존재하는 현실을 보지 못하게 막을 수는 없다. 그러나 세상을 대하는 다른 방법을 알려줄 수는 있다.

딸들에게 자신감과 힘, 자기 가치감을 심어주고자 한다면 먼저 고정 관념과 편견의 무게를 인정해야 한다. 아직 고정 관념이 왜 나쁜지 모르는 어린 소녀들에게 고정 관념이 얼마나 악영향을 미치는지를 먼저 이해시켜야 한다.

'고! 고! 스포츠 걸즈' 시리즈를 낸 장난감 회사 드림 빅의 설립자 조디 노가드(Jodi Norgaard)를 소개하겠다. 드림 빅에서 내놓는 인형과 책, 스마트폰 어플은 스포츠를 통해 창의적인 놀이와 사회적·감정적 성장을 북돋고, 여자아이들에게 큰 꿈을 꾸라고 격려한다.

나는 더 이상 침묵하지 않기로 했다

조디와 나의 인연은 그녀가 2013년 국제 소녀의 날을 기념해 내 프로그램에 출연한 날 시작되었다. 기념일의 의미를 되새기는 차원에서 우리는 화장을 하지 않은 민낯으로 방송을 했다. 여자아이들에게 외면이 아닌 내면으로부터 우러나온 자존감의 중요성을 강조하고, 사회가 정한 틀에서 자유로운 모습의 역할 모델이 되어주기 위해서였다. 나는 그때 고정 관념을 바꾸겠다는 결의에 찬 조디를 보고 많은 영감을 받았다. 그녀의 경험 속에서 나 자신과 내 딸을 볼 수 있었기 때문이다. 그런데 내가 이 책을 쓰고 있다는 걸 안 조디가 할 얘기가 있다며 먼저 연락을 취해왔다. 그녀는 어린 소녀와 성인 여성을 대상으로 한 강연에서 가끔 꺼내는 이야기를 들려주고 싶다고 말했다.

열한 살 때 저는 강하고, 똑똑하고, 모험심 넘치는 아이였습니다. 저 자신도 그 사실을 잘 알았습니다. 그런데 7학년이 되자 모든 게 바뀌었습니다. 과학 시간에 질문을 던졌는데, 남자 선생님이 제 질문이 형편없다고 생각하고는 모두가 듣는 앞에서 말했습니다. "금발이라 그런 질문을 하는구나." 반 아이들이 한바탕 웃음을 터뜨렸고, 저는 놀라고 당황했습니다. 8학년 때도 똑같은 일이 일어났습니다. 수학 시간에 질문을 했더니, 남자 수학 선생님이 아이들 앞에서 이렇게 말했습니다. "금발 예쁜이가 머리까지 좋을 수는 없겠지." 이번에도 역시 아이들은 웃었습니다. 8학년 말에는 남자 선생님 두 분이 할 얘기가 있으니 방과 후에 남으라고 하더군요. 저는 물론 선생님의 말을 따랐습니다. 그런데 그 '할 얘기'라는 건 제가 정말 섹시하다는 것, 고등학교에 가면 남자 친구를 많이 만들 거라는 것, 저와 사귀게 될 남자애들이 아주 행운이라는 것이었습니다. 대단히 불편한 기분으로 교실을 뛰쳐나갔던 기억이 납니다. 등 뒤에서 선생님들의 웃음소리가 들렸습니다. 저는 저의 힘에, 제 정신과 몸이 할 수 있는 중요한 일들에 집중하고 있었는데 다른 사람들은 제 몸의 생김새에 집중하고 있다는 사실을 급작스럽게 깨달았습니다. 혼란스러웠습니다.

조디는 이 경험이 너무 당혹스러워서 부모님이나 자매나 친구에게 털어놓지 못했다고 말했다. 그 후 4년 동안 그녀는 조용한 아이로 지냈다. 더 이상 질문을 던지지 않게 된 것이다. "저는 남들의 레이더망을 피하고 싶었고, 숨는 데 성공했습니다. 대학에 입학했을 즈음 저는 자신감을 회복했지만 성희롱에 대해서는 여전히 민감했습니다. 아름다운 금발에 푸른 눈을 지닌 딸 그레이스를 낳고 이렇게 생각했죠. '내 딸이 강하고 똑똑하고 모험심 넘치는 여자아이로 남을 수 있도록 죽을힘을 다해 싸울 거야.'"

조디는 아직도 어렸을 적 생각을 하면 마음이 아프다고 말한다. 그런데 강연 중 이 이야기를 들은 한 어린 소녀가 물었다.

"그 경험이 없었어도 지금처럼 많은 걸 이루셨을 거라고 생각하세요?" 조디는 모르겠다고 답했다. 그 경험으로 인해 조디는 4년 동안 약한 사람으로 살았지만, 다행히 지금은 다시 힘과 결의를 되찾았다.

조디는 내게 말했다. "열두 살 때의 저를 떠올리면 연민이 듭니다. 남들이 제 금발이나 외모에 대해 얘기하면 혼란스러웠어요. 저는 제 외모가 아니라, 제 머리와 몸이 무얼 할 수 있는지가 더 중요하다고 생각했습니다. 제가 질문을 던지는 것과 제 외모가 무슨 상관인지 이해할 수 없었죠."

조디는 아홉 살 난 딸과 함께 장난감 가게를 방문한 날, 장난감 회사를 열어야겠다고 처음 생각했다. "그날 딸은 막 축구를 한 경기 뛰고 온 평범한 여자아이였어요. 그런데 장난감 가게에 들어가보니 전시된 인형들이 죄다 비현실적이고 섹시한 거예요. 심지어 '사랑스러운 롤라(블라디미르 나보코프의 소설 《롤리타》의 주인공이 욕정을 느끼는 소녀의 이름—옮긴이)'라는 이름의 인형도 있더군요. 저는 발끈했습니다. 왜 여자아이들에게 매력적인 외모를 지닌 인형을 파는 걸까요?"

그날 저녁 조디는 남편에게 장난감 가게에서 실망한 이야기를 한바탕 쏟아냈다. 그리고 불현듯 말했다. "내가 할 수 있는 일이 있을 것 같아. 운동하는 인형을 만들어보면 어떨까?"

남편이 대답했다. "그거 근사한 생각 같은데."

시장을 조사하면서 조디는 큰 변화의 선구자가 되어야 한다는 생각에 점점 확신을 품게 되었다. "인형을 보는 순간 처음 떠오르는 단어가 '섹시하다'라면 문제가 있죠. 상상해보세요! (2014년에) 성인 남성을 주 독자층으로 하는 잡지 《스포츠 일러스트레이티드(Sports Illustrated)》의 수영복 특집호 표지가 바비 인형이었다니까요!"

조디의 첫 운동하는 인형 '테니스 걸'은 2008년 미국 US오픈 테니스 대회에서 데뷔해 엿새 만에 모든 물량이 판매되었다. 그 후 몇 년 동안 다른 인형이 라인업에 추가되었고 사업에도 천천히 탄력이 붙었다. 조디의 인형들은 2013년 새로운 국면을 맞았다. 장난감 박람회에서 월마트 바이어와 계약을 체결한 것이다. 바이어는 열정적인 목소리로 말했다. "이 인형은 성공할 겁니다. 저희가 사겠어요." 2015년, 조디의 인형이 책과 세트로 팔리기 시작했다.

조디는 2016년에 회사를 매각했지만 여전히 자문을 맡고 있다. 이제 그녀는 여성과 어린 소녀들에게 영감과 힘을 주는 강연을 다니는 데 집중한다. "핵심은 '자신감'입니다. 순응하라는 압박에 대들려면 소녀들에겐 자신감이 필요해요."

2년 전에 여성 위생용품을 제조하는 P&G 계열사 올웨이즈에서 시행한 설문 조사 결과, 절반 이상의 소녀가 사춘기와 초경 전후로 자신감이 떨어졌다고 답했다. 올웨이즈에서는 이 결과를 바탕으로 인상적인 캠페인을 시작했다. 소녀의 자신감에 대한 대화를 이끌어내기 위해 그들은 우선 강한 메시지를 전달하는 다큐멘터리를 제작했다. 남녀 성인과 청소년에게 "여자처럼 공을 던지고", "여자처럼 달려보라"고 주문한 것이다. 그들은 고정 관념대로 행동했다. 팔을 흐느적거리고, 바보 같은 표정을 짓고, 전혀 강해 보이지 않는 모습으로 달렸다. 이윽고 제작자는 아직 사춘기가 오지 않은 어린 소녀들에게 똑같은 주문을 했다. 소녀들은 자신감과 힘, 열정을 분출하는 태도로 공을 던지고 달렸다. 사춘기 전에 소녀들은 "여자처럼 공을 던진다"라는 말을 긍정적으로 보았지만, 사춘기를 보내면서 여자와 약함을 결부 짓게 된 것이다. 이 영상의 파급력이 얼마나 강했던지, "여자처럼 던진다(throw like a girl)"라는 말이 인터넷에서 하나의 표현으로 굳어지게 되었다. 이 말은 이제 고정 관념을 깬다는 뜻으로 쓰이고 있다. 나는 처음 딸의 학교에서 이 영상을 보고 울었다. 여성에 대한 아이들의 인식이 그렇게 심하게 달라지는 줄 몰랐고, 남녀 청소년이 "여자처럼"이라는 말을 그렇게 부정적으로 보는 줄 몰랐다.

소녀들이 사춘기에 이르면 무슨 일이 일어나기에 자신에 대한 관점이 달라지는 걸까? 그 영상이 하루 종일 머릿속을 맴돌았다. 소녀들이 자신과 세상을 전과 다르게 이해하고, 자존감을 잃게 만드는 변화가 무엇인지 알아야만 했다(소년들이 "여자처럼"이라는 말을 부정적으로 생각하게 만드는 이유는 물론이고).

나는 매일 카야에게 네가 원하는 건 무엇이든 될 수 있다고 말해주려 한다. 카야는 과학을 좋아하고, 나는 그게 얼마나 멋진 일인지 거듭 이야기한다. 나는 카야가 자존감을 키울 수 있는 공간을 조성하고자 한다. 하지만 우리 문화에는 부모가 통제할 수 없는 것들이 많다. 예를 들어 소셜미디어나, 학교에서 일어나는 일들 말이다. 아이들은 가족이라는 안전한 비눗방울 속에서 살지 않는다.

최근 나는 미식축구 팀 탬파베이 버커니어스에서 쿼터백으로 뛰는 제이미스 윈스턴(Jameis Winston)이 플로리다 세인트피터스버그의 한 초등학교에서 강연을 했다는 소식을 들었다. 윈스턴은 최근 강간 혐의로 고발당했고, 사건은 합의로 끝났다. 그가 초등학생들에게 '영감'을 주기 위해 한 이야기를 한번 들어보자.

"남자들, 일어서. 여자들은 앉아 있어. 남자들만 일어서. 우리는 강해, 그렇지? 우리는 강해. 우리는 강해, 맞지? 남자들, 한번 말해봐. '나는 하고자 하는 일은 뭐든 할 수 있다.' 남자들은 목소리가 가냘프면 안 되는 거 알지? (아주 굵은 목소리로) 너희들도 언젠가는 나처럼 굵은 목소리를 내게 될 거야."

윈스턴은 이어서 말했다. "하지만 여자들은 조용하고, 예의 바르고, 상냥해야 돼. 남자들, 우리 남자들은 강해야 하고. 자, 모두 인생의 세 번째 법칙을 말해보자. '나는 하고자 하는 일은 뭐든 할 수 있다.' 소리 질러!"

이 말을 어떻게 옹호해야 할까? 글쎄, 윈스턴은 고작 스물세 살 아니냐고 감쌀 수도 있다. 본의는 그게 아니었을 거라고도 변호할 수 있다. 그는 나중에 사과문에서 "형편없는 단어 선택"

나는 더 이상 침묵하지 않기로 했다

에 대해 해명했다. 하지만 만일 내 아들이나 딸 앞에서 그런 강연을 벌였다면, 나는 누구든 죽일 기세로 교장실에 달려갔을 것이다.

윈스턴이 나중에 "형편없는 단어 선택"에 대해 사과하긴 했으나 그 교실에 있던 아이들은 이미 피해를 입었다. 그리고 짐작건대, 윈스턴이 사과했음을 아는 아이는 많지 않을 것이다.

연구에 따르면 부정적이고 고정 관념을 강화시키는 메시지는 여자아이들의 행동에 직접적인 영향을 미친다. 그 영향력은 아이들의 나이가 많을수록 더 강해진다. 독일 심리학자 마리나 파블로바(Marina Pavlova)의 연구는 이런 면에서 상당히 충격적이다. 파블로바는 학생들을 몇 개 집단으로 나누고 시험을 치르게 했다. 각 집단에는 그 시험을 남자가 더 잘 본다거나 여자가 더 잘 본다는 식으로 서로 다른 메시지를 전달했다. 여자가 잘 못 보는 시험이라는 말을 들은 집단의 여학생들은 실제로 낮은 점수를 기록했다. 표현만 조금 바꾸어, 남자가 여자보다 더 잘 보는 시험이라는 말을 들은 여학생들도 마찬가지였다. 반대로 여자가 시험을 더 잘 본다는 말을 들은 여학생들은 점수가 올라갔다. 비교적 무해하고 위협적이지 않은 연구 환경에서도 이런 차이가 생겨난다면, 거칠기 짝이 없는 일반적인 중학교에서는 이런 메시지의 효과가 얼마나 더 크게 나타날지 한번 상상해보라!

뉴욕대학교, 일리노이주립대학교, 프린스턴대학교에서 시행한 최신 연구에 따르면 부정적 고정 관념은 이르게는 6세부터 뿌리를 내린다. 뉴욕대학교 심리학 교수이자 연구 주 저자인 안드레이 심피언(Andrei Cimpian)은 지적한다. "남성과 탁월함을 연결시키는 고정 관념은 현실과 다름에도 불구하고 여자아이들의 동기를 꺾고, 그 결과 여성의 커리어에도 악영향을 미친다."

이 이론을 시험하고자 연구자들은 5~7세 아동들을 대상으로 실험을 벌였다. 한 집단의 아동들은 "정말, 정말 똑똑한" 사람에 대한 이야기를 듣고, 그 이야기가 두 남성과 두 여성 중 누구에 대한 이야기일 것 같으냐는 질문을 받았다. 5세 남녀 아동은 자신의 젠더를 지목했지만, 6세와 7세 남녀 아동은 "정말, 정말 똑똑한" 사람을 남성으로 지목하는 경향이 있었다.

나는 이 결과를 보고 마음이 아팠다. 5세와 6세 사이에 어떤 일이 벌어지기에 여자아이들이 여성의 탁월함을 불신하게 되었을까? 소녀들에게 일어나는 이 변화가 나는 두렵다. 왜 이런 일이 벌어질까? 학교를 다니기 시작하면서 은연중에 그리고 노골적으로 노출되는 메시지들이 있을 것이다. 그게 우리 부부가 남녀 공학이 아닌 학교를 옹호하게 된 까닭이다. 특히 딸만은 반드시 여학교에 보내고 싶다. 일부 연구에 따르면 남녀 혼성으로 이루어지는 수업에서는 (특히 수학과 과학에서) 젠더 간 차이가 강조되는 반면, 여학교에서는 여학생들이 걸림돌 없이 탁월한 실력을 뽐냈다. 한번 생각해볼 만한 문제다.

멋진 신세계

"지니가 호리병 밖으로 나왔어요. 겁먹지 마세요." 앨리슨 하비(Allison Harvey)가 부모들에게 말한다. 저널리스트이자 제작자이자 'RAP(Raising Awareness and Prevention, 의식 고취 및 예방) 프로젝트' 공동 설립자인 앨리슨은 소셜미디어와 자기 이미지라는 까다로운 해역을 항해하는 아동과 10대 청소년 돕기에 전념하고 있다. RAP 프로젝트는 영국에 본부를 두고, 웹사이트를 이용해 전 세계에서 활동하는 단체다.

12세와 14세 두 아이의 어머니로서 내가 느끼는 두려움은 여느 부모와 다를 바 없다. 카야는 6학년 아이들 중 거의 마지막으로 휴대전화 사용을 허락받았다. 휴대전화를 사 주자마자 질문이 빗발쳤다. "인스타그램은 언제 써도 돼요? 스냅챗은요?" 크리스천이 6학년으로 올라가자 똑같은 일을 한 번 더 겪어야 했다. 남들이 전부 무언가를 하고 있을 때, 하지 않겠다는 신념을 지키기란 어렵다. 아이들이 전부 소셜미디어로 소통하는 시대이니만큼 더욱 그렇다.

앨리슨은 RAP 프로젝트의 공동 창립자 디아나 푸치오(Deana Puccio)와 공저한 책《섹스, 거짓말, 그리고 소셜미디어: 디지털 시대의 10대에게 대화를 건네다(Sex, Lies and Social Media: Talking to Our Teens in the Digital Age)》에서 각종 소셜미디어의 연령 제한을 밝혔는데, 정신이 번쩍 드는 정보였다. 페이스북, 인스타그램,

스냅챗, 트위터 모두 13세 이상이면 사용할 수 있다고 공지하고 있었다! 어느 날, 앨리슨의 어린 딸이 아무렇지 않게 어떤 인스타그램 사용자 이야기를 꺼냈다고 한다. 딸에게 무슨 사진 콘테스트에 참가하라며 세 가지 요구 사항을 보냈다는데, 그 내용은 이러하다. "① 머리 모양을 한껏 멋 낸 사진을 보내주세요. ② 잠옷을 입은 사진을 보내주세요. ③ 제일 예쁜 수영복 사진을 보내주세요." 나는 앨리슨에게 서로 존중하는 긍정적인 행동을 배워야 할 아이들이 오히려 후퇴하는 방식으로 소통하고 있는 게 아닌지 물었다. 앨리슨은 어떤 면에서는 그렇다고 답했다. "옛날엔 학교를 땡땡이치고 담배를 피웠죠. 지금은 '섹스팅'을 해요." 부모들은 고작 열 살짜리 아이와 포르노를 주제로 대화를 나누어야 함을 깨닫고 충격 받곤 한다.

앨리슨은 인터넷과 소셜미디어는 엄연한 현실이며, 학교와 가정에서 솔직하게 논의할 필요가 있는 중요한 주제라고 말한다. "아이들을 겁주려는 게 아니에요. 힘을 주려고 하는 거죠." 앨리슨의 제안은 다음과 같다.

- 친구들과 어떤 종류의 소통을 하는지 이야기하고, 그것이 서로 존중하는 방식인지 아닌지 생각해본다.
- 포르노에 대해 이야기하고, 포르노가 어떤 면에서 건강한 연애나 진실한 사랑을 반영하지 않는지 논한다. (나는 앨리슨의 조언을 따라 아이들과 이 대화를 해보았다.)

- 여성 혐오적인 행동을 하라는 또래 압력을 이겨내는 방법을 가르친다. 모든 소년이 똑같이 느끼는 건 아님을 알려주고 다르게 행동할 허가를 준다.
- 자신을 불편하게 만드는 문자 메시지(특히 섹스와 관련된 것)를 지우도록 독려한다.
- 행동을 이끄는 지도자가 되어, 다른 아이들이 부적절하게 행동할 때 지적할 수 있도록 가르친다. 남자아이들에게 "기사다운 게 섹시한 것"이라고 말한다.
- 부모끼리 서로 존중하는 모범을 보인다. 아이들은 보는 대로 믿는다.
- 공격적인 광고를 분석해서 현실과 비현실적 이미지의 차이를 구분할 수 있도록 독려한다.

부모라면 방심을 늦춰선 안 된다. 나는 소셜미디어가 현 세대에게 주어진 위기라고 믿는다. 교실이나 운동장에서 자신다움을 지키는 일도 충분히 어렵다. 중학생의 삶은 "좋아요"를 얼마나 받을지 걱정하지 않아도 충분히 힘들다. 여기에 소셜미디어에서 밥 먹듯 일어나는 못된 행동과 성적 대상화가 더해진다고 생각해보라. 부모들은 아이들이 남과 주고받는 메시지를 통제할 수 없다고 생각하기 쉽다. 그러나 손 놓고 매사가 잘 풀리기만을 기대하고 있을 수는 없다. 아이들에게 소셜미디어상에서 좋은 행동과 나쁜 행동을 구분하는 법을 가르치고, 누가 자신에게 혹은 남에게 못되게 굴 때 어떻게 대응하면 좋을지 스스로 생각해보도록 도와야 한다. 소셜미디어에서 겪은 일로 인해 자살을 택하는 아이들도 있다!

타이틀 나인의 통계에 따르면 학생 열 명 중 여덟 명이 학교에서 어떤 형태로든 괴롭힘을 경험하고, 여학생의 56퍼센트가 성희롱을 당한다. 성적인 논평·농담·제스처·시선, 게이나 레즈비언이라는 놀림, 성에 관련된 소문 퍼뜨리기, 성적인 방식으로 몸을 건드리거나 움켜쥐거나 꼬집는 행동, 성적인 의도로 몸을 비비는 행위, 신체를 노출시키는 행동 등이 여학생이 당하는 성희롱의 내용이었다.

아들을 좋은 남자로 키우는 법

우리는 아들들을 잊어선 안 된다. 나는 딸에게 신경 쓰는 만큼 아들을 위해서도 노력한다. 강한 여성의 역할 모델을 보고, 어머니가 아버지와 다른 남성들로부터 존중받는 모습을 보는 것은 아들에게도 무척 중요하다. 부정적인 고정 관념은 남자아이에게도 이른 나이에 뿌리내리기 때문이다.

앞서 언급한, NFL에서 성희롱 방지 교육을 담당하고 있는 캐슬린 네빌이 이 문제의 전문가다. 그녀는 스포츠 분야나 직장에서 나타나는 남성의 잘못된 행동이 어디에 뿌리를 두고 있는지 분석한 결과, 어린 시절이 문제 행동을 키우는 온상이라는

나는 더 이상 침묵하지 않기로 했다

결론에 이르렀다. 그녀는 내게 말했다. "성인이 되기를 기다려 직장 내 성희롱 교육을 실시하는 건, 그들의 행동을 바꾸기에 역부족일뿐더러 너무 늦습니다."

캐슬린은 연구 논문에서 이런 관점의 중요성을 강조하면서, 성희롱에 관한 기존 연구에 핵심 질문이 빠져 있다고 말한다. 바로 '언제 그 행동들이 시작되는가?'이다. 성희롱과 성적 학대를 저지르는 이들의 유년기는 아직 연구되지 않았다. 캐슬린은 직장 내 교육도 중요하지만 "이미 평생 동안 굳어진 행동 패턴과 학대 습관을 지닌 성인들에게 교육 효과가 얼마나 있는지는 불분명하다"라고 말한다.

캐슬린은 연구 결과를 바탕으로 유치원에서 12학년까지 아동을 대상으로 한 행동 교육 프로그램과 학습 기반 도구를 개발 중이다. 캐슬린의 관점에서는 "빨리 시작하는 것"이 공정하고, 평등하고, 적의 없고, 서로 존중하는 일터 환경을 만드는 유일한 방법이다. 그녀의 교육법은 아동에게 어떤 행동이 사회적으로 용인되고 어떤 행동이 용인되지 않는지 알려주는 것을 골자로 한다.

캐슬린의 연구를 보고 나는 남자아이들이 스포츠를 할 때나 일상에서 받는 문화적 메시지에 대해 곰곰이 생각해보았다. "남자는 원래 그래"라는 말을 생각해보자. 이 말은 신체적 폭력을 비롯해 부정적이거나 반사회적인 행동을 면피할 때 사용된다. 동물에게 다정하게 굴거나 선행을 했을 때 "남자는 원래 그래"

라고 칭찬하지는 않는다.

"남자는 원래 그래"라는 말은 여성을 희롱하는 남성이라는 고정 관념을 구축할 뿐 아니라, 좁은 의미의 '남자다움'에 남자아이들을 가둔다. 이런 태도는 좀 더 섬세한 아이들조차 '남자다움'을 증명하기 위해 공격적인 행동을 하게 만드는 결과를 낳는다. 아들을 양육하는 부모와 주위 어른들은 아이에게 자신이 정말 누구인지 알아볼 기회를 박탈하지 말고, 그 아이가 최선의 모습을 보이도록 격려해야 한다. 남자아이들에게 자신을 통제하고, 충동을 다스리고, 친절하고 관대한 사람이 될 수 있다고 가르치자. 남자아이들에겐 그렇게 배울 자격이 있다.

'좋은 남자 프로젝트(Good Men Project)'에서 최근 펴낸 마크 그린(Mark Greene)의 책《선언서: 우리 아이들을 위한 관계 지능 (Manifesto: Relational Intelligence for Our Children)》의 한 구절을 인용하겠다. "우리는 아이들에게 타고난 권리를 허가하는 데 전념해야 한다. 아이들은 진실하고, 감정적으로 활력 있는 관계를 형성할 능력을 내재적으로 타고난다. 우리는 아이들이 어떤 행동을 함으로써, 혹은 하지 않음으로써 그 능력을 잃지 않도록 해야 한다. 관계 지능을 키워주면 아이들이 원래 되어야 할 사람, 즉 감정적으로 연결되고 즐거움을 느끼고 번창하는 인간이 되도록 도울 수 있다."

그린은 남자아이들에게 강하고 자립적인 사람이 되라고 가르치는 건 좋지만, "진정한 남자다움"의 의미를 힘과 자립성으

나는 더 이상 침묵하지 않기로 했다

로 좁혀서 (여성들과 관련 있는) 관계 지능을 등한시하게 된다면 남녀 모두에게 해롭다고 지적한다.

괴롭힘 문화

이 책을 쓰려고 조사를 하던 중, 괴롭힘이 일어나는 문화에는 부정적인 고정 관념이 팽배하다는 사실을 알게 되었다. 중고생 사이에서 더 흔한 괴롭힘과 온라인상의 '사이버불링', 그리고 성인이 되어 나타나는 성희롱과 그에 대한 반응이라는 더 넓은 영역 사이에는 놀랄 만한 상관관계가 있다. 성희롱을 근절하고 싶다면 우리는 최소한 학교 측에서 "전통적인" 괴롭힘이든 사이버불링이든 어떤 괴롭힘도 용인하지 않는 무관용 정책을 펼치는 것으로 시작해야 한다. 부모의 역할도 물론 중요하다. 우리는 아들과 딸에게 좋은 모범이 되어, 자녀에게 무엇이 용인되고 무엇이 용인되지 않는지 가르쳐야 한다. 무엇보다도 자녀가 괴롭힘이나 성희롱을 당했다고 하면 그 말을 믿고 자녀의 편에 서야 한다. 어려서부터 스스로를 위해 싸우는 법을 가르치면, 아이들은 평생 그 기술을 잊지 않을 것이다.

학교에서는 괴롭힘에 대한 대화를 시작해야 한다. 초등학생에게 어떤 행동이 용인되고 어떤 행동이 용인되지 않는지 가르쳐야 한다. 고등학교에서 시작하면 이미 늦다. 학교 행정가들은 문제의 심각성을 인정해야 한다. 괴롭힘 문제를 콕 집어 해결하길 원치 않는 건, 학교 현장에서 그런 일이 일어날 수 없다고 생각하기 때문일지도 모른다. 그러나 하루라도 빨리 아이들에게 손을 내밀어야 한다. 괴롭힘의 문제는 곧 자신감의 문제다. 괴롭히는 아이들은 자신감이 없어서 남을 괴롭히고, 괴롭힘을 당하는 아이들은 용기가 없어서 맞서지 못한다. 단지 얘기하기 껄끄럽다는 이유로 이 문제를 외면해서는 안 된다.

사이버불링 연구 센터에서 다수의 학생을 대상으로 설문 조사를 벌인 결과 사이버불링을 당한 적이 있다고 응답한 학생은 28퍼센트, 남을 사이버불링한 적 있다고 응답한 학생은 16퍼센트였다.

방관자 효과는 사이버 공간에서 큰 요소로 작용한다. 스크롤을 내려 끝없는 욕설들을 읽으면서 아이들은 그대로 굳어버린다. 친구를 감싸줘야겠다는 생각이 들더라도 대부분은 할 말을 찾지 못한다. 앞서 언급한 모니카 르윈스키가 하나의 답을 제안했다. 그녀는 사이버불링을 당하고 있는 친구에게 사랑과 응원을 보낸다는 상징으로 사용할 수 있는 #강해져라(#BeStrong) 이모지 키보드 어플을 만들었다. 또래의 응원은 사소해 보일지언정 큰 의미를 가진다. 다수의 연구에서 괴롭힘을 당하는 사람에게 제일 도움이 되는 건 또래의 응원이라는 사실이 밝혀졌다.

그렇게 응원을 받은 아이들은 스스로를 위해 맞서 싸울 용기가 생긴다. 웹사이트 '노 불링(NoBullying.com)'에 의하면 괴롭힘을 멈추는 제일 효과적인 방법은 피해자가 자신의 힘을 발견하는

나는 더 이상 침묵하지 않기로 했다

것이다. 우리 아이들에게 스스로를 위해 싸우고 괴롭힘을 당하는 친구를 응원하라고 가르치는 일은 자신의 삶을 배짱 있게 사는 법, 남을 연민하고 격려하는 법을 가르치는 최고의 교육이다. 어렸을 적에 잘못된 걸 보고 지적하는 습관을 들였다면 어른이 되어 직장 내 성희롱을 목격했을 때 쉽게 방관자가 되지는 않을 것이다.

이건 아이들이 홀로 해낼 수 있는 일이 아니다. 괴롭힘 문제에 맞서는 건 괴롭히는 아이, 괴롭힘 당하는 아이, 방관하는 아이의 부모들 책임이기도 하다. 여기 몇 가지 기본적인 지침을 소개해보겠다.

일이 터지기 전에 대화해라: 괴롭힘과 사이버불링에 대해 아이들과 진솔한 대화를 나눠라. 부모에게 편견이 없고, 괴롭힘을 겪게 되면 비밀스러운 대화를 나눌 수 있다는 점을 알려줘라. TV 프로그램이나 미디어에 괴롭힘 장면이 나올 때를 기회 삼아라.

방심하지 마라: 문제가 있으면 당연히 부모에게 이야기하겠거니 생각하지 마라. 아이의 상태가 불안정하거나 평소 즐기던 활동에 흥미를 잃었다면 위험한 신호다.

실용적인 수단을 찾아라: 아이가 괴롭힘을 당하고 있다면 구체적으로 무엇을 할 수 있는지 얘기해보자. 다양한 시나리오로 역할극을 해보고, 사안이 심각하다면 교직원과 교사의 협조를 요청하자.

아이가 남을 괴롭힌다면: 자녀가 괴롭힘을 당하는 경우에 대해서는 종종 이야기하지만, 자녀가 남을 괴롭힐 경우는 잘 논해지지 않는다. 자기 아이가 가해자가 될 수 있다고 선뜻 인정하는 부모는 많지 않다. 아이가 남을 괴롭힌다는 사실을 직시하는 일은 어려운 법이다. 하지만 부모라면 자녀에게 벌을 모면하거나 자기 행동을 남 탓으로 돌리는 것이 아니라, 스스로 책임지는 법을 가르쳐야 한다. 아이들은 천성적으로 남 탓을 하거나 핑계를 댄다. "내가 안 그랬어요." "그러려던 게 아니에요." "쟤가 먼저 했어요." 하지만 계속 그렇게 놔둬서는 안 된다.

학교를 독려해라: 학교 측에 1학년부터 시작하는 학교 폭력 방지 커리큘럼을 도입하라고 요구해라. 부모, 교사, 아동이 괴롭힘 문화에 맞서도록 도와줄 좋은 자료가 시중에 많이 나와 있다(이 책 맨 뒤에도 실었다). '스톱 불링(StopBullying.gov)'에 따르면 효과가 없거나 부작용이 심한 전략도 있으니 신중하게 선택해야 한다. 예를 들어 학교 폭력 가해자를 정학 또는 퇴학시킨다고 해서 학교 폭력이 줄어드는 건 아니며, 아이들은 오히려 엄중한 처벌을 받은 가해자가 보복할까 봐 겁먹고 입을 다물 수 있다.

아이들을 스스로를 위해 맞서 싸우는 사람으로 기르기 위해 우리 어른들은 현명하고, 예리하고, 무지하지 않은 사람이 되어야 한다.

아이들을 위한 인생 수업

아이들이 집에서 배운 가치는 평생을 간다. 내게는 열린 마음, 열망, 책임감, 자존감 등이 아무리 험한 일을 겪어도 흔들리지 않는 가치였다.

틀에 박힌 젠더 역할을 거부해라

내가 어렸을 때, 우리 가정에서는 전형적인 젠더 역할이 반전되곤 했다. 아버지가 감성적이고 어머니가 강했다. 아버지와 나란히 소파에 앉아 슬픈 드라마를 보며 울던 일이 생각난다. 내겐 그게 하나도 이상하지 않았다. 지금 생각해보면 좋은 일이다. 사람들을 엄격한 역할 틀에 가두지 않고 있는 그대로 볼 수 있게 되었기 때문이다. 나는 내 자녀도 그렇게 대한다. 우리 아들은 딸만큼이나 아동용 오븐을 즐겨 가지고 놀았고, 나는 그 모습을 흐뭇하게 바라보았다. 요즘에도 아들은 내게 말한다. "엄마, 오늘 브라우니 좀 구워드릴까요?" (장담하는데 우리 아들은 나보다 베이킹에 관심이 많다.) 아들은 베이킹에 소질이 있고, 그 사실은 그 애의 남성성에 조금도 손상을 입히지 않는다. 나는 방송인으로 활동하던 시절 프로그램에서도 자랑스럽게 이야기했다. "저희 집에는 분홍색 아동용 오븐이 있는데 아들이 아주 좋아해요." 나는 베이킹을 좋아하는 아들을 칭찬하고, 과학 프로젝트와 축구에 몰두하는 딸을 칭찬한다. 아들과 딸 모두 피아노를 친다.

이건 사소한 예다. 자녀를 한 사람의 개인으로 인정하는 것, 자신을 어떤 방식으로 표현하든 인정해주는 것이 부모로서 우리에게 매일 주어지는 임무다. 아들은 아마 살면서 "남자답게 굴어라"라는 요구를 받겠지만, 적어도 집에서만큼은 그 말을 듣게 하고 싶지 않다. 나는 아들이 감정을 표현하는 게 좋다고 생각한다. 아들에게 섬세하면서도 강한 사람이 될 수 있다고 가르치고 싶다. 두 특징은 양립 가능하다.

나는 항상 아이들을 한 사람의 개인으로 보고자 하고, 젠더 편견에 사로잡히지 않으려 노력한다. 나는 어렸을 적에 음악을 한 덕분에 젠더가 아니라 연주 실력으로 평가받는 환경에서 자랐다. 큰 행운이었다고 생각한다. 내가 열여섯 살 때 출전한 어느 대회에서는 심사위원과 연주자 사이에 장막을 쳐서 오로지 소리만 듣고 평가하도록 했다. 당시엔 그게 성가시게 느껴졌다. 연주자이니만큼 듣는 사람을 보고 싶었고, 듣는 사람에게도 내 모습을 보이고 싶었다. 하지만 나중에 그게 사람들이 무의식적으로 갖고 있는 편견을 제거하기 위한 장치였음을 이해했다.

요즘은 아이를 젠더 중립적인 환경에서 키우자는 이야기가 자주 들린다. 그게 가능한지는 모르겠지만, 아이들이 성별에 얽

매이지 않는 사람으로 자라나도록 도울 수 있는 방법들이 있다. 2015년에 타깃에서는 장난감이나 침구 같은 상품에 성별 표시를 하지 않겠다고 공지했다. 좋은 시작이다. 아이들이 마음대로 선택하도록 놔두자. 남자라서, 여자라서 어떤 식으로 행동하고 어떤 걸 좋아해야 한다고 주입하지 말자. 세상을 탐험하고 자신에게 맞는 걸 발견할 공간을 주자.

내면으로부터 자존감을 키워주자

모든 시대가 그랬겠지만, 특히 타인에 대한 평가를 일삼는 소셜미디어가 득세하고 비현실적인 기대가 판치는 지금 시대에 단단한 자존감을 키워주는 일은 참 중요하다. 내게는 제일 중요하며, 대중 앞에서 강연할 때 종종 꺼내는 주제이기도 하다.

내가 자존감에 대해 말할 수 있는 건 어렸을 때 통통한 아이였지만, 통통하다는 틀 안에 갇히지 않았기 때문이다. 내겐 내면으로부터 우러나온 자존감이 있었다. 10대에 이르자 몸무게에 신경이 쓰이기 시작했다. 통통하다는 이유로 교내 연극에서 인기 배역을 맡지 못했다. 이성에 눈뜰 무렵, 내가 좋아하던 남자아이가 "그레천은 성격은 참 좋은데 사귀기엔 너무 뚱뚱해"라고 말하는 걸 우연히 듣고 크게 상심했다. 나는 나 자신을 있는 그대로 사랑하고, 남의 평가에 휘둘리지 않는 건강한 생존 방식을 찾아내기 위해 홀로 싸워나가야 했다. 나중에 살을 빼긴 했지만 그건 남이 아닌 나 자신을 위해서였다. 지금 우리 가정에서 나는 나 자신이나 아이들의 몸무게에 집중하지 않으려고 의식적으로 노력한다. 그보다는 건강한 식단의 중요성을 강조하고, 다른 방식으로 자존감을 키워주고자 한다.

몸무게는 하나의 예일 뿐, 아이들이 일상적으로 당하는 외부적 평가는 그 외에도 셀 수 없이 많다. 가끔은 이 싸움에 승산이 없다는 생각이 들 정도다.

앞서 소개한 코미디언 피트 도미닉은 두 딸의 아버지다. 사람들은 항상 그의 딸들에게 "참 예쁘구나"라고 말하거나 예쁜 눈과 머리칼을 칭찬한다고 한다. 그러면 도미닉은 반드시 이렇게 답한다. "예쁜 것 말고도 더 큰 장점들이 있지요. 재미있고, 용감하고, 똑똑하고, 다정하고, 춤도 얼마나 잘 추는데요." 도미닉의 딸들이 항상 그런 대답을 반기지는 않는다. "아빠, 예쁘다는 칭찬 좀 하게 놔두면 안 돼요?" 그러면 도미닉은 딸들에게 말한다. "얼굴이 예뻐서 어떤 자리에 갈 수는 있겠지만, 그 자리에 머물지는 못한단다." 도미닉은 딸들에게 인생에서 가고 싶은 곳에 가려면 능력과 성품을 갈고닦고, 열정을 품고, 지성을 키워야 한다고 말한다.

2017년에 내 딸 카야는 학교 숙제로 자기 이름의 기원에 대한 글을 썼다. 그 글은 내면으로부터 우러나온 자존감의 살아 있는 예였다. 나는 딸의 통찰력과 고요한 강인함에 감격했다. 자녀가 열네 살의 나이에 이렇게 깊은 생각을 지니고 있다면 어떤 부모라도 자랑스러우리라.

카야는 "현명한 여자"라는 뜻이다. 어머니는 이 이름이 내게 잘 어울리고 나라는 사람을 잘 설명할 거라고 생각했다. 왜냐하면 사실 카야에는 "현명한 여자" 이상의 뜻이 있기 때문이다. 현명함은 "똑똑함"과 달라서 대담함, 용기, 힘을 의미하기도 한다. 현명함은 한 세대에서 다음 세대로 전수된다. 어머니는 내게 이 이름을 붙이면서 우리 가문에 흐르는 힘을 내게 주었다. 할머니는 강하고, 박력 있고, 불의를 용납하는 법이 없다. 어머니는 내가 아는 제일 용감한 여자고, 어떤 난관이 닥쳐도 움츠리지 않는다. "현명한 여자" 카야. 비록 내가 이 이름의 뜻에 걸맞게 살지 못하더라도, 이 이름은 우리 가족의 다음 세대로 현명함을 전해줄 것이다.

자녀의 역할 모델 선택을 도와라

인터넷과 리얼리티 쇼에 접근하기 쉬운 요즘, 아이들이 도처에서 볼 수 있는 역할 모델은 대부분 이기적이고, 공격적이고, 심술궂고, 자기도취에 빠진 사람들이다. 우리가 자녀에게 가르치기 원하는 선함, 연민, 책임감 같은 가치는 그들에게서 배울 수 없다. 이 상황을 어쩌면 좋을까? 열쇠는 대화다. 자녀에게 제일 좋아하는 스타의 행동을 어떻게 생각하는지 묻고, 그에 관해 가족 토론을 벌여라. "그 사람이 왜 그런 말을 한 것 같니?" "그 사람의 행동에 동의하니?"

놀라운 일을 해낸 아이나 어른을 자녀에게 긍정적인 역할 모델로 소개해라. 어째서 그들의 행동이 인상적인지 말하고, 자녀에게 생각을 물어라.

최근에 나는 미디어 회사를 새로 설립하고 투자자를 찾고 있는 한 여성과 점심을 함께했다. 그녀의 목표는 여성들이 끊임없이 서로 적대시하고 싸우는 모습을 그려내는 (예를 들어 〈진짜 주부들[Real Housewives]〉 시리즈 같은) 지금의 리얼리티 쇼와 대비되는, 새로운 리얼리티 쇼 모델을 만드는 것이었다. 이 젊은 여성이 구상한 리얼리티 쇼의 목적은 아이들이 TV에서 전달받는 메시지를 바꾸고, 나쁜 행동으로 유명세를 얻는 게 스타가 되는 지름길인 현실의 반대편에 서서 균형을 맞춰줄 좋은 여성 역할 모델을 소개하는 것이다. 이게 중요한 까닭은 폴 페이그가 내게 지적했듯, 상당수의 영화와 TV 프로그램이 10대 청소년을 대상으로 마케팅을 하기 때문이다. 아이들이 보고 듣는 것에는 우리 어른들의 책임이 있다.

우리가 직접 아이들의 역할 모델이 되어야 한다. 유년 시절에 우리 부모님은 매일 내게 목표를 세우고, 열심히 노력하고, 용기를 발휘하고, 나 자신을 믿으면 무엇이든 원하는 대로 될 수 있다고 말해주었다. 나는 대단히 행운아였다고 생각한다. 이렇듯 끊임없이 격려받은 덕분에 세계 무대에 나가 꿈을 이룰 든든한 기반을 다질 수 있었고, 나 자신을 위해 들고 일어나서 발언할 자신감과 용기를 얻었다. 자신을 믿으라는 가르침은 공동체에는 힘이 있다는 것, 도움을 필요로 하는 타인에게 손을 내

밀어야 한다는 것과 더불어 아이들에게 전해줄 수 있는 최고의 교훈이다. 나는 과거에도 소녀들에게 힘을 주고자 하는 조직들을 후원해왔지만, 내가 당한 성희롱 사건이 미디어에 보도된 뒤에는 내가 줄 수 있는 것들을 더 많이 나누어야 한다는 데에 생각이 미쳤다.

그게 내가 최근 소녀와 젊은 여성들이 잠재력을 꽃피워 밝은 미래를 열고, 또 여성들이 직장 내에서 안전하고 유익한 환경을 요구하도록 돕는 것을 주된 목적으로 하는 '용기의 선물(Gift of Courage)' 재단을 설립한 이유다. 나는 이 기금을 통해 RAINN과 성폭력 위기 카운슬링·교육 센터처럼 좋은 일을 하는 조직을 재정적으로 지원한다. 또한 뉴 어젠다(New Agenda), 올 인 투게더(All In Together), TIA 걸 클럽(TIA Girl Club), 걸즈 리더십(Girls Leadership), 마치 오브 다임즈(March of Dimes) 기금, 장애 여성을 위한 미스 유 캔 두 잇(Miss You Can Do It) 미인 대회 같은 단체의 자금 마련도 돕고 있다. 나는 작년에 미스 유 캔 두잇 대회의 진행을 맡았고, 딸과 함께 시상했다. 우리 모녀에게 이는 인생을 바꾸는 경험이었다. 이 미인 대회에 참여하면서 우리는 진정한 내면의 아름다움이 무엇인지 깊은 깨달음을 얻었다.

나는 코네티컷 뉴타운의 캐서린 바이올렛 허바드 동물보호소(Catherine Violet Hubbard Animal Sanctuary) 활동에도 열정적으로 참여하고 있다. 캐서린은 2012년 12월 샌디훅초등학교 총격 사건에서 희생당한 6세 아동 가운데 한 명이다. 캐서린의 부모는 죽은 딸을 기리는 의미에서 동물보호소를 설립하기로 했고, 사건이 벌어진 이듬해 내 딸 카야가 피아노 연주회를 열어 모금했다. 지금 카야는 동물보호소 아동 자문위원단에, 나는 성인 자문위원단에 속해 있다. 캐서린의 사망 5주기인 2017년 12월, 뉴타운의 아름다운 땅에 동물보호소를 시공하기 위해 최초의 모금회가 열릴 계획이다. 내가 진행을 맡고, 카야가 다시 한 번 피아노를 연주한다.

사회에 베푸는 일이 아름다운 이유는, 그 행동이 어떤 변화를 일으키는지 직접 볼 수 있기 때문이다. 카야는 자신보다 더 중요한 일의 일부가 되는 것이 얼마나 의미 있는지를 경험했다. 자녀를 잃는다는 상상할 수 없는 슬픔을 이겨내고, 자녀를 기리기 위해 새로운 목표를 찾아 행동한 부모들의 놀라운 용기를 우리 모두 목격했다. 나는 용기의 선물 기금을 통해 이런 단체들이 목표를 이룰 수 있도록 돕고, 그러는 과정에서 아이들에게 평생을 품고 살아갈 가치들을 가르칠 수 있다.

자녀에게 개인적 책임을 가르쳐라

아이들에게 어린 나이부터 자신의 행동을 책임지는 법을 가르쳐야 한다. 나는 내 아이들이 얼렁뚱땅 넘어가게 두지 않고 "네가 했으면 네 책임이야"라고 단호하게 말한다. 책임감을 길러주기 위해선, 실용적인 성공 전략을 알려주는 편이 좋다. 예를 들어 우리 집에서는 아들에게 피아노를 매일 10분씩 연습하면 일주일 뒤에 곡을 익힐 수 있을 거라고 말해준다. 가시적인 목표를 달성할 구체적인 도구 주기, 그게 자신감을 키우는 방법이다. 그럼으로써 아이들은 음악이든 학업이든 운동이든, 무언가에 시간을 쏟으면 실력이 향상된다는 걸 어린 나이부터 배운다. 아이들은 이런 자기 훈련을 통해 올바른 유형의 자신감과 자존감을 키우고, 자신이 이룬 바에 자부심을 느끼는 법을 배운다. 이 가르침은 아이들에게 평생 힘이 된다.

아이들에게 문제 해결 도구를 줘라

부모의 일은 자녀의 문제를 해결해주는 것이 아니다. 물론 늘 그럴 수 있지도 않다. 부모의 일은 아이들에게 직접 문제를 푸는 법을 익히도록 격려하는 것이다. 한번 방법을 배우면 계속해서 사용할 수 있다. 문제를 해결할 줄 아는 것보다 더 힘이 되는 일은 없다. 그러니 아이들이 '누가 나한테 화를 낸다', '누가 나와 얘기하지 않는다', '누가 나한테 부당한 말을 했다' 같은 문제를 해결해달라고 들고 오면, 즉각 반응하지 말고 문제를 해결하는 방법을 가르칠 기회로 삼아라. "왜 걔가 그런 말을 했다고 생각하니?", "네가 뭐라고 대꾸할 수 있을까?", "네가 이 상황에서 할 수 있는 일이 뭘까?", "그렇게 행동하면 어떤 일이 일어날 거라고 생각하니?" 등등. 자녀가 다치면 일단 보듬어주고 싶은 게 부모의 본능이지만, 정말로 아이들에게 도움이 되고 싶다면 그 본능은 답이 아니다. 일상적인 싸움을 스스로 해나갈 수 있도록 힘을 실어주자. 그게 인생의 필수 기술이니까. 자신을 괴롭히거나 성가시게 하는 사람을 대하는 법, 불안을 다스리는 법을 익힌 아이들은 스트레스 상황을 헤쳐나갈 능력을 갖게 된다.

직장에서 혹독하게 비난하거나, 앙갚음하거나, 무례하게 구는 사람들은 대부분 유년기에 문제를 효과적으로 해결하는 방법을 배우지 못했을 것이다.

꿈을 크게 가지라고 격려해라

우리 부모님이 내게 준 가장 큰 선물은 마음껏 꿈을 좇으라는 격려였다. 어린 시절 마음속에 심긴 견고한 자기 확신 덕분에 나는 열심히 노력하고 목표를 이룰 자신감을 얻었다. '불가능'이라는 단어는 우리 가족의 사전에 없었다. 나는 항상 스스로를 특별하고 유능한 사람이라고 생각했다. 지금 나는 그런 믿음이 자녀에게 줄 수 있는 가장 소중한 선물이라고 생각한다.

국제 여성의 날이었던 2017년 3월 8일 수요일, 나는 학교 뮤지컬 〈수시컬(Seussical)〉에서 조조 역을 맡은 딸의 공연을 보러 갔다. 공교롭게도 딸에게 맡겨진 노래는 〈가능해(It's Possible)〉라는 제목이었다. 모든 것이 가능하다는 가사가 반복되었다. 평생 그렇게 믿어온 내게, 그 노래를 듣는 순간은 마치 마법과도 같았다.

나는 더 이상 침묵하지 않기로 했다

서약하자

서약이란 공식적인 약속이다. 이 책을 읽는 모든 부모들에게 서약을 제안하고 싶다. 자녀에게 가치와 리더십, 연민과 열린 마음을 가르치겠다고 맹세하자. 자녀가 모두에게 평등한 세상을 만드는 지도자가 되길 바라는가? 그 바람이 현실이 되는 일은 우리 손에 달려 있다.

부모 서약

부모로서 나는 딸과 아들을 충만하고, 행복하고, 건강하며, 무엇이든 마음먹은 일을 해낼 수 있는 사람으로 키우는 데 전념하겠다고 서약한다.

- 나는 자녀를 어엿한 개인으로 대하고, 엄격한 젠더 역할의 틀에 가두지 않겠다.
- 나는 아들에게 여성을 존중하라고 가르치겠다. 딸에게 존중받길 요구하고, 존중을 존중으로 갚으라고 가르치겠다.
- 나는 자녀에게 자신이 대우받길 원하는 방식으로 남을 대우해야 한다고 가르치고, 문제가 생기면 해결할 수 있도록 돕겠다.
- 나는 가족, 친구, 동료, 다른 부모와 교류할 때 자녀에게 친절함과 경청, 타인에 대한 배려를 보이는 모범이 되겠

다. 자녀 앞에서 경멸하거나 비방하는 표현을 사용하지 않겠다.

• 나는 자녀가 자존감을 키우고, 두려움을 떨치고, 실패를 성공을 위한 교훈으로 여기도록 돕겠다.

• 나는 세상에 인종, 젠더, 성적 지향 등에 관한 편견이 존재한다는 사실을 자녀에게 명확하게 알리고, 아이들이 자신과 같지 않은 타인에 대해 열린 마음을 가지도록 가르치겠다.

• 나는 자녀가 자신이 살아가는 세상에 참여하도록 격려하고, 사회에 받은 만큼 베푸는 것이 성공의 열쇠라는 생각을 심어주겠다.

• 나는 자녀에게 자신이 원하는 세상을 만들라고, 모두를 위해 더 좋은 세상을 만들라고 이야기하겠다.

나는 위와 같이 서약한다.

_____

[날짜, 서명]

10장
사나워져라

Be
Fierce

2016년이 되자 쉰 번째 생일이 코앞이었다. 다른 수많은 여성들처럼 나 역시 쉰이라는 나이를 두려운 통과 의례로 보도록 길들여졌다. 하지만 나는 마냥 슬퍼하는 대신, 반세기를 산 기념비적인 날을 계기로 삼아 더 강한 사람이 되겠다고 결심했다. 어려운 새 목표에 도전하고, 그것을 긍정적인 경험으로 삼고, 기념하고 싶었다. 그런 마음으로 나는 인생을 차근차근 검토해나가기 시작했다. 내가 세운 첫 번째 목표는 나 자신에 대해 좀 더 만족하기 위해 탄수화물 섭취를 줄이는 것이었다. 몇 년 동안 일해온 위원회에서 물러나 새로운 곳에서 활동할 시간이라고도 결정했다. 생일날, 온 가족이 모여 특별한 축하를 나누었다. 남편과 아버지가 루카스 그레이엄의 유명한 노래 〈7년(7 Years)〉을 개사하고, 아들 크리스천이 노래를 불렀다. 정말이지 벅찬 경험이었다. 바꾼 가사는 다음과 같았다.

나 이제 쉰 살이니까,

대담하게 살아볼까?

내게 영감을 주는 더 대담한 꿈을 좇아볼까?

나 이제 쉰 살이니까.

언제나 사랑스럽고 다정한 카야는 엄마를 좋아하는 50가지 이유를 책으로 만들어 선물했다. 개인적 감상과 영감을 불어넣은 그 50가지 중 제일 내 마음에 든 이유는 이것이다. "엄마는 원하기만 하면 미국 최초의 여성 대통령 정도는 쉽게 될 거다." 글쎄, 쉽게 될는지는 모르겠지만, 내 딸이 큰 꿈을 품고 모든 게 가능하다고 생각하는 아이로 자랐다는 게 어찌나 기분 좋던지.

가족과 친구들에게 축하를 받은 그날만 해도, 곧 쓰나미가 덮쳐 내가 세운 소박하고 즉각적인 목표들을 휩쓸어갈 거라곤 상상도 못했다.

나는 미리 생각하고 계획하는 사람이다. 목표가 바이올린 대회 우승이든 취직이든 언제나 철저하게 준비했다. 하지만 그뿐 아니라, 나는 다른 사람의 성취에 동기를 부여받는 유형이기도 하다. 영감을 주는 몇 마디 말처럼 단순한 것도 새로이 힘을 내기에 충분하다. 지난 몇 년 동안 나는 인스타그램에 매일 영감을 주는 문구를 게시해서 사기를 충전하고, 내 계정을 구독하는 사람들에게도 영감을 불어넣고자 했다.

하지만 2016년 봄, 나는 습관적인 포스팅에서 한발 나아가 조금 더 진지한 글을 올리기 시작했다.

당신의 인생에서 세 종류의 사람은 절대 잊지 마라.
1. 당신이 힘들 때 도와준 사람.
2. 당신이 힘들 때 떠난 사람.
3. 당신을 힘들게 만든 사람.

이런 글도 올렸다.

제일 강한 사람은 우리 앞에서 힘을 내보이는 자가 아니라, 우리가 알지도 못하는 싸움에서 이기는 자다.

나는 남에게 동기를 부여하는 동시에, 앞으로 인생에서 난관을 겪게 될 때 필요할 용기를 스스로에게 선물하고 싶었다.

그녀는 작달막할지언정, 대단히 **사납다**.

그렇다. 나는 이렇게 사나워지기로 결심했다.
그리고 나는 해냈다. 절벽에서 안전망 없이 번지점프를 했다. 아래에 무엇이 기다리고 있는지는 몰랐다. 내가 성희롱 이슈의 얼굴이 되리라고는 꿈에도 상상 못했지만 지금 나는 그 자리에 와 있다. 인생이란 본디 제멋대로 방향을 정하는 법. 수수

께끼처럼 펼쳐지고 있는 내 인생이 그 증거다. 콘서트 바이올린 연주자에서 미스 아메리카, 25년 경력의 방송인까지 많은 굴곡과 반전이 있었지만 나라는 사람의 기반만큼은 언제나 견고했다. 크든 작든 난관에 봉착하면 나는 결코 포기하지 않고 모든 걸 걸고 싸운다.

2016년 8월 우리 부부는 인생에서 가장 근사한 여행을 떠났다. 내 오랜 꿈이었던 크로아티아 여행은 기대했던 것보다 더 좋았다. 직장을 그만둔 뒤 집에 틀어박혀 있던 내게 모험으로 가득한 이 여행은 무척 신나는 경험이었다. 그중에서도 제일 스릴 만점이었던 활동은 세티나 계곡과 강을 가로지르는 집라인을 타는 것이었다. 여덟 개의 와이어가 거의 2킬로미터에 걸쳐 연결되어 있었다. 발밑에 펼쳐진 풍경이 하이라이트였다. 살면서 그런 장면은 본 적이 없다. 아드레날린을 팍팍 분출시키고 싶다면, 150미터 높이에서 와이어에 매달려 계곡을 건너는 상상을 한번 해보라!

자타 공인 드센 여자이긴 하지만 롤러코스터나 높은 곳은 별로 좋아하지 않는 내게 집라인을 타는 일은 상당한 도전이었다. 세부 사항을 모르는 채로 집라인을 신청한 나는 현장에 도착하자마자 꼬리를 내리고 싶었다. 가벼운 공황 발작을 일으키기까지 했다. 심장이 통제할 수 없는 속도로 달음박질쳤고, 금방이라도 기절할 것 같은 기분이 들었다. 용감한 사람들이 공중으로 뛰어드는 광경을 보고 다리가 후들거렸지만 나는 이미 헬멧과

나는 더 이상 침묵하지 않기로 했다

보호 벨트를 착용하고 순서를 기다리는 중이었다. 결국 나는 해보자고 마음먹었다. 그해 여름에 더한 절벽에서 뛰어내리지 않았던가. 그보다 나쁠 리는 없었다.

그래서 나는 뛰었다. 돌아갈 길은 없었다. 그런데 집라인은 타면 탈수록 점점 쉬워졌다. 발밑의 계곡이 점점 더 까마득히 멀어지는데도 그랬다. 전에는 도망쳤을 난관에 정면 도전하는 기분이 정말 끝내줬다. 나는 "할 수 있어"라고 말할 힘을 얻었다. 그리고 남들에게도 그 힘을 나눠주고 싶다.

인생이 빠르게 변해가던 그 여름, 나는 한 친구로부터 아주 감동적인 이메일을 받았다. 최근 세상을 떠난 아내가 꿈에 아주 생생하게 나왔다는 내용이었다. 그 꿈에는 나도 나왔는데, 마치 아내가 나에게 연락하라고 시킨 것처럼 느껴져서 메일을 썼다고 했다. 그가 내게 해준 말이 정말 인상 깊었다. "지난 달 네가 겪은 일을 나는 '전환점'이라고 부르고 싶어. 누구에게나 그런 순간이 오지. 내게 인생에서 제일 큰 전환점은 아내의 죽음이었어. 그런 순간을 맞으면, 우리에겐 두 가지의 선택지가 있어. 그대로 쭉 나아가거나, 전환점을 돌아 인생의 방향을 바꾸는 거야. 나는 49세에 인생을 바꾸기로 선택했어. 지금 네 앞에도 같은 기회가 놓인 것 같구나."

먹먹하고 진실한 말이었다. 그 말을 내게 전해주어 얼마나 고마웠는지 모른다. 작은 몸짓, 짧은 말 몇 마디가 인생에 놀랍도록 큰 영향을 미치곤 한다. 나는 이 이메일을 인쇄해놓고 자주 다시 읽는다. 그리고 나는 마침내 전환점을 기회 삼아 인생을 바꾸기로 결심했다. 이 책이 그 산물이다. 책의 원제를 '사나워져라(Be Fierce)'라고 정한 건 이 책이 행동을 요구하는 소집령이기 때문이다. 강인하고, 용감하고, 고결해지자. 우리가 그렇게 될 수 있다고 열망하자. "사나워져라"는 우리가 믿고 외칠 수 있는 전투의 함성이다. 하지만 보다 깊은 차원에서, 사나워지라는 말은 내 안에 이미 존재하던 나의 일부에게 말을 걸었다.

사나워진다는 것이 내게 무슨 뜻인지 좀 더 상세히 설명해보겠다.

사나워진다는 건 당당해진다는 뜻이다

사나운 사람은 몸집이 작아도 존재감이 크다. 월스트리트의 상징물인 '돌진하는 황소상' 맞은편에 갑자기 '겁 없는 소녀' 동상이 등장한 2017년 3월 7일, 나도 많은 사람들처럼 기뻐했다. 소녀는 마치 힘센 황소에게 도전장을 내미는 것처럼 허리에 양손을 얹고 서 있었다. 발치의 명판에는 이렇게 적혀 있었다. "여성 지도자의 힘을 알라. 그녀가 변화를 만든다."

스테이트 스트리트 글로벌 어드바이저라는 자산 매니저 그룹이 이끄는 캠페인의 일환인 그 동상은 조각가 크리스틴 비스발(Kristen Visbal)의 작품이었다. 이 프로젝트의 광고사인 맥캔 노스 아메리카에서는 소녀의 모습이 가장 많은 대중의 시선을 사로잡도록 디자인했다. 맥캔 XBC 회장이자 맥캔 뉴욕의 상무인 데비카 불챈대니(Devika Bulchandani)의 말을 빌리자면 라틴계 소녀는 보편적으로 "모두에게, 어린 딸을 둔 아버지나 아내가 있는 남편, 백인과 흑인과 인도계를 통틀어 모든 사람에게 영감이 될 수 있다. 가장 폭넓은 대중에게 말을 걸 수 있다."

이 동상으로 인해 활발한 대화가 불붙었다. 전통적인 남성의 힘과 여성의 사나움이 한자리에서 부딪친 모습은 많은 여성을 전율케 했지만, 화를 내는 사람들도 있었다. '돌진하는 황소' 상의 조각가 아르투로 디 모디카(Arturo Di Modica)는 소녀상이 젠더를 이용해 유명세를 노리는 선전일 뿐이라고 불평하며, 언론에 "제 황소는 미국의 상징, 번영과 힘의 상징입니다"라고 말했다. 그렇다면 소녀는 상징이 될 수 없다는 뜻일까? 그의 주장이야말로 월스트리트와 많은 기업 환경을 너무 오랫동안 규정해온 태도를 무심코 드러내는지도 모른다.

소녀상이 그랬듯, 사나워진다는 건 논란을 일으킨다는 뜻이다. 하지만 소녀상은 인정을 받기도 했다. 젊은 여성들이 동상 옆에서 포즈를 잡거나, 동상에 팔을 두르고 셀카를 찍는 모습은 흔한 광경이 되었다. 본래 30일짜리였던 '겁 없는 소녀' 동상 설치 허가는 1년으로 연장되었고, 영구 설치를 요구하는 청원이 진행 중이다. 나 역시 소녀가 월스트리트에 머무르기를 바란다. 하지만 웬만큼 세상 물정을 안다면 이 싸움이 순조롭게 진행되리라는 생각은 하지 않을 거다. 실제로 2017년 5월, 뉴욕시에서 활동하는 또 다른 예술가가 '겁 없는 소녀'에 대고 오줌을 누는 '오줌 싸는 퍼그' 동상을 설치했다. 아무리 표현의 자유가 있다지만, 좀 심했다. 내 눈에는 그 개의 존재 덕분에 소녀가 더 강해 보인다.

사나워진다는 건 일어서서 당당히 얼굴을 보인다는 뜻이다. 대담해진다는 뜻이다. 어떤 남자가 내게 적었다. "거울을 보지 마세요. 당신 얼굴을 비추느니 거울이 깨져버릴 테니까!" 하하. 이렇게 유치한 부탁에 내가 굴복할 줄 알았다면 오산이다. 나는 후퇴하지 않고 싸움에 뛰어들 것이다.

대담한 성격으로 알려진 여성들은 누구나 고통스러운 선택의 순간을 겪었다. 스스로를 위해 싸우려면 그래야 한다. 대단히 재능 있고 화려한 가수 레이디 가가(Lady Gaga) 역시 예외가 아니다. 그녀는 여러 해 전에 강간을 당했고, 그 이야기를 세상에 공유하겠다고 결정했다. 2015년 〈타임즈토크(TimesTalk)〉에서 레이디 가가는 여러 해 전 스무 살 연상의 남자에게 강간당한 사실을 이제야 밝힌다고 고백했다. "스스로를 탓하지 않는 방법, 제 잘못이 아니라고 생각하는 방법을 몰랐습니다." 한 여성으로서 그리고 공연자로서 도발적인 스타일이었기 때문에 그 일을 "자초했다"고 생각했던 것이다. 하지만 결국 레이디 가가는 다른 여성들을 위해 일어서서 발언해야 할 의무를 느꼈다. "제가 지금 이 자리에 있는 건, 무대에서 제 노래와 춤을 즐기는 아름다운 젊은이들을 둘러볼 때 자신을 천천히 죽이는 비밀을 간직한

나는 더 이상 침묵하지 않기로 했다

사람들이 여럿 보이기 때문입니다. 고통을 숨기고, 오래된 사과처럼 내면에서 썩게 놔두지 마세요. 쓰레기는 내다 버려야 해요. 함께 내다 버립시다."

이 책을 쓰면서 나와 대화를 나눈 많은 여성들이 당당히 일어섰다. 고통을 받은 당시에는 스스로를 옹호하지 못했을지언정, 지금은 권리를 주장하고 있다. 많은 여성들이 변화의 물결에 동참하기 위해 자신의 고통과 수치심과 모두 없었던 일로 하고 싶은 바람을 옆으로 밀쳐두었다. 나는 많은 여성들이 공개적으로 솔직하게 경험을 이야기한 뒤, 스스로를 옭아매던 자기비판적 사고에서 벗어나는 모습을 보고 놀랐다. 때로는 남이 이렇게 말해주는 것만으로도 문제가 해결된다.

너는 폭력을 당했어.
너는 희롱을 당했어.
너는 괴롭힘을 당했어.
너는 부당한 일을 당했어.
네 잘못이 아니야.
너에게는 온전해질 자격이 있어.

성희롱을 당하고 직장에서 쫓겨난 뒤 현재는 회복을 돕는 코치로 일하고 있는 한 여성이 적었다. "당신은 그 일보다 더 큰 사람입니다." 한때는 그녀도 그 사실을 꿰뚫어 볼 힘이 없었다. 직장을 떠날 때는 이런 상태였다고 한다. "폭력을 당한 경험이 제가 자신을 정의하는 방식을 깊이 뒤흔들었습니다. 저는 잘못한 게 없었지만 수치심을 느꼈어요. 제 가치가 뚝 떨어진 기분이었죠. 언제나 잘 살려고 애써왔기 때문에 더 화가 났어요. 스스로에 대한 모든 믿음이 산산조각 났고, 커리어도 날아갔죠. 이제 저는 연민을 바탕 삼아, 제가 그때 가지지 못했던 것을 다른 여성들에게 주고자 합니다."

나는 이런 말을 들으면 슬퍼진다. 고통 받는 사람이 너무 많다. 성희롱을 보고한 뒤 보복당하고, 해고당한 한 여성은 아침에 침대를 빠져나갈 수조차 없는 날들이 있었다고 말한다. 오프라 윈프리의 잡지《O》에서 읽은 "두려움 지수"를 인용하며 그녀는 "제 두려움 지수는 측정 불가능이었습니다"라고 표현했다. 하지만 고통의 한가운데에서도 그녀는 당당히 말할 수 있었다. "그들은 제 꿈을 훔쳤어요. 하지만 저는 그 꿈을 되찾을 겁니다."

개인적인 수준에 머무를 게 아니라, 한 걸음 더 나아가야 한다. 우리는 우리 자신뿐 아니라 서로를 위해, 그리고 우리가 아이들에게 만들어주고 싶은 미래를 위해 일어서야 한다. 성희롱과 성폭력에 맞서는 프로그램에 참여해야 한다. 여성의 가치를 폄하하는 공공 정책에 맞서야 한다. 의원과 지역 대표자들과 주지사에게 전화해서 여성을 보호하는 법안을 위해 로비를 벌이고, 강제 중재 조항 같은 법에 맞서 싸워야 한다. 성희롱이 자주 일어나는 회사를 불매해야 한다. 지역 학교 위원회 선거든 대통

나는 더 이상 침묵하지 않기로 했다

령 선거든 반드시 투표해야 한다.

이 싸움은 어떤 개인보다도 크다. 리사 블룸은 조언한다. "강해지세요. 우리에겐 앞 세대가 쟁취한 권리가 있습니다. 그 권리를 지켜야죠."

사나워진다는 건 자신의 가치를 고수한다는 뜻이다

성희롱을 초당적 이슈로 만들려는 시도가 위선으로 인해 번번이 좌절되고 있다. 가끔은 남들에게 미움을 사더라도 자신의 가치를 고수해야 한다. 내가 직장을 떠나기 고작 몇 주 전인 2016년 6월 12일, 29세 경비원이 군대식 살상 무기를 들고 올란도의 한 나이트클럽에 침입해 49명을 살해하고 53명에게 부상을 입혔다. 9·11이후 미국 땅에서 벌어진 최악의 테러였다. 희생자는 대부분 젊은이였다. 나는 마음이 아픈 한편 잔혹한 범죄에 격분했다. 그가 무기를 살 수 없었더라면 그토록 단시간에 많은 사람을 마구잡이로 죽일 수는 없었을 것이다. 나는 군대식 무기를 금지하는 법을 복귀시켜야 한다는 생각을 공석에서 밝히기로 결정했다.

그러자 과격한 비판이 쏟아졌다. 내게는 상식의 문제인 총기 제한에 대한 말을 꺼낼 기미만 보여도 즉각 흉악한 반응과 쌍욕이 날아들었다. 나는 "빨갱이", "저능아", "뇌사자"라는 말을 듣고, 반역자라는 비난을 받았다. "그레천 칼슨 같은 백치 때문에 선한 사람들이 피해를 본다"라는 글도 보았다. 그토록 심한 비난은 처음이었다. 다음 날 나는 오히려 더 강경하게 나가기로 결정했다. 내 생각에는 무기 금지가 옳았다. 수정헌법 제2조를 폐지하자는 얘기는 아니었다.

이 이야기를 꺼낸 이유는, 우리가 살면서 한 번쯤은 옳다고 믿는 것에 대해 목소리를 내거나 침묵을 지키는 양자택일의 상황에 직면하기 때문이다. 용감한 행동이 거창할 필요는 없다. 수백만 명이 지켜보는 앞이 아니더라도 용기를 발휘할 수 있다. 나는 이 책을 쓰면서 자기 직장과 공동체에서 여성을 위해 용기 내 행동하고, 그 결과를 책임진 많은 남녀를 만나는 영예를 누렸다. 그들은 지금이 역사적으로 자신이 믿는 가치를 고수하고, 사납게 싸워야 하는 시점이라는 걸 안다. 그로 인해 고통을 받는다 해도, 장기적으로는 후세대를 위해 더 나은 사회를 만들 수 있으니까.

세상 사람들이 마침내 총기 규제에 관심을 보인다는 점이 내게는 다행스럽게 느껴진다. 최근에 나는 잡지 《버라이어티 (Variety)》에서 주최한 '여성의 힘' 행사 오찬에 초대받았다. 2000명의 대중 앞에서 소신 발언에 대한 칭찬을 받고 있자니 유체 이탈을 하는 기분이었다. 한 번의 작은 선택이 결정적인 순간으로 이어질 수 있다는 좋은 예였다. 그날의 일로 나는 생사가 걸린 문제들에 대한 논의에서 위선을 용납하지 않겠다고 다시금 다짐했다. 우리 사회의 악과 맞설 거라면, 여성을 대상화하고,

나는 더 이상 침묵하지 않기로 했다

희롱하고, 괴롭히고, 학대하는 풍조에 맞설 거라면 정신과 마음을 열고 불편한 진실을 직시해야 한다. 우리가 지지하는 정당의 노선과 같든 다르든, 우리가 느끼기에 올바른 일을 해야 한다.

사나워진다는 것은 함께 일어선다는 뜻이다

사람들이 종종 내 이야기를 인용하는 모습을 본다. 내겐 무척 의미 있는 일이다. "한 여성은 변화를 이끌 수 있습니다. 그런 한 여성이 모여 '우리'가 되면, 세상을 뒤집을 수 있습니다." 나는 이 말이 진실이라고 믿는다. 그리고 이때 '우리'란 우리 모두여야 한다고도 생각한다.

앞 장에서 수동적인 방관자들이 괴롭힘 문화에 직접적으로 기여한다는 이야기를 길게 했다. 방관자가 되지 마라. 남녀 모두에게 하는 부탁이다. 한 여성은 내게, 남초 업계에서 일을 시작한 초기에 자신도 여성을 존중하지 않는 환경에 일조했다는 사실을 깨달았다고 고백했다. 남자들한테 "남성 연맹의 일원"으로 인정받은 것에 안도해서, 그 지위를 지키고자 한 것이다. 한번은 남자들이 회사의 다른 여직원을 두고 농담을 하는 데 끼어들기도 했고, 남자들과 함께 여직원들을 평가하기도 했다. 그녀는 나중에 심한 성희롱을 당하고서야 자신이 다른 여성들을 지지해주지 못했다는 사실을 깨달았다. 무심코 문제의 일부가 되어 있었던 것이다.

성희롱이 낳는 심각한 피해를 이해하지 못하는 여성들로부터 부정적이고 날 선 말을 듣는 게 내겐 슬픈 일이었다. 예를 들어 이런 말이었다. "지금 당신과 다른 여성들이 우는소리를 내는 게 실망스럽군요. 남자가 무례한 말을 하고, 남자가 부적절한 시선을 보내고, 약속된 승진이 취소되었다고 칩시다. 그게 폭력인가요? 아니죠! 불만이 있으면 회사를 그만두세요! 당신이 가진 것에 만족하고, 그만 입 다물고 다른 일로 넘어가지그래요."

나는 이런 이메일과 트윗에 답장하고 싶은 충동을 꾹 참았다. 오래된 편견과 문화적 고정 관념을 바꾸는 데에는 대공사가 필요하다. 서로를 찢어발기는 대신, 우리 모두에게 이득이 될 더 나은 정책을 찾아내야 한다.

나는 응원의 힘에 대해 개인적으로 꽤 잘 안다고 자부한다. 지난해에 쏟아지는 지지와 격려를 받은 덕분이다. 나는 그때 손 내밀기에는 언제나 의미가 있다는 사실을 배웠다. 사람들은 종종 자기 말이 환영받지 못할까 봐 머뭇거린다. 가족이 세상을 떠났거나 힘든 시기를 겪는 사람들에게 함부로 말을 건네기 어려운 것과 비슷한 이치다. 그런데 따뜻한 말 한 마디는 상상 이상으로 큰 의미를 지닐 수 있다. 최근에 우연히 마주친 지인이 내게 말했다. "미안해요. 당신 사건을 듣고 도움이 될 만한 성경 구절을 열심히 모았는데, 정작 보내지는 못했어요. 이유는 모르겠어요. 연락도 안 하고, 참 나답지 않죠? 마음이 무겁습니다. 그저 당신이 내 연락을 부담스럽게 여기면 어쩌나 했어요."

나는 다른 사람들에게서도 똑같은 말을 들었다며 그녀를 안심시켰다. "사람들은 그런 상황에서 어떤 말을 해야 할지 어려워해요. 그때 저는 조금 외로웠고, 당신에게서 연락을 받았다면 아주 기뻤을 거예요. 지금이라도 보내주세요." 그녀가 보내준 성경 구절들은 아름답고 뜻깊었다. 나는 아직까지도 그 편지를 소중히 보관하고 있다. 첫 구절은 시편 37편이었다. "악한 자들이 잘된다고 해서 속상해하지 말며, 불의한 자들이 잘산다고 해서 시새워하지 말아라. 그들은 풀처럼 빨리 시들고…… 주님만 의지하고 착한 일을 하여라. 그분의 미쁘심을 간직하고 이땅에서 살아라."

사나워진다는 것은 믿는다는 뜻이다

우리는 여성에게 무엇이든 가능하다고 진실로 믿고, 그 믿음대로 행동해야 한다. 목표 달성에 실패할 거라는 생각은 버려라.

내가 자라던 시기엔 아이들에게 이런 말을 했다. "남자아이는 누구나 대통령이 될 수 있다." 소년만을 위한 동기 부여였다. 그 뒤로 시대가 바뀌었지만, 우리가 원하는 만큼은 아니다. 아메리칸대학교의 제니퍼 L. 로리스(Jennifer L. Lawless)와 로욜라메리마운트대학교의 리처드 L. 폭스(Richard L. Fox)가 공저한 연구에 따르면, 언젠가 선거에 출마할 것을 고려하는 남자 대학생의 수는 여자 대학생의 두 배다.

과연 현실에서 여성의 정치적 존재감은 부진하다. 예를 들어 2016년 미국 국회의원 선거에서 여성 의원은 의석수를 늘리지 못했다. 인물은 바뀌었지만, 상원과 하원을 통틀어 여성 의원의 수는 104명으로 전년과 같았다. 이는 전체 의원의 19퍼센트에 불과한 수다.

선거에 출마하는 여성의 수가 남성의 수에 미치지 못하는 데에는 여러 이유가 있다. 다수의 연구에 따르면 남녀 사이에 능력 차이는 없다. 선거에 출마하는 여성의 당선 확률도 남성과 다르지 않다. 여성이 공적인 영역에서 존재감을 발휘하지 못하는 데에는 보다 미묘한 이유들이 있다. 후원을 더 적게 받고, 정치인의 길을 가라고 격려해주는 사람이 더 적다는 것 등등. 아마도 주된 이유는 남녀 사이의 자신감 차이리라. 여성들은 자신의 능력을 믿지 않는다.

1970년대에 처음 만들어진 용어 "가면 증후군"에 대해 들어봤을 것이다. 이 용어는 성공했음에도 스스로에 대한 회의감에 시달리는 여성을 묘사할 때 종종 사용된다. 여성들은 남성보다 자기 홍보를 덜 하고, 성과를 덜 뽐내고, 로비도 덜 한다. 남녀 간의 자신감 차이와 선거에 출마하는 여성의 수가 적은 현상에는 직접적인 상관관계가 있을 것이다. 선거에 출마하는 일은 대단한 자기 홍보를 필요로 하지 않는가.

하지만 2016년 선거에서 어떤 빗장이 열렸다. 새로운 결의와 에너지가 쏟아져 나왔다. 2017년 1월 21일 여성 행진에서 그 사실을 가시적으로 확인할 수 있었다. 행진에 참여하거나 옆에서 구경한 사람들은 여성 행진이 (다른 수많은 행진들처럼) 일회적인 행사로 끝나고 실제 운동으로는 이어지지 않을까 봐 걱정했다. 하지만 지금까지는 운동이 계속되고 있다는 신호들이 보인다. '쉬 슈드 런(She Should Run)'이나 '런 포 썸띵(Run for Something)' 같은 전국 각지의 단체에서 밝힌 바로는 2016년 선거 이후 선거에 출마하려는 젊은 여성의 수가 급증했다.

여성이 국가의 수장도, 조직의 최고 지도자도 될 수 있다고 믿어야 한다. 그게 우리의 타고난 권리라는 걸 딸들에게 가르쳐야 한다. 그 일을 현실로 만드는 사람이 되겠다고 결심하자.

사나워진다는 건 전사가 된다는 뜻이다

《아테나 라이징》의 두 저자 W. 브래드 존슨과 데이비드 스미스가 그들 주장의 상징으로 아테나 여신을 선택한 이유는, 아테나가 그들이 사관학교에서 교육시키는 여성 장교 후보생들의 성품, 지혜, 용기, 장래성을 완벽히 반영한 모델이기 때문이다. 두 사람은 장교 후보생들을 "일상의 아테나"라고 부른다. "아테나는 용맹한 전사이기도 하지만 외교관, 중재자, 현명한 자문으로서도 중요하게 활동합니다." 두 사람은 아테나가 뛰어난 전사가 된 건 신체적 힘뿐 아니라 다양한 능력을 갖추고 있어서라는 점을 지적한다. 두 사람은 일터의 여성들을 아테나가 될 수 있는 잠재력을 품은 인물로 봐야 한다고 말한다. 퍽 강렬한 이미지다.

나는 평생을 여자라서 평가 절하되어왔다. 하지만 남들의 예상과 달리 내가 성공을 거머쥔 건, 절대 포기하지 않아서였다. 그게 유일한 이유다. 나는 단지 멈추지 않고 계속했다. 다른 누구보다 열심히 일해야 한다면, 그렇게 했다. 내 능력 밖의 목표를 세워야 한다면, 더 노력했다. 최악의 상황에서도 다음 발걸음을 어떻게 내딛을지 고심했다.

지금 나를 계속 움직이게 하는 것은 든든히 내 뒤를 지키는 수많은 여성들이다. 그들은 내게 말한다. "당신 덕분에 저도 말할 수 있었습니다." 그들은 내게 편지를 쓴다. "당신을 보고 저도 용기를 낼 수 있었습니다." 나라는 한 개인의 행동이 이토록 넓게 영향을 미치는 모습을 보면 기운이 나고, 한편으로는 겸허해진다. 나를 통해 승리감을 경험했다는 여성들의 말이 어찌나 의미 깊게 다가오는지 모른다.

어려운 상황에 처할 때면, 인생이 원래 하룻밤 사이에도 획획 변함을 기억하자. 주어진 기회를 잡으려면 준비가 되어 있어야 한다. 남성을 중심으로 돌아가는 환경에서 홀로 여성으로 사는 일은 어렵고, 고통스럽기까지 하다. 그 자리에 있을 권리, 자신을 옹호할 권리에 딴죽 거는 사람들의 말을 듣기란 지긋지긋하다.

"저는 사건을 마음에 묻고 그냥 살아갔어요." 성폭력을 당한 한 여성이 내게 말했다. 이게 일반적인 정서일 것이다. 하지만 나는 모든 여성들에게 말하고 싶다. 미래의 성취를 위해 과거를 물을 필요는 없다. 우리는 실패와 고통을 받아들이고, 그것들을 방패 삼아 더 용감하고 사나워질 수 있다.

바이올린 경연에 나가던 소녀 시절, 무대에 서서 수많은 청중을 바라보면 심장이 목구멍 밖으로 튀어나갈 것만 같았다. 물론 두려움도 있었지만, 기쁨과 기대감이 가장 컸다. 오늘, 나는 다시 한 번 그런 기분을 느낀다. 지금 내가 연주하는 음은 세계 구석구석까지 들릴 것이다. 세상 사람들이 귀를 열어두길 바란다. 2016년 가을 《뉴욕 타임스》에 실은 사설에서 나는 지금까지도 머릿속을 맴도는 질문을 던졌다. "한밤중에 잠이 오지 않으면 나는 자문한다. 우리의 딸들은 성희롱이 없는 직장, 길거리, 캠퍼스를 누릴 수 있을까?" 그게 내 기도이자 임무다. 의지만 있다면, 우리가 힘을 모아 이룰 수 있다고 믿는다.

우리는 전사가 되어, 세상에 무너지지 않는 우리의 힘을 보여야 한다. 크고 작은 방식으로 그 힘을 사용해야 한다.

마야 안젤루(Maya Angelou)는 말했다. "한 여성이 자기 자신을 옹호할 때, 그는 사실 자기도 모르게 어떤 주장도 펼치지 않으면서 모든 여성을 옹호하고 있다."

우리는 머뭇거리지 않고 단호하게 남들 앞에서 말할 것이다. 우리가 되어야 할 여성이 될 것이다. 그때, 당신의 머릿속에 이 이야기가 떠오르길 바란다. "악마가 내 귀에 대고 속삭였다. '너는 폭풍에 맞서기엔 너무 약하구나.' 오늘, 나는 악마의 귀에 대고 속삭인다. '내가 바로 폭풍이다.'"

우리는 사나워질 것이다.

함께 해주길

책을 덮기 전에 잠시, 변화의 일부가 되기 위해 당신이 어떤 일을 할 수 있는지 생각해보길 바란다.

인생에서 다음으로 하고 싶은 일은 무엇인가? 어떻게 남들을 지지할 수 있겠는가? 지금부터 어떤 대화를 나누고 싶은가? 어떤 단체에 가입하겠는가? 어떤 단체를 새로 만들겠는가? 어떤 블로그를 운영하겠는가? 어떻게 당신의 목소리를 퍼뜨리겠는가?

처음 이 책의 집필을 시작했을 때, 내 목표는 단지 "이슈가 되는 책"을 쓰는 게 아니었다. 나는 사회를 움직이고 싶었다. 나와 함께 해주지 않겠는가? www.gretchencarlson.com에서 연락을 기다리겠다. 함께 세상을 뒤흔들어보자!

그레천

참고 자료

성희롱·성폭력에 맞서기

홀라백!(HOLLABACK!, ihollaback.org)은 세계 곳곳에서 벌어지고 있는 풀뿌리 운동 네트워크로서, 목표는 성희롱 근절이다. 성희롱을 이해하고, 공적인 대화를 시작하고, 공공 공간에 남녀가 평등하게 접근할 수 있는 참신한 전략을 개발하기 위해 노력하고 있다.

즐거운 마음 기금(JOYFUL HEART FOUNDATION, joyfulheartfoundation.org)은 성폭력·가정 폭력·아동 학대에 대한 사회적 대응을 바꾸고, 생존자가 상처를 치유하도록 돕고, 폭력을 근절하고자 한다.

타이틀 나인 바로 알기(KNOW YOUR IX, knowyourix.org)는 젊은 폭력 생존자들이 이끄는 조직으로서 특히 미국 대학 및 고등학교에서 벌어지는 성폭력, 성희롱, 학대에 초점을 두고 학생들에게 힘을 실어주고자 한다.

전미 성폭력 자원 센터(NATIONAL SEXUAL VIOLENCE RESOURCE CENTER, nsvrc.org)는 협력·공유·자원 창조·연구 독려를 통해 성폭력을 예방하고 해결하는 지도자 역할을 맡고 있다.

우리의 수호자들을 보호하자(PROTECT OUR DEFENDERS, protectourdefenders.com)는 군대 내에서 전염병처럼 번지는 강간 및 성폭력을 근절하고 여성 혐오·성희롱·피해자에 대한 응징이 만연한 문화에 맞서 싸우고자 하는 국가 조직이다.

RAINN(Rape, Abuse, and Incest National Network, rainn.org)은 미국 최대 반성폭력 단체다. 미국 내 1000개 이상의 지역 성희롱 피해자 지원 서비스와 협력해 전미 성희롱 핫라인을 창설, 운영 중이다. 국방부를 위한 국방부·안전 핫라인도 운영하고 있다. 또한 성폭력을 예방하고, 피해자를 돕고, 가해자가 처벌 받도록 하는 프로그램을 운영한다.

강간 기금(THE RAPE FOUNDATION, therapefoundation.org)은 성희롱 피해자인 아동 및 성인에게 전문적인 보살핌 및 치료를 제공한다. 성폭력을 줄이기 위한 예방 교육을 하는 한

편 경찰·검찰·교육청 등에서 피해자에게 좋은 응대를 할 수 있도록 훈련시키고, 정책 개혁을 요구하며, 강간에 대한 대중의 인식을 재고시킨다. 피해자들에게 신고를 독려하고, 가해자는 처벌받고 피해자는 치유 받는 분위기를 조성하고자 한다.

길거리 성희롱 근절 운동(STOP STREET HARASSMENT, stopstreetharassment.org)은 전 세계에서 길거리 성희롱을 기록하고 근절시키고자 하는 비영리 기구다.

강간에 반대하는 학생 연합(STUDENT COALITION AGAINST RAPE, studentcoalitionagainstrape. wordpress.com)은 고교생 및 대학생에게 법적으로 어떤 권리를 보장받는지 교육시키고, 문제가 있는 경찰과 교육청을 주시하며, 고등학교 보건 교사들에게 성폭력 및 학생 간 폭력에 대한 최신 정보를 제공한다.

우리에게 달렸다(IT'S ON US, itsonus.org)는 버락 오바마 전 대통령과 백악관 여성위원회가 손잡고 시작한 운동으로서 수백 개 학교 내 캠페인과 행사, 소셜미디어 메시지를 통해 사람들에게 일어서서 대학 내 성폭력을 근절하는 데 동참하자고 촉구한다.

괴롭힘에 맞서기

사이버불링 연구 센터(CYBERBULLYING RESEARCH CENTER, cyberbullying.org)는 청소년 간 사이버불링의 속성·범위·이유·영향에 대한 최신 자료를 제공한다.

사이버불링 없애기(END TO CYBER BULLYING, endcyberbullying.org)는 모든 사용자가 안전하고 긍정적인 경험을 할 수 있는 국제적 소셜 네트워크를 만들고자 노력하고 있다.

친절 캠페인(KIND CAMPAIGN, kindcampaign.com)은 국제 운동, 다큐멘터리, 교내 교육 프로그램을 통해 여학생 간 괴롭힘이 낳는 부정적이고 장기적인 영향을 극복하고자 하는 비영리 단체다.

노 불링(NOBULLYING.COM)은 괴롭힘, 특히 사이버불링을 멈추기 위한 교육·조언·상담·도움을 목적으로 하는 온라인 포럼이다.

스톰프 아웃 불링(STOMPOUTBULLYING.ORG)은 괴롭힘·사이버불링·섹스팅 등 여러 형태의 학대를 줄이고 예방하고자 한다. 호모포비아·인종 차별·혐오에 반대하는 교육을 하고, 학교와 온라인 및 미국 전역의 공동체에서 폭력을 줄이고자 한다.

스톱 불링(STOPBULLYING.GOV)은 괴롭힘과 사이버불링을 인식하고, 해결하고, 예방하는 데 필요한 정보와 교육, 지원을 제공하는 정부 기관이다.

여성의 힘과 권리

미국 여대생 협회(THE AMERICAN ASSOCIATION OF UNIVERSITY WOMEN, aauw.org)는 여성을 위한 평등과 교육을 요구하는 선두에 서 있다. 1881년 설립된 이래 회원들은 교육·사회·경제·정치 분야의 중요한 문제들을 검토하고, 입장을 취해왔다.

여성 리더십 협회(INSTITUTE FOR WOMEN'S LEADERSHIP, womensleadership.com)는 여성 지도자를 키워내는 핵심 요소로 젠더 파트너십에 초점을 맞춘 단체다.

린 인(LEAN IN, leanin.org)은 여성이 힘을 얻고 야망을 쟁취할 수 있도록 돕는 단체다. 셰릴 샌드버그의 책《린 인》에 대한 대중 반응이 고조되면서 설립되었다.

전미 여성법센터(NATIONAL WOMEN'S LAW CENTER, nwlc.org)는 여성이 일상과 학교, 직장, 가정, 공동체에서 잠재력을 실현할 수 있도록 돕는 정책과 법을 옹호하는 단체다.

나인투파이브(9TO5, 9to5.org)는 직장 여성들이 모인 미국 최대 조직 중 하나로, 직장 여성 이슈를 공적인 안건으로 올리고자 노력한다.

서비스직 여성 행동 네트워크(SERVICE WOMEN'S ACTION NETWORK, servicewomen.org)는 서비스직으로 일했거나, 일하는 중이거나, 일할 생각이 있는 모든 여성을 위한 단체이다. 미국 내에서 가장 영향력 있고 효율적인 서비스직 여성 네트워크로서 여성의 권리를 주장하고 최고의 정보원이 되는 것을 목표로 한다.

이공계 여성들(STEM WOMEN, stemwomen.net)은 이공계 여성의 커리어를 촉진시키고, 젠더 불평등 문제를 지적하고, 이공계 여성들이 목소리를 낼 수 있도록 돕는다.

이공계 내 여성들(WOMEN IN STEM, womeninstem.com)은 여성들이 이공계 커리어를 괜찮은 선택지로 인식하고, 세계적으로 이공계 여성들에 대한 태도를 바꾸고자 노력한다.

한계 없는 여성들(WOMEN UNLIMITED, women-unlimited.com)은 다양하고 잠재력 높은 리더십 재능을 찾아내고, 개발하고, 유지시켜 주요 기업에서 여성 지도자를 키워내는 일에 주력한다.

공정한 일터(WORKPLACE FAIRNESS, workplacefairness.org)는 성희롱·법적 권리·인종적 희롱·상사의 괴롭힘·고의적인 감정적 괴롭힘·성희롱 고발법·직원 정책·사기·명예 훼손·불법 감금·공갈 폭행·태만·가정 폭력과 직장에 대한 정보를 질의응답 형태로 제공한다.

남성의 참여와 여성에 대한 지원

더 나은 남자 컨퍼런스(BETTER MAN CONFERENCE, bettermanconference.com)는 남성들을 포용적인 지도자로 교육하고, 그런 남성들이 활동할 독특한 공간을 창조하며, 남성들이 자신의 지위와 특권을 이용해 여성과 소수자를 지원하고, 힘을 주도록 격려한다.

남성에 대한 부름(A CALL TO MEN, acalltomen.org)은 전 세계 남성들에게 건강하고 책임감 있는 남성성을 교육시키고, 그럼으로써 여성에 대한 폭력과 성폭력 및 성희롱, 괴롭힘 등 여러 사회적 해악을 막을 수 있음을 이해시킨다.

좋은 남자 프로젝트(THE GOOD MEN PROJECT, goodmenproject.com)는 가족과 아버지 되기, 젠더, 성, 윤리 등의 주제를 폭넓게 다루며 21세기에 좋은 남자가 된다는 것의 의미를 탐구한다.

성차별에 반대하는 전미 남성 조직(THE NATIONAL ORGANIZATION FOR MEN AGAINST

SEXISM, nomas.org)은 남성의 긍정적 변화를 지지하는 남녀 활동가로 이루어진 조직
이다. 페미니즘과 동성애자에 친화적이고, 인종 차별에 반대하며, 남성의 삶을 향상시
키고자 하는 이 단체는 계급·연령·종교·신체 능력 등 다양한 사회적 문제에 대해 정의
를 요구한다.

와이위민(YWOMEN, ywomen.com)은 젠더 전략가 제프리 토비아스 홀터의 웹사이트로서 젠
더 관련 정보를 제공하고 연구한다. '한 딸의 아버지(Father of a Daughter)' 같은 특
별 프로그램을 진행하기도 한다.

자녀를 강인한 사람으로 키우기

겁 없는 소녀(FEARLESSLYGIRL, fearlesslygirl.com)는 국제적으로 인정받은 리더십·권익 조직
으로 새로운 세대의 소녀들을 일상과 학교, 공동체에서 대담하고 진실한 지도자로 키
워내는 데 전념한다. 현실의 소녀들이 아름다움과 가치와 가능성을 직접 다시 정의하
는 운동이다.

여자가 뭘 못한다고?(GIRLS CAN'T WHAT?, girlscantwhat.com)는 소녀들과 성인 여성들에게
커리어, 옷차림, 놀이, 스포츠, 꿈 등 모든 면에서 고정 관념을 깨라고 독려한다.

소녀 Inc.(GIRLS INC. girlsinc.org)는 모든 소녀에게 강하고, 똑똑하고, 대담한 사람이 되라고
격려하는 비영리 기구다. 연구를 기반으로 한 프로그램과 교육을 통해 소녀들에게 자
신의 권리를 이해하고, 소중히 여기고, 주장하라고 가르친다.

걸즈 리더십(GIRLS LEADERSHIP, girlsleadership.org)은 소녀들과 그 부모들, 교사들과 협업하
여 소녀들이 힘 있는 목소리를 낼 수 있도록 돕는다. 워크숍, 캠프, 부모 교육, 공동체
협동 등의 프로그램을 통해 진정한 소통과 용감한 성장, 평등, 놀이의 핵심 가치를 강
조한다.

달리는 소녀들(GIRLS ON THE RUN, girlsontherun.org)은 8~13세 소녀들이 달리기 프로그램
과 운동을 통해 감정적·사회적·정신적·영적·신체적 차원에서 긍정적인 발전을 할 수
있도록 돕는다. 목표는 소녀들이 성숙해가면서 위험한 활동에 참여하지 않도록 예방하
는 것이다.

RAP 프로젝트(THE RAP PROJECT, therapproject.co.uk)는 10대 청소년을 대상으로 개인 안전
과 예방 의식 고취를 목표로 하며, 포르노와 소셜미디어가 태도와 편견에 미치는 영향
을 터놓고 논한다.

TIA 걸 클럽(TIA GIRL CLUB, tiagirlclub.com)은 소녀들이 진정한 자신을 찾고 동기와 영감을
부여받을 수 있는 안전한 환경을 제공한다. TIA는 만트라에서 자주 쓰이는 글귀 '오늘
나는(Today I Am)'의 약자다.

공동체와 정치 참여

올 인 투게더(ALL IN TOGETHER, aitogether.org)는 미국 내 여성의 정치적·시민적·직업적 리더십을 장려하는 데 전념하고 있는 유일한 초당적 여성 기구다. 양당을 비롯해 기업체와 여성 단체, 정책 제안자들과 협업하여 미국의 지도부에서 모든 배경 출신의 여성들이 충분히 재현될 수 있도록 한다.

용기의 선물 기금(GIFT OF COURAGE FUND, gretchencarlson.com/philanthropy)은 소녀와 젊은 여성들이 자신의 잠재력과 앞에 놓인 밝은 미래를 인식하도록 돕고, 여성들이 직장에서 안전하게 성장할 수 있도록 보호하며 공동체 활동과 자원봉사를 독려한다.

열외에서(OFF THE SIDELINES, offthesidelines.org)는 커스틴 질러브랜드 상원의원이 설립한 단체로, 여성들로 하여금 그들이 중요하게 여기는 이슈에 목소리를 내라고 격려한다. 여성들에겐 미래를 빚을 힘이 있다. 경기장 안으로 들어와 참여하기만 하면 된다.

런 포 썸띵(RUN FOR SOMETHING, runforsomething.net)은 주의원, 시장, 시의원 등으로 출마하는 젊은 사람들을 지원한다.

러닝 스타트(RUNNING START, runningstartonline.org)는 교육과 옹호와 격려를 통해 젊은 여성들을 정치계에 입문시키고자 하는 초당적 기구다.

쉬 슈드 런(SHE SHOULD RUN, sheshouldrun.org)은 더 많은 여성들이 선출직 정치인으로 뽑힐 수 있도록 교육시키고, 동기를 부여하며, 출마할 인원을 모집한다.

세계의 여성들(WOMEN IN THE WORLD, @WomenintheWorld; #witw)은 최전선에 선 세계의 여성들, 가령 활동가·예술가·CEO·중재자·사업가·정치인 등이 교류할 수 있는 플랫폼이다. 누군가의 삶을 구하거나, 삶을 풍요롭게 하거나, 유리 천장을 깬 이야기를 나눌 수 있다. 티나 브라운(Tina Brown)의 제안으로 만들어졌다.

리지스트봇(RESISTBOT, resistbot.io)은 의회에서 자신을 대변하는 정치인을 찾고, 2분 안에 그에게 메시지를 전할 수 있는 어플이다.

나는 더 이상 침묵하지 않기로 했다

더 읽어볼 책

그웬 셜진 오키프(Gwen Schurgin O'Keefe), 《사이버 안전: 문자 메시지와 게임과 소셜미디어의 디지털 세계에서 아이들을 보호하고 힘을 주는 법(Cybersafe: Protecting and Empowering Kids in the Digital World of Texting, Gaming, and Social Media)》, American Academy of Pediatrics, 2010.

레스터 라미나크(Lester Laminack), 《괴롭힘은 아프다: 낭독과 대화를 통해 친절함을 가르치는 법(Bullying Hurts: Teaching Kindness Through Read Alouds and Guided Conversations)》, Heinemann, 2012.

로절린드 바넷(Rosalind Barnett), 캐릴 리버스(Caryl Rivers) 공저, 《여성에 대한 부드러운 신식 전쟁: 여성의 지배력에 대한 잘못된 믿음이 여성과 남성과 우리 경제에 미치고 있는 악영향(The New Soft War on Women: How the Myth of Female Ascendance is Hurting Women, Men, and Our Economy)》, TarcherPerigee, 2013.

미셸 팔루디(Michele Paludi), 제니퍼 마틴(Jennifer Martin), 제임스 그러버(James Gruber), 수전 파인런(Susan Fineran) 공동 편집, 《교육 및 직업 현장에서의 성희롱: 현 연구와 최고의 예방 관례(Sexual Harassment in Education and Work Settings: Current Research and Best Practices for Prevention)》, Praeger, 2015.

셰릴 샌드버그(Sheryl Sandberg), 안기순 옮김, 《린 인(Lean In: Women, work, and the Will to Lead)》, 와이즈베리, 2013.

수전 스트라우스(Susan Strauss), 《성희롱과 괴롭힘: 아이들을 보호하고 학교에 책임을 묻는 방법(Sexual Harassment and Bullying: A Guide to Keeping Kids Safe and Holding Schools Accountable)》, Rowan & Littlefield, 2011.

스티브 비덜프(Steve Biddulph), 《딸 키우기: 어떻게 행복하고 건강하고 강하게 키울 것인가(Raising Girls: How to Help Your Daughter Grow Up Happy, Healthy and Strong)》, Ten Speed Press, 2014.

스티브 비덜프(Steve Biddulph), 《아들 키우기: 아들은 딸과 무엇이 다르며, 어떻게 행복하고 균형 잡힌 남자로 키울 것인가(Raising Boys: Why Boys Are Different-and How to Help Them Become Happy and Well-Balanced Men)》, Ten Speed Press, 2014. 애니 E. 클라크(Annie E. Clark), 앤드리아 L. 피노(Andrea L. Pino) 공저, 《당신을 믿습니다: 대학 내 성폭력 생존자들이 말하다(We Believe You: Survivors of Campus Sexual Assault Speak Out)》, Holt, 2016.

제시카 베넷(Jessica Bennett), 노지양 옮김, 《페미니스트 파이트 클럽 : 여성들의 오피스 서바이벌 매뉴얼(Feminist fight Club: An Office Survival Manual for a Sexist Workplace)》, 세종서적, 2017.

제프리 토비아스 홀터(Jeffery Tobias Halter), 《어째서 여성인가: 여성을 발전시키고 남성을 참여시켜야 할 지도자의 의무(Why Women: The Leadership Imperative to Advancing Women and Engaging Men)》, Fushian, 2015.

질리언 토머스(Gillian Thomas), 《성별로 인해: 미국 여성의 직장 생활을 바꾼 하나의 법, 열 개의 사건, 50년의 세월(Because of Sex: One Law, Ten Cases, and Fifty Years That Changed American Women's Lives at Work)》, St. Martin's Press, 2016.

커스틴 질러브랜드(Kirsten Gilibrand), 《열외에서: 목소리를 내고 두려움을 버리고 당신의 세상을 바꿔라(Off the Sidelines: Speak Up, Be Fearless, and Change Your World)》, Ballantine Books, 2014.

클레어 매캐스킬(Claire McCaskill), 《충분히 숙녀다워: 회고록(Plenty Ladylike: A Memoir)》, Simon & Schuster, 2015.

W. 브래드 존슨(W. Brad Johnson), 데이비드 스미스(David Smith) 공저, 《아테나 라이징: 남성이 여성의 멘토가 되어야 하는 이유와 그 방법(Athena Rising: How and Why Men Should Mentor Women)》, Routledge, 2016.

주(註)

서문: 그래, 헛소리는 다 했고?

19) 항공사에서 승무원 관리자로: 저자 인터뷰, March 3, 2017.

21) 2016년 『하버드 비즈니스 리뷰(Harvard Business Review)』에 실린: Stefanie K. Johnson, Jessica Kirk, Ksenia Keplinger, "Why We Fail to Report Sexual Harassment," Harvard Business Review, October 4, 2016.

22) 30년 이상 여성들을: 저자 인터뷰, February 10, 2017.

23) 나는 ABC 방송 〈20/20〉의: ABC, 20/20, November 18, 2016. abc.go.com.

24) 통계적으로도 오늘날 성폭력: EEOC Select Task Force on the Study of Harassment in the Workplace, Executive Summary and Recommendations, June 2016, https://www.eeoc.gov/eeoc/task_force/harassment/report_ summary.cfm.

24) 성폭력을 경험한 사람은: Giana Ciapponi, "Study Reveals Sexual Harassment Leads to 'Insidious Trauma,'" Ravishly.com, December 16, 2014.

28) 영화배우 제인 폰다는: Brie Larson, "Jane Fonda Talks Feminism with Brie Larson, The Edit, March 2, 2017, www.net-a-porter.com/ magazine/391/17.

1장: 말할 수 없는 것을 말하기

38) 미국에서 최초의 정식: Paulette L. Barnes, Appellant, v. Douglas M. Costle, Administrator of the Environmental Protection Agency, 561 F.2d 983 (DC Cir. 1977).

39) 법정에서는 반스의 주장이: www.justice.gov/crt/laws-enforced-employment-litigation-section.

39) "성희롱"이라는 용어는 1975년: Enid Nemy, "Women Begin to Speak Out Against Sexual Harassment," New York Times, August 19, 1975. 217

39) "미국 사회에서 거의": Catharine McKinnon, Sexual Harassment of Working Women: A Case of Sexual Discrimination (New Haven, CT: Yale University Press, 1979).

40) 1981년 1월과 4월에: Hearings before the Committee on Labor and Human Resources, United States Senate, Ninety-seventh Congress, first session, an examination on issues affecting women in our nation's labor force, January 28 and April 21, 1981, by United States Congress.

40) 이에 반대하는 큰: Ibid.

41) 법적 지형이 성희롱: Debra A. Profio, "Ellison v. Brady: Finally, a Woman's Perspective," Women's Law Journal, 1992.

41) 1980년대에 커리어를 시작한: 저자 인터뷰, March 16, 2017.

43) 컨설팅 회사 매킨지에서: Jonathan Woetzel, Ann Madgavkar, Kweilin Ellingrud, Eric Labaye, Sandrine Devillard, Eric Kutcher, James Manyika, Richard Dobbs, and Mekala Krishman, How Advancing Women's Equality Can Add $12 Trillion to Global Growth (McKinsey Global Institute, 2015).

43) 2015년 1월, 평등고용기회위원회에서는: EEOC Select Task Force on the Study of Harassment in the Workplace, Report of Co-Chairs Chai R. Feldblum and Victoria A. Lipnic, June 2016, www.eeoc.gov.

44) 중역이거나 고위직에 있는: "Key Findings from a Survey of Women Fast Food Workers," Hart Research Associates, October 5, 2016.

48) 평등고용기회위원회에서는 다음 세 가지에: "Facts about Sexual Harassment," EEOC. https:// www.eeoc.gov/eeoc/publications/fs-sex.cfm.

50) 대자연 속에서 일하는: 저자 인터뷰, February 27, 2017.

54) 수전은 미국 중서부의: 저자 인터뷰, March 6, 2017.

57) 카를라 아메솔라의 경우: Veronica Villafane, "Estrella TV Fires Anchor Karla Amezola, Who Sued Her Boss for Sexual Harassment," Forbes, March 2, 2017; 카를라 아메솔라와의 저자 인터뷰, April 14, 2017.

61) HR은 KGB예요: 저자 인터뷰, March 30, 2017.

63) 이는 승객과 차량을: Susan Fowler, "Reflecting on One Very, Very Strange Year at Uber," Susanfowler.com, February 19, 2017; Subrat Patnalk, "Uber Hires Ex.U.S. Attorney General Holder to Probe Sexual Harassment," Reuters, February 21, 2017.

64) 2017년 6월 13일에: "Uber's Report: Eric Holder's Recommendations for Change," New York Times, June 13, 2017.

65) 2017년 6월, 실리콘밸리: Katie Benner, "Women in tech speak frankly on culture

of harassment, New York Times, June 30, 2017.

2장: 드센 여자는 꺾이지 않는다

84) 애니타 힐은 위원회: "Thomas Second Hearing Day 1, Part 2." C-Span, October 11, 1991, https://www.c-span.org/video/?22214-1/ senator-specter-anita-hill-testimony.

86) 보수파 작가 데이비드 브록은: David Brock, Blinded by the Right: The Conscience of an Ex-Conservative (New York: Crown, 2002).

89) 테일후크는 해군·해병대 소속: Michael R. Gordon, "Pentagon Report Tells of Aviators' Debauchery," New York Times, April 24, 1993.

91) 미주리주 상원의원 클레어: 저자 인터뷰, March 7, 2017.

91) 매캐스킬과 질러브랜드가 법제화시킨: Ed O'Keefe, "Senate Easily Passes McCaskill's Military Sexual Assault Bill," Washington Post, March 10, 2014.

92) 이런 분위기를 방관하는: 저자 인터뷰, March 7, 2017; Kirsten Gillibrand, "The Pentagon Deliberately Misled Congress on Sex Assault Cases. Do Lawmakers Care?," Washington Post, May 26, 2016.

93) 샌드라는 19세의 어린: 저자 인터뷰, March 3, 2017.

94) 군 내 성폭력: Andrew R. Morral, Kristie L. Gore, Terry Schell, eds., Sexual Assault and Sexual Harassment in the U.S. Military, vol. 1, Design of the 2014 RAND Military Workplace Study (RAND Corporation, 2014).

95) 군인 자살을 연구하는: "Rate of Suicide Among Female Veterans Climbs, VA Says," NPR Morning Edition, April 25, 2017.

95) 처음 엘리자베스를 만났을: 저자 인터뷰, March 1, 2017.

98) 나는 매캐스킬과 질러브랜드를: 클레어 맥캐스킬과 커스틴 질러브랜드와의 저자 인터뷰, March 7, 2017.

99) 질러브랜드 상원의원 역시: Kirsten Gillibrand, Off the Sidelines: Speak Up, Be Fearless, and Change Your World (New York: Ballantine Books, 2014).

3장: 내 꿈을 훔치지 마세요!

107) "그 일만 없었더라면": 저자 인터뷰, April 16, 2017.

109) 2011년 《사회와 정신 건강 저널》에 실린: Jason N. Houle, Jeremy Staff, Jeylan T. Mortimer, Christopher Uggen, and Amy Blackstone, "The Impact of Sexual Harassment on Depressive Symptoms During the Early Occupational Career,"

Society and Mental Health Journal, August 31, 2011.

109) 2016년 대선을 앞두고: Kristen Powers, "Trump Says He Hopes Ivanka Would Quit If She Got Harassed," USA Today, August 1, 2016; Nick Gass, "Eric Trump: Ivanka wouldn't allow herself to be subjected to sexual harassment," Politico, August 2, 2016.

111) 능력 있는 경찰로서: 저자 인터뷰, March 2, 2017.

112) 그러나 《애틀랜틱(Atlantic)》의 취재: Joan C. Williams and Kate Massinger, "How Women Are Harassed Out of Science," The Atlantic, July 25, 2016.

112) 나탈리 고셋의 경우를: "Ex-USC Employee Says She Was Fired Over Sexual Harassment Complaint," LosAngeles.cbslocal.com, October 5, 2016; 저자 인터뷰, March 13, 2017.

115) 전미경제연구소에서 4만 건: David Neumark, Ian Burn, and Patrick Button, "Is It Harder for Older Workers to Find Jobs? New and Improved Evidence from a Field Experiment," National Bureau of Economic Research, October 2015; Margaret Kane, "Say What? 'Young People Just Smarter,'" Cnet.com, March 28, 2007.

116) 클로디아는 48세에 이를: 저자 인터뷰, March 13, 2017.

117) PBS의 보도에 따르면: "55, Unemployed and Faking Normal: One Woman's Story of Barely Scraping By," PBS NewsHour, January 19, 2017.

118) 명심할 것은 연령: Anna MacSwain, "US Ranks Lower than Kazakhstan and Algeria on Gender Equality," Guardian, October 11, 2016.

118) 40대에 접어든 줄리아나는: 저자 인터뷰, June 15, 2017.

122) 2016년 법무부에서 발표한: "Sexual Violence on College Campuses," US Department of Justice, justice.gov.; Kirsten Gillibrand, "Key to Ending Campus Sexual Assaults Is Transparency," Roll Call, April 11, 2016.

128) 코넬대학교 산업·노동관계학과의 한: "ILR and Hollaback! Release Largest Analysis of Street Harassment to Date," ILR School, Cornell University, June 1, 2015.

129) 배우 겸 감독 데이비드 쉼머와: Peggy Truang, "David Schwimmer Launches New Campaign to Fight Sexual Harassment," Cosmopolitan, April 3, 2017.

133) 하버드대학교 여성 축구팀이: Alanna Vagianos, "Read the Powerful Letter Harvard Soccer Players Wrote to Their Sexist Classmates," Huffington Post, October 31, 2016.

4장: 당신에겐 권리가 있다

142) 2014년 뉴욕주 연방지방법원에서는: Aaron Taube, "Some States Are Finally Making It Illegal to Sexually Harass Unpaid Interns," Business Insider, October 6, 2014.

143) "기록, 기록, 기록.": 저자 인터뷰, February 10, 2017.

147) 아프리카계 미국인 브리아나는: 저자 인터뷰, April 4, 2017.

149) 퓨 리서치센터에서 온라인상의: Maeve Duggan, "Online Harassment," Pew Research Center, October 22, 2014.

151) 내가 아주 좋아하는: Martha Langelan, Back Off! How to Confront and Stop Sexual Harassment and Harassers (New York: Fireside, 1993).

153) 스털링 주얼러스의 사례에서: Susan Antilla, "Sterling Jewelers Suit Casts Light on Wider Policies Hurting Women," New York Times, March 6, 2017; Drew Harwell, "Sterling Discrimination Case Highlights Differences Between Arbitration, Litigation," Washington Post, March 1, 2017.

157) 나오미는 대형 화학: 저자 인터뷰, February 28, 2017.

164) 교사였던 로빈은 교장에게: 저자 인터뷰, February 28, 2017.

166) 젊은 중학교 체육: 저자 인터뷰, April 5, 2017.

167) "저희는 인사과 부팀장과": 저자 인터뷰, March 3, 2017.

167) "이 글을 쓰는": 저자 인터뷰, March 6, 2017.

170) 업계의 전설적 인물을: 저자 인터뷰, March 16, 2017.

171) "권력자들은 '네가 적으로'": 저자 인터뷰, February 10, 2017.

173) 시카고 법원에서 이루어진: Mina Kotkin, "Outing Outcomes: An Empirical Study of Confidential Employment Discrimination Settlements," law2.wlu.edu/ deptimages/Law%20 Review/64-1%20Kotkin%20Article.pdf.

175) 회사에서 성희롱에 대한: 저자 인터뷰, March 2, 2017.

177) 2016년 평등고용기회위원회에서 발표한: EEOC Select Task Force on the Study of Harassment in the Workplace, Executive Summary and Recommendations, June 2016, www.eeoc.gov/eeoc/task_force/ harassment/report_summary.cfm.

179) 평생을 바쳐 차별과: 저자 인터뷰, April 4, 2017.

180) "요약하자면 이렇습니다": 저자 인터뷰, May 1, 2017.

5장: 당해도 싸다고?

188) 회고록 《현실 직시》를 쓴: Gretchen Carlson, Getting Real (New York: Viking, 2015).

191) 작가 마지 피어시가 〈회색 플란넬 성희롱 정장〉이라는: Marge Piercy, What Are Big

Girls Made Of? Poems (New York: Knopf, 2007).

192) 미국 대선 선거: David A. Fahrenthold, "Trump Recorded Having Extremely Lewd Conversation about Women in 2005," Washington Post, October 8, 2016.

193) 여성들이 단지 유명세에: 저자 인터뷰, March 28, 2017.

196) 트럼프의 행복한 결혼: People, September 18, 2005.

197) 나타샤는 2016년 10월: Natasha Stoynoff, "Physically Attacked by Donald Trump: A People Writer's Own Harrowing Story," People, October 12, 2016.

199) 스탠드업 코미디언 헤더: Teresa Watanabe, "UC Regent Apologizes for 'Inappropriate' Comments about Women's Breasts," Los Angeles Times, November 2, 2016; 저자 인터뷰, March 6, 2017.

204) 캘리포니아의 유망한 광고: 저자 인터뷰, March 6, 2017.

205) 하지만 인기인이 연루된: Michael S. Schmidt and Maria Newman, "Jury Awards $11.6 Million to Former Knicks Executive," New York Times, October 7, 2007.

207) 강간 사건에서는 "양쪽 입장": D. Lisak, L. Gardinier, S. C. Nicksa, and A. M. Cote, "False Allegations of Sexual Assault: An Analysis of Ten Years of Reported Cases," Sage Journals, December 16, 2010; Dara Lind, "What We Know about False Rape Allegations," Vox, June 1, 2015.

210) 2016년, 베스트셀러 작가로서: Nancy French, "What It's Like to Experience the 2016 Election as Both a Conservative and a Sex Abuse Survivor," Washington Post, October 21, 2016.

212) "저는 여전히 보수주의자예요": 저자 인터뷰, April 12, 2017.

6장: 강제로 입을 다물다

218) 고용 계약과 소비자: The Arbitration Fairness Act of 2017, www.franken.senate. gov/files/documents/170307_Arbitration FairnessAct.pdf; "Taking 'Forced' Out of Arbitration," The Employees Rights Advocacy Institute for Law and Policy, Employeerightsadvocacy.org.

221) 제니퍼 펄츠에게 물어보자: Bill Lueders, "Companies Bar Workers and Consumers from the Courts," The Progressive, December 7, 2016.

223) 이런 주장은 항상: 저자 인터뷰, March 30, 2017.

225) 제대로 된 재판과: 저자 인터뷰 with Cliff Palefsky, April 10, 2017.

227) "증거를 제시해야 할": Ibid.

227) 2011년 코넬대학교의 알렉산더: Alexander Colvin, An Empirical Study of Employment Arbitration: Case Outcomes and Processes, ILR School, Cornell University, 2011; Elizabeth Dias and Eliana Dockterman, "The Teeny, Tiny

나는 더 이상 침묵하지 않기로 했다

Fine Print That Can Allow Sexual Harassment Claims to Go Unheard," Time.
com, October 21, 2016.

228) "오늘날, 중재 절차가": 저자 인터뷰, March 30, 2017.

230) 좋은 소식이 하나: Kate Samuelson, "Hundreds Allege Sexual Harassment at
the Parent Company of Kay Jewelers," Fortune, February 28, 2017; Theresa
Avila, "Class-Action Lawsuit against Kay and Jared Jewelry Company Alleges
Widespread Sexual Harassment," New York, February 27, 2017.

231) 그러나 트럼프 대통령: Mary Emily O'Hara, "Trump Pulls Back Obama-Era
Protection for Women Workers," NBC News, April 13, 2007.

7장: 보호하는 남자들

239) "여성 문제는 선한:" Jackson Katz, "Violence against Women: It's a Men's
Issue," TED, November 2012, www.ted.com/talks/ jackson_katz_violence_
against_women_it_s_a_men_s_issue.

239) 나는 《뉴욕 타임스》에서 스토니브룩대학교의: Jessica Bennett, "A Master's Degree
in . . . Masculinity?," New York Times, August 8, 2015.

240) "제가 8년 전보다": Remarks of President Obama at the United States of
Women Summit, June 14, 2016, Obamawhitehouse. archives.gov.

241) "저는 성차별주의자는 아니었어요.": 저자 인터뷰, April 7, 2017.

242) 〈스테이트 오브 더 유니언〉에서 그가 전: "CNN's Jake Tapper Destroys Rudy
Giuliani's Argument that Trump's Sexual Assault Comments are Normal,"
Media Matters, October 9, 2016.

244) "여성이 길을 찾도록": 저자 인터뷰, April 7, 2017.

247) 몇 년 전 야샤르는: Yashar Ali, "A Message to Women from a Man: You Are Not
'Crazy,'" The Current Conscience, June 9, 2012.

248) "저는 '가스라이팅'을 지금": 저자 인터뷰, April 7, 2017.

249) 정치 컨설턴트이자 작가이자: 저자 인터뷰, April 11, 2017.

251) 래리 윌모어는 당당한: 저자 인터뷰, April 17, 2017.

251) 래리는 방송에서 빌 코스비를: Lisa de Moraes, "Larry Wilmore Defines 'Rapist'
for Bill Cosby," Deadline Hollywood, July 28, 2015.

253) 피트 도미닉은 여성의: Stand Up! with Pete Dominick, Sirius radio, April 4,
2017.

255) 나중에 나는 피트와: 저자 인터뷰, May 4, 2017.

256) 내가 W. 브래드 존슨 박사와: W. Brad Johnson and David Smith, Athena Rising:
How and Why Men Should Mentor Women (New York: Bibliomotion, 2016).

256) "일의 속성부터가 남성이": 저자 인터뷰, May 4, 2017.

259) 성희롱 관련 저서: 저자 인터뷰, April 19, 2017.

259) 빈센트는 남성이 제: Troy Vincent, "Standing Together with One Voice Against Domestic Violence," NBC News, March 6, 2017.

260) 뉴저지주 티넥 경찰관: John Appezzato, "Former Teaneck Cop Awarded $4.1 Million in Harassment Suit," Star-Ledger, December 19, 2008.

262) "사람들은 직장이 공정하고": 저자 인터뷰, March 21, 2017.

265) "냉정한 사나움"이라는 표현을: 저자 인터뷰, May 12, 2017.

266) 앞서 소개한 제프리: 저자 인터뷰, May 1, 2017.

8장: 참을 만큼 참았어!

273) 퍼트리샤가 겪은 일은: 저자 인터뷰, April 6, 2017.

274) "우리 미국은 결코": President Barack Obama's statement in the Rose Garden, November 9, 2016.

275) 전미 강간·학대·근친상간 네트워크에서: Rape, Abuse, and Incest National Network (RAINN), www.RAINN.org.

277) 2016년 전미경제연구소의: Francine D. Blau and Lawrence M. Kahn, "The Gender Wage Gap: Extent, Trends, and Explanations," National Bureau of Economic Research, January 2016.

278) "제 남편은 월스트리트에서": 저자 인터뷰, March 14, 2017.

279) 로절린드 바넷과 캐릴: Rosalind Barnett and Caryl Rivers, The New Soft War on Women: How the Myth of Female Ascendance Is Hurting Women, Men, and Our Economy (New York: TarcherPerigee, 2013).

281) 내가 미스 아메리카로: William Goldman, Hype and Glory (New York: Random House, 1990).

282) "CEO에게 질문을 던졌어요": 저자 인터뷰, March 14, 2017.

282) 2016년에 켈로그에서 영국: WITW staff, "Survey Reveals the Names and Words Women Most Hate Being Called," New York Times/Women in the World, September 28, 2016.

283) 바이런 클라크라는 이름의: Molly McArdle, "This Google Chrome Extension Replaces 'Political Correctness' with Something More Accurate," Huffington Post, August 10, 2015.

283) "내부 고발자는 하이힐을": Manuel Roig-Franzia, "She Says She Was Harassed by Superiors. Now She Protests Outside the TSA for Hours," Washington Post, November 30, 2016; 저자 인터뷰, March 1, 2017.

284) 2016년 TED여성에서: Ashley Judd, "How Online Abuse of Women Has Spiraled out of Control," TED, January 2017.

285) 이 싸움에 동참한: Monica Lewinsky, "Shame and Survival," Vanity Fair, June 2016.

287) 여성이 옷차림이나 행동으로: Stephanie Pappas, "Men Who Blame Victim for Sexual Harassment Are Often Harassers," LifeScience, April 11, 2011.

289) 전미연구위원회에 의하면, 특히: Candace Kruttschnitt, William D. Kalsbeck, and Carol C. House, Estimating the Incidence of Rape and Sexual Assault (Washington, DC: National Research Council, 2014).

294) "제가 평생 꿈꿔온": 저자 인터뷰, April 4, 2017.

296) 넷플릭스 인기 드라마: Laura Bradley, "Robin Wright Fought for Pay Equity on House of Cards," Vanity Fair, May 18, 2016.

297) 데브라 메싱은 2017년: Sara Boboltz, "Debra Messing Recalls Sexual Harassment 'Power Play' on Set with Director Alfonso Arau," Huffington Post, February 9, 2017.

9장: 아이들이 보고 있다

304) '고! 고! 스포츠 걸즈' 시리즈를: Gogosportsgirls.com; 저자 인터뷰 with Jodi Norgaard, April 26, 2017.

308) 2년 전에 여성: Roo Ciambriello, "'Like a Girl' Is No Longer an Insult in Inspiring Ad from P&G's Always," Ad Week, June 26, 2014; #LikeAGirl.

310) 최근 나는 미식축구: Maggie Hendricks, "Jameis Winston Gets the Message Wrong When He Tells Fifth-Grade Girls to 'Sit Down,'" USA Today, February 23, 2017.

311) 독일 심리학자 마리나: Marina A. Pavlova, Susanna Weber, Elisabeth Simoes, and Alexander M. Sokolor, "Gender Stereotype Susceptibility," University of Tubingen, December 17, 2014.

311) 뉴욕대학교, 일리노이주립대학교, 프린스턴대학교에서: Andrei Cimpian and Lin Bian, "Stereotypes about 'Brilliance' Affect Girls' Interests as Early as Age 6, New Study Finds," New York University, January 26, 2017.

313) "지니가 호리병 밖으로": 저자 인터뷰, May 12, 2017.

316) 타이틀 나인의 통계에: Titleix.info.

317) "성인이 되기를 기다려": Kathleen Neville, "Addressing Social Misconduct in Schools, Sports and the Workplace: Bullying, Harassment, Discrimination and Harmful Interpersonal Behavior"; Exploring Innovative and Effective Solutions

for Youth Awareness and Education, IDS 600 and 601 capstone project, Dr. Mustafa Gokcek, April 20, 2015.

318) '좋은 남자 프로젝트'에서: Mark Greene, "A Manifesto: Relational Intelligence for Our Children," Good Men Project, April 20, 2017; Elizabeth J. Meyer, "The Danger of 'Boys Will Be Boys': Why This Phrase Should Be Banned from Our Vocabulary," Psychology Today, March 14, 2014.

320) 사이버불링 연구 센터에서: Cyberbullying Research Center, cyberbullying.org.

320) 앞서 언급한 모니카: Monica Lewinsky, "Meet the New Emoji Tool to Combat Cyberbullying," Vanity Fair, February 6, 2016.

322) 부모, 교사, 아동이: Stopbullying.gov; Susan Strauss, Sexual Harassment and Bullying: A Guide to Keeping Kids Safe and Holding Schools Accountable (Lanham, MD: Rowan & Littlefield Publishers, 2011).

325) 2015년에 타깃에서는 장난감이나: Hiroko Tabuchi, "Sweeping Away Gender-Specific Toys and Labels," New York Times, October 27, 2015.

326) 앞서 소개한 코미디언: 저자 인터뷰, May 4, 2017.

328) 이게 중요한 까닭은: 저자 인터뷰 with Paul Feig, April 7, 2017.

10장: 사나워져라

342) 월스트리트의 상징물인 '돌진하는 황소상': Bethany McLean, "The Backstory Behind Wall Street's 'Fearless Girl' Statue," The Atlantic, March 13, 2017; Lam Bourree, "Why People Are So Upset about Wall Street's 'Fearless Girl,'" The Atlantic, April 14, 2017; Nick Fugallo and Max Jaeger, "Pissed-Off Artist Adds Statue of Urinating Dog Next to 'Fearless Girl,'" New York Post, May 29, 2017.

344) 2015년 〈타임즈토크〉에서 레이디 가가는: Lady Gaga, Diane Warren, Kirby Dick, and Amy Ziering, "The Hunting Ground," TimesTalk, December 10, 2015, timestalks.com/detail-event.php?event=the_hunting_ground.

345) "당신은 그 일보다": 저자 인터뷰, March 22, 2017.

349) 한 여성은 내게: 저자에게 온 편지, April 30, 2017.

351) 아메리칸대학교의 제니퍼 L. 로리스와: Jennifer L. Lawless and Richard L. Fox, "Girls Just Wanna Not Run: The Gender Gap in Young Americans' Political Ambition," Women & Politics Institute, March 2013.

352) 2016년 미국 국회의원: www.emergeamerica.org; www. runforsomething.net.

353) 《아테나 라이징》의 두 저자: W. Brad Johnson and David Smith, Athena Rising: How and Why Men Should Mentor Women (New York: Routledge, 2016).

나는 더 이상 침묵하지 않기로 했다

감사의 말

사람들이 공통의 목적으로 힘을 모으면 하나의 운동이 태어난다. 이 책도 그런 일을 겪었다. 너무나 많은 사람들이《나는 더이상 침묵하지 않기로 했다(Be Fierce)》의 대의에 동참해주었고, 그들의 기여 덕분에 모든 것이 가능해졌다. 처음 책을 쓸 생각을 했을 때 듀프리·밀러사의 에이전트 잰 밀러와 레이시 랄린 린치를 만난 건 큰 행운이었다. 나와 같은 목표와 열정을 지닌 두 사람이 이 프로젝트에 예리하고도 현명한 통찰을 불어넣고, 신나게 일해준 덕분에 이 책은 현실이 되었다. 해치트 내슈빌의 롤프 제터스턴 부회장과 센터 스트리트의 케이트 하트슨 주간의 인도하에 해치트사에서 책을 낼 수 있었던 것도 두 사람의 노력 덕분이다.

노련한 프리랜스 편집자 레슬리 웰즈를 발견한 일도 행운이었다. 이 책에 쏟아준 열정에 대해 감사한다! 이 책을 넘치게 홍보해준 새러 폴터와 팻시 존스, 해치트 마케팅 팀에도 감사한다.

내 협업자이자 친구 캐서린 휘트니에게 특별히 큰 소리로 감사의 말을 건네고 싶다. 나를 속속들이 알고 내가 가는 길을 언제나 같이 걸어주는 친구야, 우리가 해냈어!

나의 훌륭한 변호인단 낸시 에리카 스미스, 마틴 하이먼, 닐 멀린, 로빈 실버맨은 이 책을 쓰는 과정에서 때로 알쏭달쏭하고 복잡한 성희롱 법의 지식과 경험을 기꺼이 나누어주었다. 귀중한 연구와 글을 제공한 맷 데일리에게 감사한다. 명성 높은 변호사 리사 블룸과 클리프 팔레프스키 역시 관대하게 통찰을 공유해주었다.

내가 시련 뒤에 이미지를 쇄신하고 인생의 다음 단계로 나아갈 수 있도록 도와준 PMK-BNC의 회장이자 CEO 신디 버거와 PMK-BNC 엔터테인먼트 부문 부회장 조디 매지드 오리올에게 특히 감사한다. 지난해부터 내 일정을 관리해준 스테파니 게이브리얼과 소함 조글카르에게도 감사를 보낸다. 당신들이 아니었으면 일정을 따라가기가 쉽지 않았을 거다!

내게 기꺼이 이야기를 들려준 용기 있는 여성들에게 가장 깊은 감사를 보낸다. 때로는 내가 고백의 첫 번째 청자였다. 그들은 내가 용감한 행동을 했기 때문에 목소리가 없는 사람들의 목소리가 되어줄 거라 생각했고, 무엇보다도 다른 여성들도 앞으로 나설 수 있도록 돕기를 원했다. 그들은 미래 세대를 위해 법과 문화를 바꾸려 나섰다. 우리는 함께 사나워질 것이다!

내 성희롱 사건이 미디어에 보도된 뒤 내게 사적으로 자신의

　　　　　　　　나는 더 이상 침묵하지 않기로 했다

경험을 이야기해준 나타샤 스토이노프, 헤더 맥도널드, 카를라 아메솔라, 낸시 프렌치, 나탈리 고셋, 퍼트리샤 토마셀로에게도 동일한 감사를 전한다.

성차별, 성희롱, 성폭력, 괴롭힘에 반대하고 젊은 여성과 소녀들에게 힘을 주고자 일하는 많은 전문가들이 내게 시간을 할애해주었다. 캐슬린 네빌, 조디 노가드, RAP 프로젝트의 앨리슨 하비에게 무척 감사한다.

상원의원 커스틴 질러브랜드, 클레어 매캐스킬, 앨 프랭큰의 노력에도 깊이 감사한다. 그들은 이 이슈의 최전선에 서서 성희롱, 군대 내 성폭력, 골칫거리인 강제 중재 조항에 대항한 불리한 싸움을 이어나가고 있다. 세 상원의원은 중요한 이슈들이 이 책에 제대로 표현될 수 있도록 시간을 내서 도와주었다.

내 굳은 신념 중 하나는 성희롱이 비단 여성만의 문제가 아니라는 것이다. 우리에겐 남성도 필요하다. 많은 남성들이 성희롱을 자신의 문제로 생각하고, 발 벗고 나서서 응원을 보내고 결의를 보였다. 내게 의견과 경험을 공유해준 야샤르 알리, 레이 아라타, 피트 도미닉, 매슈 다우드, 폴 페이그, 제프리 토비아스 홀터, W. 브래드 존슨, 데이비드 스미스, 제이크 태퍼, 밥 서먼, 래리 월모어에게 감사한다.

시련을 겪으면 진짜 친구가 누구인지 알 수 있다는 말이 있다. 진실이다. 제일 힘들 때 내 곁을 지켜준 친구들에게 나는 큰 빚을 졌다. 말 안 해도 누군지 알 거다. 고맙다. 가까이서 그리고 멀리서 전해온 따뜻한 몇 마디 말이 내게는 온 세상만큼이나 소중했다.

부모님의 견고한 지지는 내 인생의 든든한 기반이었다. 부모님은 언제나 내가 원하는 곳에 어디든 갈 수 있다고 말해주셨고, 내가 목표를 달성할 수 있도록 애정과 지지를 보내주셨다. 무엇보다도, 부모님은 내게 좋은 사람이 되는 방법을 알려주셨다. 내가 부모님께 배운 인생 최고의 교훈은 베풀어야 한다는 것이다. 나는 이 교훈을 우리 아이들에게도 전해주고자 노력하고 있다.

마지막으로 언제나 내 포부를 지지하고, 내 성취를 자랑스럽게 여기는 나의 남편 케이시에게. 매일 우리 아이들에게 좋은 사람의 본보기를 보여주어 고맙다.

나는 더 이상 침묵하지 않기로 했다

옮긴이 **박 다 솜**

서울대학교 언어학과를 졸업했다. 옮긴 책으로는 《관찰의 인문학》, 《죽은 숙녀들의 사회》,
《여자다운 게 어딨어》, 《원더우먼 허스토리》, 《독립수업》, 《매일, 단어를 만들고 있습니다》,
《불안에 대하여》 등이 있다.

나는 더 이상 침묵하지 않기로 했다
사내 성희롱을 폭로한 전 폭스 뉴스 앵커, 직장 내 여성 인권을 외치다

초판 1쇄 인쇄 2018년 10월 1일
초판 1쇄 발행 2018년 10월 15일

지은이 | 그레천 칼슨
옮긴이 | 박다솜
발행인 | 강봉자, 김은경

펴낸곳 | (주)문학수첩
주소 | 경기도 파주시 회동길 192(문발동 513-10) 출판문화단지
전화 | 031-955-4445(마케팅부), 4500(편집부)
팩스 | 031-955-4455
등록 | 1991년 11월 27일 제16-482호

홈페이지 | www.moonhak.co.kr
블로그 | blog.naver.com/moonhak91
이메일 | moonhak@moonhak.co.kr

ISBN 978-89-8392-717-0 03330

「이 도서의 국립중앙도서관 출판예정도서목록(CIP)은 서지정보유통지원시스템
홈페이지(http://seoji.nl.go.kr)와 국가자료공동목록시스템(http://www.nl.go.kr/
kolisnet)에서 이용하실 수 있습니다.(CIP제어번호: CIP2018028011)」

* 파본은 구매처에서 바꾸어 드립니다.